Olivia Judson *Dr. Tatiana's Sex Advice to All Creation*

奧莉薇亞·賈德森—著　潘勛—譯　中央研究院 王道還—導讀

Dr. Tatiana給全球生物的

性　忠　告

導讀
性象萬花園

王道還

有性生殖之謎

生物的定義就是「生」，與上天有好生之德的「生」同義。因此「男女媾精，萬物化生」，古人認爲天經地義。可是在演化生物學家眼中，「有性生殖」卻是難以參透的謎。因爲生殖的定義是一個變兩個、兩個變四個，以此類推，多多益善，而實行有性生殖的生物卻必須兩個生一個，這是頗爲浪費的生殖方式。

一方面，生殖細胞必須「減數分裂」才能成熟，參與雙方都無法將自己的基因全數遺傳給子女；親代只有一半基因進入子代。另一方面，實行有性生殖的族群，有一半成員根本不生殖（雄性的定義）。

生命史上最早的生物，當然是實行無性生殖的。在那樣的族群中，怎麼會演化出有性生殖？一直都沒有合理的解釋。因爲，只要簡單的計算就可以發現，無性生殖個體所佔有的數量優勢，難以突破。況且，有性生殖族群容易遭到無性生殖的突變個體顛覆，因爲牠們在很短時間之內就能以數量優勢，將實行有性生殖的個體排擠掉，最後整個族群都成爲無性個體。

可是生物界似乎沒有發生過那樣的事。可見有性生殖必然有優越之處。問題在：有性生殖究竟有什麼優越之處？它是怎麼演化出來的？

許多學者都提出過解釋有性生殖的理論，高手非要以這個問題掂掂自己的斤兩不可。流行的說法都從有性生殖的「功能」下手。我們都知道基因突變提供了天擇的素材，而演化是結果。突變有兩大特徵：稀少、大多數有害。因此，最可能出現的是，不同個體分別擁有不同的有利突變。有性生殖是使有利突變在個體中聚積、在族群中散布最迅速的方式。兩個個體，分別帶有不同的有利突變，生下的孩子，擁有兩個不同的有利突變，生存與繁殖的機會因而大增。

這種理論解釋了有性生殖的功能，卻不涉及有性生殖的演化。因爲有性生殖是個極爲浪費的生殖方式，面對無性生殖個體在數量上的優勢，是競爭不過的。

紅后原則

到了一九八〇年代，英國演化生物學名家漢彌爾頓（W. D. Hamilton, 1936-2000）另闢蹊徑，發明「紅后原則」（The Red Queen；典出《愛麗絲鏡中奇遇記》，一八七一）解釋有性生殖的起源與功能。

漢彌爾頓的靈感來自一個事實，原來，體制複雜的生物群中，無性生殖的物種都有實行有性生殖的親戚，而且無性物種都比較「年輕」，也就是最近才演化出來。這顯示，長期而言，無性生殖的物種容易滅絕，所以找不到古老的物種。有性生殖的確能使物種與時變化、迅速演化。

爲什麼要迅速演化？驅力是什麼？漢彌爾頓的答案是：因爲生物必然要相互依賴（剝削），而無所不在的微生物病媒，是驅使生物演化的力量。這是一場軍備競賽，從「兵來將擋，水來土掩」，直到「你有狼牙棒，我有天靈蓋」爲止。在這個過程中，努力，是爲了不遭淘汰，故步自封，注定滅絕。

除了使有利突變在個體中匯聚、在族群中迅速散布，有性生殖還有一個重要特徵——基因重組——是對抗寄生病媒的利器。有性生殖使子代必然與親代不同，每個個體都不一樣，因此寄生病媒不容易輕易「鎖定」。

兩性戰爭

但是，無論有性生殖有多大功能，任何涉及合作的事業，都是孕育背叛與剝削的溫床。有性生殖的演化，爲兩性戰爭揭開了序幕。

依定義，凡是生殖細胞可以發育成胚胎的個體，就是雌性；生殖細胞無法發育成胚胎的，是雄性。兩性之間既聯合又鬥爭，就是因爲這個根本的差異，兩性的生殖利益並不對等。難怪兩性會在旖旎風光中各懷鬼胎了。

兩性戰爭的概念，源自達爾文的「性擇」（Sexual Selection）理論。達爾文的天擇理論與性擇理論，在他生前都沒有說服學者。到了二十世紀三〇年代，好幾條生物學研究路數會通後，天擇理論終於成爲演化生物學的骨幹。可是直到一九七〇年代，性擇理論仍然沒受到學界的注意。

其實，性擇理論的精義只不過是：兩性在生殖生理上的分工，必然會驅使兩性發展不同的生殖策略。以哺乳類爲例，雌性身體是一架自給自足的生產機器，雄性只負責下種。雌性一旦受孕，雄性即使留在她身邊，也「無事可做」，不如另找一個雌性授精。雌性必須懷胎、哺乳，使得兩性完全沒有平等「談判」的基礎。因此哺乳類的雌性，絕大多數都死了心，放棄拉雄性下海分擔親職的念頭。

在過去，學者根據這條思路，得到「雄性進取、雌性保守」的結論。因爲雌性的身體是產能有限的生產機器，數量也有限，對雄性來說，是稀少的生殖資源，所以雄性之間必然會發生慘烈的鬥爭。另一方面，族群中所有雌性，只需少數雄性負責播種，就能產能滿載，因此雌性只需睜大眼睛，坐待脫穎而出的雄性上門就行了。於是雄性間有劇烈鬥爭，而雌性之間，幾乎沒有生殖成就（Fitness）的差異。

這個傳統看法的最大問題，在於它使雄性成爲物種演化的驅力。本書開宗明義，就駁斥這個

「雌性永不演化」觀點，就是這個緣故。本書是一部兩性戰爭大觀。演化生物學最近二十年，以這個題材最爲火紅。作者出身演化生物學界的名門正派，她的博士論文指導教授，正是英國牛津大學的漢彌爾頓。

本書鋪陳了大量案例，作者功力表現在組織上。她認爲，在生物界，兩性關係沒有一貫模式，兩性戰爭的戰術，更是五花八門。作者沒有說出來的是，自然界的祕密，藏在細節裡，我們必須掌握大量細節，才能欣賞自然。

本文作者為中央研究院歷史語言研究所人類學組研究員

目錄

前言

痛苦與狂歡

塔提安娜博士

我出道以來，遇到過許多問題。許多問題簡直匪夷所思，超出人類的想像力。但是，最普通的問題卻俗得很，那就是：我為何會成為性學專家？答案很簡單，因為我覺悟到，生命中沒有比性（有性生殖）更重要、更有趣，或更教人覺得棘手的事了。

要不是為了性，自然中許多璀璨與美麗的現象，根本不會存在。植物不會綻放花朵，鳥兒不會鳴唱，公鹿不會長角，心不會跳得這麼快。但是，要是問各種生物：性是什麼？他們卻有不同的答案。人類與許多其他物種會說，為了交配。青蛙及大多數魚類會說，性是一齊顫動身軀，排精排卵。蠍子、馬陸及蠑螈會說，性就是雄性將一包包精子放在地上，讓雌性坐上去，精子包就會炸開，讓精子進入她們的生殖道。海膽會說，性就是把精子與卵釋放到大海裡，期盼它們能在波濤中不期而遇。對顯花植物而言，性就是把花粉託負給風或昆蟲，送到成熟的雌花上。

為了成功，這些方法各有巧妙。雄花如果想扮演風流浪子，讓自己的花粉沾上越多性伴侶越好，就必須引誘蜜蜂，而不是雌花。其他生物就得靠花俏的外表，不管是炫人的華麗羽毛，還是誇張的鰭；他們得表演驚人技藝，一再築巢以及堂皇的花亭。簡而言之，他們得花費大量精力，大聲疾呼：「挑我！選我！」這一切，爲的是什麼呢？

事實上，這些各式各樣的舉動都只是達成目的的手段。所有性活動的最終一幕都一樣，所有的前戲與過程都是演化來完成這一幕的，那就是混合基因，創造擁有全新基因組合的個體。對孑然一身、枯坐單身酒吧的可憐蟲而言，混合基因似乎不值得操心。然而，那卻是支配生命萬象的根本大事。想知道爲什麼嗎？讓我們退後一步，思索一下演化是怎麼運作的。

我們大多數人，每天都沉陷於謀生的錙銖瑣事中，所謂生命的目的，似乎莫名其妙。然而，從演化的觀點來看，生命的目的卻清楚得不得了，就是活下去，繁殖下一代。假如有一樣失敗，你的基因就會隨你入土。要是你兩者皆成功，就能將自己的基因遺傳給子女。而某些生物個體無論謀生還是繁殖，都比其他生物表現得突出；這是不可避免的，生命就是這麼回事。要是大家的基因都一樣，那麼謀生與繁殖成就的高下，就全憑機運，而與基因無涉。但是通常不同的個體都有不同的基因。只要某個基因有利於求生及繁殖，它就會在族群中傳布開來。

這個簡單的過程就是演化的主要機制，是達爾文（Charles Darwin, 1809-1882）及華勒斯（Alfred Russel Wallace, 1823-1913）在十九世紀發現的。也就是我們熟知的「天擇」（自然選擇）。有時候這個過程很快，很容易觀察。假定有一種毒素出現在環境中，就說是抗生素或殺蟲劑好了。再假定，要是生物體內有個特定的基因，就能對抗該毒素，活下來。沒有這個基因的個體都死了，他們的基因就從族群中淘汰了。極端的例子是，族群中沒有一個個體有抵禦毒素的基因，那麼，每個都會死，族群就滅絕了。不過，實情往往是，有些個體很幸運，擁有對抗該毒素的基因。由於他們是唯一能存活、繁殖的個體，整個族群的基因組成就會變成：每個個體都擁有那個基因。

因此，遺傳變異是關鍵；沒有遺傳變異，就沒有演化。但是，遺傳變異從哪兒來？有兩個主要的來源：突變，以及性。突變（基因所含的資訊發生了隨機變化）是比較基本的源頭。突變是細胞中的基因複製機制出了差錯的結果。由於沒有一個抄寫員是完美的，發生差錯在所難免，也沒什麼大不了。突變生產新的基因，因此創造了演化的原料，而性是讓既有的基因產生新的組合。沒有了突變，演化就會停頓。

然而，光是突變還不夠。生物世界裡，常有拋棄性（有性生殖），進行無性生殖的物種演化出來。他們的親子之間，基因沒什麼不同，要有的話，就只是突變造成的。一開始，無性生殖的物種往往非常昌盛。但是他們的好景並不長。不知爲了什麼，拋棄性的物種，總是很快滅絕。看來，生物喪失了性，就注定滅亡。

但是，這並不意味著性讓生命變得容易。不管你的求生技巧多高明，例如擅長躲過掠食者，擁有方便尋找食物的敏銳嗅覺，或者免疫力強到百病不侵，要是你無法找到異性，令他驚艷、讓她合作，都是一場空。更糟糕的是，引誘異性所需要的特質，與求生所需往往有所衝突。要是你是隻公鳥，以一條巨大的尾巴招搖，教所有母鳥臣服，但是這條尾巴也可能令你成爲大貓的午餐。還有更糟的呢，爭奪配偶的競爭往往極爲艱苦。

結果是，尋找與引誘配偶的需要，成爲最有威力的演化驅力。性產生的戰術與戰略，花樣繁多，教人目不暇給，性的形式與行爲，也教人眼花撩亂，生命中也許沒有別的需求比得上。相形之下，逃避掠食者的技巧似乎沒有令人出奇之處，招式也有限得很，不出下列一種或多種特徵：結群、跑得快、隱匿形跡、模樣嚇人、擁有護身裝備（甲、殼或尖刺），或者難吃。然而，要誘惑性伴侶，花樣可多了，不勝枚舉。難怪每一位都有那麼多問題想問。

也難怪我決定要奉獻一生來解答那些問題。這些年來，我接到過許多問題，本書是以其中選出的例子編輯成的。我刻意選出我認爲大家都會感興趣的問題，例如雜交、不貞、同性戀。我將相關問題彙整成一章，每章都以最簡短的文字介紹主題，並以我的勸告做結。

這些章又可劃分成相關的三部。在第一部裡，我談的是：兩性往往對異性有不同的要求，對生命有不同的期待，我說明了其中的道理，並討論了一些後果。第二部討論兩性衝突的極端形式，這有時會產生可怕的後果，例如強暴、吞食對方，我會說明造成那些情況的條件。這一部以專門討論「單偶制」的一章做結。我想提醒大家，「單偶制」是最罕見、最離奇的演化現象。

最後一部則更進一步追問：「我們需要男人嗎？」在這裡，我討論的題材都與性別／有性生殖的演化相關。爲什麼就物種的長期演化成就而言，性是不可或缺的？爲了回答這個問題，我在最後一章討論了一種特殊的生物，在以無性生殖模式繁殖的生物中，這是唯一存活了千百萬年的。

至於我回答問題的方法，我都是在科學文獻中批沙撿金，讀過幾百本書與論文；我訪問過各科專家，請教的題材從矮小雄性到巨大精子，不一而足。對科學界還沒找到答案的少數問題，我會根據現有的科學知識，以及我對天擇的了解，提出最好的猜測。有時候，我做過研究之後，得到的結論與主流科學意見不同；因此，我希望本書對目前的學術論辯，能有些許貢獻。爲秉持開放探討的科學精神，我在書末提供了所有書目。

根據我的經驗，大部分生物都歡喜人家用俗名稱呼他們，而不用專家才清楚的拉丁學名（有幾個人自稱「人屬智慧種」（Homo Sapiens）的？）所以，除非我有必要做清楚的區分，或者我討論的是大家都不熟悉的生物（因此沒有俗名），才使用他們的拉丁學名。最後，我得感謝寫信給我的朋友，他們的問題都發自極爲隱私的領域，可是他們都准許我公開討論。要是沒有他們，就不會有本書。

本文作者為著名的塔提安娜博士，就是那個用英文寫是Dr.Tatiana的人

第一部 兩性戰爭

兩性戰爭，確實存在。演化過程的核心，就是生殖成就。然而，雌性的成功往往意味著雄性的失利。結果呢？就是一場無止境的戰爭，以及花樣多得教人驚訝的戰略。

第1章 戰場

話說男生好亂交，
女生性貞潔，
對嗎？
錯了！
大多數物種的女性都很淫蕩，
兩性才會爆發戰爭。

親愛的塔提安娜博士：

我叫崔姬，是竹節蟲。我寫這封信的時候，正在做愛，真是難為情，但是我的伴侶已經和我做十個星期了。我真是煩透了，但他一點兒也沒有洩氣的意思。他說，那是因為他愛我愛得發瘋，但我想他真的瘋了。我該怎樣讓他停下來？

印度・性事厭煩者

敬上

竹節蟲居然名列全球最熱中做愛的生物榜，有誰想得到？十個星期！我知道妳可受夠了。崔姬，妳的懷疑對了一半。妳的情郎是瘋了，讓他發瘋的不是愛，而是吃醋。他不斷纏著妳做愛，別的雄性就沒有機會接近妳。幸好他的身體長度只有妳的一半，所以騎在妳背上妳應該不會覺得太重。

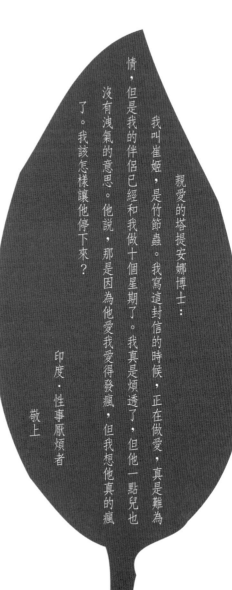

妳的經驗不尋常嗎？嗯，是很極端，但絕非獨一無二。許多物種的雄性對配偶的佔有慾極強。請看愛達華州地松鼠（Idaho Ground Squirrel，又稱黃鼠），這是一種罕見的生物，只生長在愛達華州。雄性絕不讓自己的配偶離開視線，會跟著她四處走。假如她走進洞裡，他就坐在入口處，不讓她出來，而誰也不准進。更兇的是，任何雄性一出現，他都會上前找碴打架。還有藍色的乳草甲蟲（Milkweed Beetle），雄性辦事十分鐘就了事，以昆蟲的標準來說都太短，但是完事之後，雄性堅持趴在雌性背上不下來，倒不是他想說些甜言蜜語的廢話，而是不讓她跟別的雄性勾搭。

坦白說，雄性有這麼強的佔有慾，並非無的放矢。大多物種的雌性，只要逮到機會，就會跟別的雄性上床。妳是不是要抗議了：「等等，雄性亂交而雌性守貞，不是自然界的通則嗎？」過去大家的確這麼想。但是現在我們知道這種說法是一派胡言。

第一個爲這個想法敷上科學榮光的人是貝特曼（A. J. Bateman）。一九四八年，他在科學期刊《遺傳》（*Heredity*）發表論文，宣稱他證實了：雄性是演化來做愛的，而雌性是演化來生孩子的。他的斷言是基於他以黑腹果蠅（Drosophila Melanogaster）做的實驗。裝過成熟果實的碗或酒杯，都會引來許多小蠅，黑腹果蠅是其中之一，千萬不要跟體型較大的家蠅弄混了，家蠅喜愛的是糞便與其他穢物。果蠅屬已知的物種大約有兩千種，光是在夏威夷就發現了四百多種。他們大多數，科學家知道得不多，但黑腹果蠅卻是遺傳學者的最愛，跟線蟲、老鼠及人類一樣，是地球上科學家研究得最透徹的動物。

貝特曼將等量的公母果蠅放到小瓶子裡，擺上三、四天。他注意到，公蠅急切地想交配，越多越好，他們會對任何注意到的女生狂熱地振翅示意。要是母蠅有意，公蠅就會繼續進攻，先舔她的生殖器，再溫柔地把她的翅膀展開，跨騎上去。不過，大多數時候，公蠅都會失望而退。貝特曼觀察到，母蠅往往會拒絕一隻或兩隻以上的公蠅追求。貝特曼也發現，公蠅與越多母蠅交配，孩子就越多，母蠅就不是這樣，這與前一個觀察符合。

貝特曼爲了解釋自己的觀察結果，援引了一個在他看來是最重要的兩性差異，那就是：雄性生產大量微小又便宜的精子，而雌性只生產少量大而昂貴的卵子。他還指出，許多物種的雌性能將精子儲存好幾天、好幾個月，甚至還有好幾年的例子，也就是說，交配一次得到的精子，原則上夠一輩子使用了。貝特曼論證道，因此，只消一個雄性就能使許多雌性的所有卵子都受精，做來容易得很。貝特曼接著說，這麼一來，雌性的生殖成就受限於她製造卵子的速率，而雄性的生殖成就，受限於他能引誘的雌性的數量。所以，貝特曼得意地宣稱，雄性（含人類）天生就是浪子，而雌性（也包含人類）則是天生的貞女，對超過絕對必要的敦倫行爲不感興趣，甚至心懷敵意，只有在最不尋常的處境中，才會有意外的表現。崔姬，從這個觀點來看，妳的炮友會那麼熱情，真是怪異得很，無法解釋；他應該四處去誘惑別的母竹節蟲，而不是黏著妳不放。

只不過，這個「男人下流，女人貞烈」的假設（較禮貌的說法是「貝特曼原理」）已經蔚爲流行。父權主義者讚揚，女性主義者援用，科學家還提出了更多理由，將它發揚光大。他們說，女性對性事並不熱中，能免則免，這是天性，因爲怕得性病或是敦倫時易遭掠食者侵襲。當然啦，有些物種的雌性，一生只交配一次，例如苜蓿芽切葉蜂（Alfalfa Leaf-cutter Bee）。還有一些物種的雄性，不斷地一個雌性接著一個雌性換伴侶，甚至遇上任何東西都想插。例如金魚偶爾會被發情的青蛙抱緊而淹死。然而，這是通例嗎？才怪！

貝特曼原理有個根本缺陷，就是它錯了。大多數物種的雌性是蕩婦而非貞女，她們絕不是只交配一次就滿足了，她們會與好幾個傢伙交配，次數往往遠超過她卵子的需要。

貝特曼怎麼會錯到這樣離譜的地步？原因有二。第一個實在是他命運乖舛。我說過，黑腹果蠅是科學家研究得最多的果蠅，至今仍是。這種果蠅的雌性的確很自制，大約一週之內交配不超過一次。換做別種果蠅，就會觀察到不同的結果。例如大翅紅眼果蠅（Drosophila Hydei）的雌性，每天早晨都要享受幾回性愛。但是，即使是黑腹果蠅，雌性也不像貝特曼想像的那麼貞潔。他的實驗缺點就出在時間太短，這是他犯了大錯的第二個原因。現在我們知道，要是他把實驗再延長一週，就會發現雌性的性慾恢復了——事實上，那些只交配一次的雌性，孩子較少，而她們比較淫蕩的姊妹，子女較多。

貝特曼發表了他的理論後，過了三十多年，才有人發現問題，爲什麼？部分原因在於，他的推理聽來合理。此外，他的理論似乎經得起檢驗。科學家花了成千上萬個小時，觀察哺乳類與鳥類的生活，從來沒有察覺雌性往往對配偶不忠。然而，那可不是事情的全貌。即使有些科學家注意到，一些物種——尤其是昆蟲——的雌性的確和許多雄性交配，他們仍然沒有立即掌握其中的含意。要是發現雌性交配的次數超乎預期，科學家就假設她們是「機能失調」的個體，不然就是遭雄性誤導，而沒有考慮到：雌性會因此得到好處。

一九八〇年代，更爲複雜的基因技術發展出來了，生物學家得以分辨雌性的孩子是由誰下的種。他們發現的事實，教人驚訝，而且沒有人預料過。那就是，從竹節蟲到黑猩猩，守貞的雌性都很罕見。

緊接著，是另一個更教人驚訝的發現：不論是哪個物種，熱中雜交的絕不是機能失調的個體。恰恰相反，雜交對雌性有利。我的檔案夾裡，這類例子塞得滿滿的。隨手挑幾個來說好了，兔子與干尼森土撥鼠（Gunnison's Prairie Dog）的雌性在發情期間，若與好幾個雄性交配，懷孕率較高。雌性沙蜥蜴（Sand Lizard）的情郎數目越多，她產的卵孵化的就越多。還有滑溜梭魚（Slippery Dick），一種生活在珊瑚礁裡的淡色魚，母魚對一群公魚排出魚卵，比起只對一個傢伙，卵子受孕的數目要多得多。

這些發現迫使學者重新評估雌雄兩性的行爲，目前仍在進行。但有一個結論是相當明顯的；下面會談到，要是雌性和一個以上的雄性交配，「戰爭」的種子就播下了，而各種兩性失和的事也就在所難免。

親愛的塔提安娜博士：

我的男友是我見過最帥的金普特公猴（Golden Potto）了。他背上的毛是漂亮的金色，腹部的毛白得像奶油，他的體味聞起來教人陶醉，手腳是那麼優雅。只有一件事，要請妳解答，他的陰莖怎麼會布滿了巨大的尖刺呢？

（非洲）加彭・花容失色的金普特母猴　敬上

親愛的，用來爲妳搔癢多好！至少，我打賭那是主因。金普特猴沒什麼名氣，在原猴中與懶猴、嬰猴（Bushbaby）有親源關係，是體型小、夜行、樹棲的靈長類，與猴、猿是遠親。要是妳觀察一下妳的表親，就不會覺得妳的愛人是特例了。嬰猴與許多其他靈長類雄性的陰莖，都是惡形惡狀的——許多看起來都像歐洲中世紀的刑具；那些陰莖上長有尖刺、肉瘤、剛毛，而且往往扭曲成詭異而駭人的形狀。相形之下，男人的陰莖就太乏味了，只有粗大的特點而已。

妳也曉得，陰莖不過是用來輸送精子罷了。要是雌性與好幾位雄性交配，接著上車的愛人要是能讓她的卵子受孕，她就會爲他生下更多孩子。要是雄性能刺激雌性，使她接納更多他的精子，要是雄性能將競爭者的精子全都幹掉，就能將自己的基因散布得更多，而沒有這種本事的雄性，就沒戲唱了。於是，雌性好雜交的第一個後果就是，使雄性彼此競爭，個個都卯足了力氣鍛鍊「愛的技術」。就愛的目的而言，陰莖是重要的工具。

我們來看看豆娘（Damselfly）這種昆蟲。他是蜻蜓的近親，在悶熱的夏日裡可以觀察到他們沿著河岸輕掠，看來溫柔、天眞，然而他們卻演化出世上最奇妙的陰莖。典型的豆娘陰莖上有個氣球（一個可充氣的球），陰莖頭有兩隻角，兩側還有長長的剛毛。以黑翅豆娘（Calopteryx Maculata）爲例，雄性就是用這玩意兒在雌性體內搜刮別的雄性的精子，以留下自己的。但是紅尾豆娘（Calopteryx Haemorrhoidalis Asturica）的雄性，卻是用陰莖來「說服」雌性：他以陰莖適當地刺激雌性，就能使她排除已注入體內的精子；刺激雌性，就可以把她先前愛人們的精子都噴排出來。還有，蠶蛾科的一種蛾（Olceclostera Seraphica），公蛾的性器可以當樂器使，製造震動，讓他的配偶心旌動搖。相對地，白蟻中雌性通常只與一個雄性交配，所以公白蟻的性器沒有裝飾，並不起眼，各物種差異不大。

當然，雄性間的鬥爭，在陰莖上下工夫不是唯一的致勝之道。例如鬼蛛蟹（Ghost Spider

Crab, 學名Inachus Phalangium），在海葵觸鬚的保護下討生活。公蟹會以特製黏膠將前一個雄性留在母蟹生殖道的精子封在一個角落裡，免得與自己射入的精子混在一起。還有籬雀（Dunnock），他們像是在灰裡打過滾的麻雀。大部分公鳥沒有陰莖（天鵝、野鴨及鴕鳥例外），公鳥與母鳥交配，是雙方把泄殖腔開口迅速地緊貼在一起。這可不是個得到性滿足的方式。但是，公籬雀雖然沒有陰莖，仍有辦法幹掉對手的精子；在交尾之前，公籬雀會用喙輕啄母鳥的陰部，有時這樣可以使她將已經射入的精子倒出。紅喙牛鳥（Red-billed Buffalo Weaver）則更怪異，他們分布在東非與南非，生活在小群聚裡。母鳥極愛雜交，結果公鳥演化出假陰莖，看來是爲了應付這種狀況。假陰莖是一種棒形組織，但是不能射精。交配時，公鳥會以假陰莖緊挨著母鳥外陰部半小時左右，才從泄殖腔開口射精，那時他似乎有強烈的高潮反應。科學家推測，公鳥的服務越能提供強烈的刺激，越能使母鳥樂意使用他的精子。

這些例子提供了一個線索，讓妳明白妳男友的陰莖爲什麼看起來那麼可怕。科學家憑經驗知道，靈長類一如昆蟲，一個物種的雌性若每次發情都只與一個雄性交配，雄性的陰莖就小而無甚可觀。以大猩猩（Gorilla）做例子好了，一個大塊頭配了個小傢伙。雄性大猩猩的體重可達二百一十公斤，那話兒卻小得可憐，不過五公分，既無瘤塊又無尖刺。阿根廷湖鴨（Argentine Lake Duck）會讓雄性大猩猩自慚形穢。這種鴨子體重六百四十公克左右，但陰莖比鴕鳥的還長，達四十二．五公分，而且陰莖基部還有刺。但是，雄性大猩猩通常統治著一個小團體，不大需要擔心「野男人」的精子。話雖如此，假如我是年輕的雌性大猩猩，我會覺得蠻遺憾的：以我們的觀察來判斷，越好雜交的靈長類，雌性越能達到高潮。所以我猜想，妳男友的陰莖會有壯觀的尖刺，是因爲妳們母普特猴有時不安於室吧！但是，那些尖刺演化出來，是爲了討妳們的歡心，還是爲了給妳們搔癢——我想，妳不會不知道吧？

親愛的塔提安娜博士：

我是女王蜂，我好擔心喔。我的愛人都把那話兒留在我體內，然後就死了。這樣算正常嗎？

克羅佛山・迷惘的女王蜂　敬上

對妳的情人們而言，這是死亡的方式，轟轟烈烈，而非嗚咽。雄蜂達到高潮時，他就炸了，他的性器就會與身子分離，發出清脆的聲響。我能了解爲什麼妳覺得氣餒。爲什麼會這樣呢？啊哈，陛下，妳的情人可不是平白爆開的。他們把生殖器留在妳體內，就把妳封住了。這麼幹的雄蜂，是盼望妳再也不能與別的雄蜂交配。換句話說，他自殘肢體，是用來做貞操帶的。

妳可能會認爲，這不是冒瀆皇后嗎！然而，就算是皇后，也無法擺脫兩性戰爭。事實上，我想妳的處境正好證明了：由於雌性好雜交，可能使兩性間出現無法調和的利益衝突，複雜又不易分析。

要了解衝突是怎麼出現的，我們不妨先採取雄性的觀點。他的處境很慘。像妳這樣的年輕女王，只花幾天交配，接著就開始築巢。之後妳就不再有性趣了，只顧忙著生下五十萬個子女。更糟的是，雄蜂與妳交配的機會，打從開始就很小。蜜蜂只在飛行中做愛：妳飛到空中，跟任何能逮得著妳的雄性交配。雄性間的競爭有時非常慘烈，前來角逐一隻女王蜂的雄蜂，搞不好數量高達二萬五千隻。但妳最多可能只交配二十次，所以大部分雄蜂死時都還是處男。任何雄蜂只要逮著妳，爆掉又何妨，牡丹花下死，做鬼也風流啊！反正他再逮著一隻雌蜂的機會極爲渺茫。此外，他可能會有收穫。要是他爆掉之後，成功地堵塞了其他雄性與妳交配的管道，妳的卵子大部分都成了他的戰利品，也就是說，他的基因得到了更多機會遺傳到下一代。

但是，這太一廂情願了。沒錯。要是妳只與他交配，最符合他的利益。但是，要是妳與好幾隻雄性交配，妳獲得的利益更大。一點也沒錯，一隻女王蜂要是只交配一次，就要冒著浪費一半卵子的風險。爲什麼？因爲蜜蜂決定性別的機制；那是個非常複雜的機制。

通常，雄蜂是由沒有受精的卵孵化的，受精卵孵化成雌蜂。但是蜜蜂有一個基因，叫做「性別決定基因」，它會擾亂這個原則。要是女王蜂的配偶與她有同樣的「性別決定基因」，那麼她的受精卵有一半會孵化成兒子，也就是說，他們大多數都沒有機會交配。她生下大量女兒，以及少量兒子，最符合她的生殖利益。因爲女兒會任勞任怨，扶養妹妹。兒子嘛，要是逮不著雌鋒交配，就一點用處都沒有；不，她的女兒遲早會將他們當活點心吃了。總之，受精卵有一半是兒子的女王蜂，等於損失一半人手，她的巢（王國）失敗的風險因而大增。因此，要是女王蜂與好幾隻雄蜂交配，每隻雄蜂只分享一部分她的卵，即使他的「性別決定基因」與她的同型，對她的生殖成就也不致造成極大的影響。所以女王蜂的配偶越多，越有可能避免重大損失。

故事還沒完。不用說，要是雄蜂能夠將女王蜂前任炮友的塞子給拔掉，就能分享女王蜂的卵子了。於是，妳也許會想像，雄蜂會演化出幫女王蜂除去貞操帶的絕技。妳猜得沒錯。要是妳仔細觀察，就會發現每隻雄蜂的性器末端都有髮狀構造，可以將前任「王夫」自殘而留下的塞子拔除。

這個發現讓我們可以重建他們的演化過程。很久很久以前，女王蜂只與一隻雄蜂交配。後來出現了一隻突變的女王蜂，她與好幾隻雄蜂交配，結果她的生殖成就比貞潔的姊妹都高，「濫交」基因散布到整個族群中。然後出現了一隻突變的雄蜂，會以自爆手段塞住女王蜂的生殖道，不許她濫交，這隻雄蜂的基因因而散布到整個族群中。女王蜂演化出「反『反雜交』」手段反制雄蜂，不是自己拔掉塞子，就是讓工蜂（女兒）拔掉（這一演化步驟很快就會發生，因爲不這樣做的女王蜂就無法產卵），然後雄蜂再演化出「反反反制」手段。演化就這樣進行下去。

我想妳大概猜想得到，這種情況並不罕見。只要雌性與許多雄性交配，雄性就注定要輸，這是通例。任何雄性，只要能防止雌性與他的競爭對手交配，就比那些不積極控制雌性的雄性更有機會讓她的卵受精，也就是說，更能散布自己的基因。因此，要是我告訴妳貞操帶是很常見的演化發明，妳不該驚訝，這在蝙蝠、鼠輩、線蟲、蛇、蜘蛛、蝴蝶、果蠅、天竺鼠、松鼠、黑猩猩等物種中都很常見，這張單子我還可以繼續開列下去。不過，我得承認，這些傢伙多採用較傳統的塞子、塞劑、黏膠，而非自殘性器。舉例來說，許多雄性齧齒類擁有巨大的腺體，可以分泌出不易清除、橡膠似的塞子，交配結束時置入雌性生殖道的深處。家鼠的塞子相當堅硬，手術刀也切不透；一旦這種塞子在雌性體內放好了，若想把它除掉，就會撕裂子宮的韌帶。

但是，雄性實在可憐。要是濫交對雌性有利，她只要抵制雄性控制就能獲益。於是雄性一演化出控制手段，雌性就會演化出反制手段。難怪貞操帶會不管用。舉例來說，雌性狐松鼠（Fox Squirrel）有辦法在交媾之後把塞子弄出來（有時再把它吃掉，多美味呀）。此外，雄性也受到演化壓力，練成絕技，將其他雄性的塞子拔掉。同樣地，這種技術演化出現過許多次。以大鼠爲例，公鼠的陰莖有橫紋肌，能表演一些高難度技巧，將前一位入幕之賓留下的塞子拔出。

現在妳看出來了吧，兩性戰爭是在兩條戰線上開打的。雌雄兩性間有利益衝突，因此某一性別演化出新武器或新行爲，就等於鼓勵異性發展出反制手段。同時，雄性演化出操縱或阻礙雌性前後任愛人的本事。要是妳觀察好幾個世代，就可以見到火熱的演化戰役。

男人呀，你們的處境糟透了。女性好雜交，使你的基因面臨風險：就算你能把所有見到的女人都勾搭上床，要是她們不用你的精子，你也是白幹！女性的雜交傾向，牽制了你的雜交傾向，對你的演化，有強大的影響。與其搞許多女人（也就是說，像個下流傢伙），不如設法讓更多卵子受精；有時候，對某些男人而言，這根本是同一回事，就是四處勾引女人。話雖如此，有許多例子顯示，下流傢伙就算「普降甘霖」，擁有的子女數量卻比忠貞男人還少，因此，「下流」基因的出現頻率就會在族群中逐代減少。像竹節蟲般緊貼女性不放，或像雄蜂般自爆，或演化出更匪夷所思、不可思議的絕招，生殖成就都會比較好。

第2章 代價太大

身為雄性一點也不輕鬆。

特別是你得製造長達身長二十倍的精子；

或者，每次射精，精子動輒以數十億計；

或者，每天都得交配一百次，以滿足配偶；

或者，得表演其他的超凡性技巧。

親愛的塔提安娜博士：

我是藍鷦鶲（Splendid Fairywren），我很擔心我的先生。他不斷去看醫生，因為他認定自己的精子數量太低，我倆可能無後。但是，他每次射精都會噴出八十億隻精蟲，因此我無法了解他怎會覺得自己精子不夠。他是真有問題呢？還是神經太過敏了？

澳洲・困惑不已的母鷦鶲
敬上

看醫生？我看妳先生不是得了憂鬱症，而是個騙子。他「看醫生」只是藉口，拈花惹草才是眞的，這種謊言一戳即破。藍鷦鶲好搞婚外情是惡名昭彰的。我賣妳一個情報，教妳辨別正要勾引別人的公鳥：他會銜著一片粉紅花瓣送給情婦。何以挑粉紅色？因爲他鼓起兩頰亮麗藍色的羽毛時，嘴裡要是有粉紅花瓣，會襯托得更好看。

但是，眞正的問題是：爲什麼一種比我拳頭還小的鳥兒（身長十二至十四公分），一次射精居然會噴出八十億隻精子？人類平均只有一億八千萬隻左右。要是妳眞的對這個問題感興趣的話，即使是人類的量也該教妳覺得納悶兒。伺候一粒小小的卵子，幹麼動員那麼多精子！

精子數目是個粗略的指標，顯示觸及卵子的困難程度。舉例來說，要是妳是一棵樹，妳得製造多少花粉，大體而言是由傳遞方法決定。以無花果來做例子好了。有些物種由勤勞的胡蜂傳粉，他們會主動收集花粉、散播花粉；這些物種就不必大量生產花粉，可以當節儉楷模。節約物資，所生產的花粉就可以節儉些。其他物種的無花果被迫依賴懶惰的胡蜂，那些胡蜂只在花上掠過一下，那些無花果樹就不得不生產大量的花粉了。因此，像妳我一般的物種，雄性必須親自傳遞自己的精子，妳會預期精子數目應該會下降。

那可不一定！有些物種，例如魚類，雄性跟雌性並不交合，而是將精子與卵子噴在水裡。妳猜得沒錯，在這種情況下，精子的數量並不超過卵子太多。但是，鳥類、哺乳類等必須交合的物種就不同了。妳會發現雌性越是淫蕩的物種（請鼓掌喝彩），雄性製造的精子就越多。

雌性好雜交的物種，雄性每次都會射出數量龐大的精子，一般認爲有兩個原因。第一是生物學家所謂的「精子競爭」，沒錯，就是不同雄性的精子爭奪讓卵子受精的機會。要是精子競爭遵循彩券原則，買得越多，中獎機會越高，那麼射出最多精子的雄性，讓雌性卵子受精的機會最大。要是生產精子的能力有遺傳基礎，那麼在時間的遞邅中，精子數量最多的雄性不斷勝出，結果是族群中每個雄性都有很高的精子量。而且，精子競爭是常態的雄性，睪丸（就身材比例而言）應該比較大，因爲睪丸是精子的製造廠。的確，以黃糞蠅（Yellow Dung Fly）做的實驗顯示，睪丸爲了因應精子競爭，只要十個世代，就發生了顯著的演化增大現象。（黃糞蠅全身毛茸茸的，在新鮮牛糞上交配、產卵。）

將這個論證推到它的邏輯結論就是：不用擔心精子競爭的雄性，應該只需生產足夠讓卵子受精的精子就好。不幸的是，沒有幾個雄性處於那麼悠哉的情境。不過，有個動物群的雄性就這麼好命，就是海馬及其近親尖嘴魚（Pipefish，形狀像海馬，但是身體比較直，呈流線形）。這些雄性以懷孕出名。通常雌性會將卵子置入雄性的育兒袋中，雄性再釋出精子使卵受精——因此，他的精子不必與別的雄性釋出的精子競爭。大部分海馬物種的精子數，科學家都沒有計算過。但是，棲息於日本周遭海床海草裡的海草尖嘴魚（Seaweed Pipefish），科學家算過——果不期然，他的精子數量低得可憐。

第二個導致高精子量的因素是，精子在雌性生殖道內會大批大批地死亡：出發時數以百萬計的大軍，只有幾個抵達目的地。奇妙的是，科學家注意到精子死亡率極高的事實已經超過三百年了，但是迄今仍提不出像樣的理論解釋，說明爲什麼要讓那麼多精子陣亡。

妳知道嗎，令人費解的事實是：雌性的生殖道往往對精子充滿敵意。沒有人知道爲什麼會這樣。雌性生殖道非但不呵護精子，一路照顧它們，反而佈下重重險阻與機關。精子有可能被吸收、排斥，甚至聚而殲之。即使是雌性會保存精子好些年的物種，她們也只會保留其中的一小部分。拿女王蜂來說好了，她們與十七隻雄蜂交配，平均收入一億零兩百萬個精子（每隻雄蜂平均提供六百萬個），但她只保留五百三十萬個精子讓卵子受孕。至於不保存精子的物種，那根本就是精子大屠殺了。

以人類來說吧，精子先從陰道的酸性環境中出發。但是酸性物質會要精子的命（難怪把檸檬片放在陰道裡，可以當做不錯的克難避孕器），通過考驗的不到一〇%。然後，倖存者必須穿過子宮頸，那是個布滿黏液的障礙，即使在最好的時機，也只有不到一〇%的精子過關。不過，黏液只是子宮頸設下的險阻之一。子宮頸一旦察覺精子的蛛絲馬跡，白血球（免疫系統裡的步卒）就會大舉出動，攢聚到子宮頸及子宮襯膜上，摧毀任何它們碰到的闖入者。母兔交配後一小時內，白血球大軍便聚集在子宮頸；而女人呢，性交後十五分鐘內，白血球就大舉出動，四小時之內動員額達十億以上。等到精子抵達輸卵管（可受孕的卵子也許在那兒），數量只剩幾百個了。難怪男人精子數只有五千萬的話（看來似乎很不少），就可能無法使女性受孕。

測量雌性生殖道對精子的敵意，比計算精子數目困難得多，所以我們不知道物種之間的差異，甚至同一物種不同個體的差異。不過，我猜想，雌性會因應雄性不斷上升的精子數目，提升陰道對精子的敵意。這麼一來，就有利於精子產量多的雄性。例如兔子，抵達雌性生殖道不同階段的精子數，與精子出發時的數量直接相關。但是，雌性生殖道對精子有敵意，能讓雌性得到什麼好處？畢竟，這麼做似乎違反生殖的本意：假如她們的生殖道對精子的敵意太強，卵子就無法受精，她們就沒有子女了。有種說法是，生殖道的敵意，可以確保只有最優異的精子才能讓卵子受精。另一種說法是，雌性生殖道內的敵意，最初主要是演化來對抗感染。科學家已經發現，人類與許多其他哺乳類的精子，含有能抑制雌性免疫反應的物質。爲反制雄性的抑制，雌性可能會強化免疫反應的強度——於是雙方陷入了日漸升高的演化循環，針鋒相對地反應與反制。

這讓我回到妳的問題：妳的先生何以需要這麼多精子？在藍鶇鶲社群裡，兩性結盟，共同養育子女，但是自由性愛極爲風行。藍鶇鶲是雜交高手，大部分母鳥除了配偶之外，至少還有一個愛人。結果呢，精子競爭得很慘烈。他們巢裡的雛鳥，往往沒半隻是養育他們的公鳥下的種。因此，儘管妳老公外出打野食，搞不好妳已賞他綠帽戴了吧？

親愛的塔提安娜博士：

我聽人家說，我得花三個星期才能製造一個精子。看來這是因為我的精子必須有條長尾巴的緣故，那條尾巴的長度是我身長的二十倍呢！這實在對我太不公平了：我只是一隻小小的二裂果蠅（Drosophila Bifurca）呀！我能不能買一條裝上就好？

俄亥俄州・等候精子的果蠅

敬上

目前市場上還沒有人造精子尾巴賣，你得自己製造。你說得對，這對你眞是不公平。爲什麼身長三毫米的果蠅必須製造長達五十八毫米的精子？人類比你大得太多了，但人的精子只有你的千分之一。事實上，要是男人以你的比例來造精子，那麼精子就有藍鯨那麼長了。我倒想瞧瞧，那會是什麼模樣兒。

精子的大小與形狀是怎麼演化的？我們知道的不多，不像精子數目的演化。我們有把握說的是，卵子在雌性體外受精的物種，精子較小、形態較簡單。

先討論精子的形狀。一般的精子形似蝌蚪、頭大、有條會擺動的尾巴。但有許多物種，精子不是這種模樣。有一種常見的創新是「精子對」——精子總是結伴而行。美洲負鼠、龍虱（Water Beetle）、馬陸（千足蟲）、家衣魚（Firebrat，一種總尾目昆蟲）及某些海蛇，已演化出這類精子。鉤子也很常見，無尾熊、齧齒類、蟋蟀都有帶鉤的精子。原尾目昆蟲（Protura）是一群微小的原始昆蟲，體長〇．五到二．五毫米，他們是科學家知道的第一批玩飛盤的動物：精子呈扁碟狀。螯蝦（Crayfish）的精子就像凱瑟琳卷（Catherine Wheels，一種西點）。有些陸蛇的精子像洋酒的拔塞鑽子。有些白蟻製造有鬍鬚的精子——拖著一百條尾巴的精子。蛔蟲的精子像變形蟲，不會游，但會爬。另外，還有精莢囊（Spermatophore），許多動物都用這種精子包傳遞精子。例如大章魚，每次做愛都冗長得很，然後公章魚就將如巨大炸彈一般的精莢囊遞給母章魚；它有一公尺長，會在母章魚生殖道裡爆開，釋出一百億以上的精子。

這些五花八門的精子各自在不同的動物群中演化出來，所以它們必然有某種功能，有利於雄性個體。例如帶鉤的精子，想來可以協助精子在雌性生殖道內推進；但就我所知，這一點從未證實過。其他別的形狀有什麼好處呢？我不知道，隨你猜吧。但是就我們所知，精子形狀與雌性雜交傾向並無關連。

然而，精子的尺寸可能就有關連了。以蛔蟲爲例，大的精子較能使卵子受精，看來是因爲大個兒爬得快，而且不容易給競爭者擠到一邊去。農業害蟲唐菖蒲根蟎（Bulb Mite）也一樣，精子較大的公蟎能讓更多卵子受孕，精子小的雄性則比不上。一點也沒錯，雌性好雜交的物種裡，雄性不只精子數高，精子塊頭也比較大，這是通例。然而，這兩種屬性不可能無限制增大：到達某一點之後，較大的精子尺寸意味著精子產量會變小。大多數物種中，增加精子數量的壓力限制了精子增大的潛力。

有幾個物種，精子數量減少了，顯然是爲了製造大塊頭。名列「巨精榜」的動物散布在各個動物門中。雖然你們二裂果蠅是現任冠軍，但是過去幾百年內，擁有冠軍頭銜的分別是羽翼甲蟲（Featherwing Beetle）、松藻蟲（Back-swimming Beetle）、甲胄蝦（Ostracod，一種小蝦，看來像蠶豆，但有腳）、蜱（Tick）、澳洲蝸牛（Hedleyella Falconeri）、錦蛙（Painter's Frog）以及許多其他的果蠅。對了，謠傳甲胄蝦的精子還會彼此打鬥、粉碎對手，不過就我所知，科學家從來沒有在實驗室研究過這種現象。

眞不幸，科學界面對巨大的精子，除了瞠目結舌之外，還沒做什麼研究，因此對於某些動物何以要製造碩大的精蟲，我沒什麼可談。但是根據我們所知道的，我們可以推論：巨大的精子與大卵子毫無關係。科學家對卵子的興趣比不上精子（研究體內受精的物種，觀察精子比觀察卵子容易），但是其他果蠅會製造比你們二裂果蠅大的卵子、小的精子。還有人認爲，巨大精子是雄性給雌性的營養贈禮。然而許多生產大精子的物種，精子只有一小部分會被吸收到卵子裡，所以我不相信這個解釋。巨大精子會不會是用來塞住雌性生殖道用的？因此功能好比貞操帶？對羽翼甲蟲這似乎說得通：雄性的巨大精子會塞住雌性的生殖道，有效阻止其他雄性的精子。但是，對甲胄蝦而言，似乎不是這麼回事；母蝦有個古怪的精子貯存系統，儲存精子的地方與製造卵子的地方並不相通。所以，甲胄蝦的精子如果要讓卵子受精，必須離開「等待室」，離開雌性身體，再進入儲存卵子的地方。與你競爭大精子冠軍的動物裡，以紅眼果蠅（精子長二十三毫米）與你的血緣最近，他們的雌性不僅雜交，還會把所收到的精子攪和在一起。結果呢，要是她一天與好幾隻公蠅交配，每隻公蠅都有同樣的機會使她的卵受精。

巨大精子必然是天擇打造的。因爲科學家測量過製造大精子的花費，發現代價實在太高。你的遠親黑腹果蠅（精子長一．九一毫米），從孵化幾個小時後就可以開始交配，而你呢，至少得等十七天——你需要那麼多時間發育出巨大的睪丸。還有更糟的事呢！要是你不出意外的話，可望活上六個月（對果蠅來說時間算很長了），所以必須等十七天才能喪失童貞算不得試煉。你另外有個表親，叫冠狀紅眼果蠅（Drosophila Pachea），精子長十六．五三毫米，公蠅得虛耗大半生，才能開始交配。再告訴你一件會令你好過的事，雖然大多數雄性都需要動用百萬大軍才能成事，你只需幾隻健康的精子就能綿延下去了。

親愛的塔提安娜博士：

我是黑腹果蠅，我很生氣。我還是條蛆時，人家跟我說，精子一毛一打，製造容易，花用也不心疼。因此我一長大，就毫不吝惜地花用，毫無節制。結果我發現那全是謊話：我的成年才開始不久，可是我的精子已經完全用光，沒有女孩肯接近我了。我能控告誰呢？

倫敦．精枯果蠅　敬上

我們的朋友貝特曼可得費唇舌了。「精子便宜得很」就是他的觀念。但是，這卻是最無稽的迷思。你受到誤導，我很遺憾，不過，我不由得有些幸災樂禍：你們黑腹果蠅是貝特曼用來說明他的理論的範例呢，居然會碰到這種問題！

先溫習一下前面說過的：貝特曼主張，由於製造精子的成本比製造卵子低，因此，限制生殖成就的因素，兩性不同。他說，雌性受限於卵子的產量，雄性則受限配偶的數量。根據這個看法，精子簡直是無限的，而每一粒卵子都非常可能受精。

實情常常不是這樣。在海洋裡，從海綿到海膽等動物，雄性都不與雌性約會，光是釋出精子而已。有些物種連卵子也釋出來。這麼一來，精子想遇上卵子，極不容易。這類物種當中有許多雌性的卵子有很高的比例根本沒有受精。難怪有些海綿噴精子的時候，像是抱著不成功便成仁的決心，源源不絕地送出濃密的精子「雲霧」，一次長達十分鐘到半小時，任憑它們四方漂流。

在陸地上，植物也面臨類似的艱困處境。媒合雌花雄花的動物（如蜜蜂）也許靠不住，他們寧願將花粉吃了，而不傳遞到雌花上，所以呢，植物往往受限於所能接收的花粉數量。像天南星（Jack-in-the-pulpit）這種林間植物，若由科學家授粉，結的種子比由蒼蠅授粉多十倍都不止。這種困難不限於必須在大海中、在風中孤注一擲的生物，或者依賴不可靠的媒合者的植物。亞馬遜河的小魚檸檬燈（Lemon Tetra），母魚在一天內產出的卵子，公魚無法讓它們全都受精。他噴出的精子越多，受精的成功率越低，他很快就要面臨選擇：他最好善用精力製造精子呢，還是引誘母魚？因此，母檸檬燈似乎偏愛沒有對其他母魚噴過精的公魚，就不令人驚訝了。棲息在大西洋珊瑚礁裡的雙帶葉鯛（Bluehead Wrasse），公魚懂得「惜精」，每次射精都小心控制，結果射精量可能低於使母魚達到最高生殖成就所需的量（譯按：精子數量與卵的受精率的關係似乎是：超過一定比率之後，需要更多精子才能提升受精率，這時雄性不如惜精，再找一窩卵射精）。

當然，問題出在大多數雄性不會只爲每一粒卵子預備一隻精子。他們爲每粒卵子都準備了成百上千，甚至百萬隻精子。那就代價太高了。公襪帶蛇（Garter Snake，一種黃頷蛇）每次性交之後，得休息二十四小時（平心而論，他們的性愛通常熱烈極了）。錦花鳥（Zebra Finch）是小型鳥，公鳥胸前有黑白條紋，他們要是三小時內交配三次，就耗盡子彈了，要花五天才能再填滿庫存。公青蟹（Blue Crab）則要花上十五天才能充實「彈倉」。公羊的精子儲量據說可供揮灑九十五次（一般男子只夠用一次半），但是要不了多久，他的精子量就直線下降了。連續做愛六天之後，公羊的精子數就由每發超過百億，掉到不足五千萬——這可是臨界點，低於這個量就不易使母羊懷孕了。某些蛇還會明顯地形容枯槁。艾德蛇（Adder）是歐洲的一種小型毒蛇，在繁殖季節開始的時候，即使啥事都不幹，只躺在太陽下製造精子，都會消瘦。想減重，那倒是不錯的點子。

「精子往往是有限的生殖資源」，坐實這個觀點的確切證據，來自雌雄同體的動物。花園菜圃常見的蛞蝓、蝸牛就是雌雄同體。按照「精子無限」的理論，雌雄同體動物應該會先用盡卵子，而不是精子。而且，若他們有選擇的機會，應該會偏好扮演雄性，而非雌性。但是科學家觀察許多例子後，發現事實並非如此。

以線蟲（Caenorhabditis Elegans）爲例。他是一種身體透明的微小圓蟲（大家比較熟悉的圓蟲是蛔蟲），身長不滿一毫米，是遺傳學家的最愛之一（譯按：二〇〇二年的諾貝爾生醫獎頒給研究線蟲的學者）。線蟲與大多數雌雄同體動物不同，他有兩種性別，一種是雌雄同體，另一種是雄性。一般雌雄同體動物進行性交，有兩種方法。一是雙邊盡興，雙方同時爲對方授精；也可以片面進行，一方扮演雄性，另一方扮演雌性。雌雄同體的線蟲無法彼此交配，他們能製造卵子與精子，自行受精，不假外求（不用說，公線蟲只能生產精子）。雌雄同體的線蟲若從未碰到公線蟲，在生完大約三百粒卵之後，就會用光精子。我們知道精子會先用完，是因爲接下來有一段時間，他體內會累積沒有受精的卵子，有時數目達到一百粒。

但是，線蟲可能是個特例。雌雄同體動物並不會同時製造卵子與精子，他們會先製造精子。因此，他製造精子花費的時間越長，製造卵子的工作就越延後，而開始繁殖的年紀就越大。生殖大事拖得太晚可不是好事：在線蟲裡，越早開始生殖，子女就越多。

不過，雌雄同體的動物中，線蟲與關係密切的圓蟲並不是會耗盡精子的僅有例子。海參、海兔、淡水蝸牛、淡水扁蟲都發現了精子有限的現象（雖然這些動物看起來很像，但他們的關係卻疏遠得很。他們各自演化出類似的形態與生活方式）。以渦蟲（Dugesia Gonocephala）這種淡水扁蟲來說好了。他們採雙邊盡興的模式生殖，而製造精莢要花兩天，因此他們對精子可寶貝得很，非常講究平等地禮尚往來；要是一方不供應精子，另一方就停止供應。無刺海蛞蝓（Navanax Inermis）是片面交配的雌雄同體動物，可是每個個體似乎偏好雌性角色，而非雄性。要是精子數量眞的是無限的，你會期待他們偏好雄性角色。

當雄性得付出非常高的代價，要是還有人懷疑這一點，我們就以香蕉蛞蝓（Banana Slug）爲例來說明吧。他們生長於美國西北部太平洋岸地區，是片面交配的雌雄同體動物。在好幾個物種中，雄性一輩子也許只打一炮。他們的陰莖巨大，構造複雜。性交完，陰莖常常拔不出來。因此性交結束時，雄性或他的性伴侶會把那麻煩的陽具咬斷。陰莖斷掉後絕不會再生，此後他只能做雌性了。

說了這麼多之後，我們現在來仔細討論你的處境。公黑腹果蠅會因爲交媾而不孕，情況有兩種。第一種是暫時性的，風流一次，公蠅得休息一天，補充精倉，再次上陣才不至於打空包彈。第二種似乎是永久性的了。很不幸，到目前爲止由於實驗設計的限制，我們還不知道公蠅要多久才會永久喪失生育力。我們只知道，要是公蠅每隔一天就與兩隻母蠅交配，到第三十四日，還不到成年壽命的一半，公蠅就會完全喪失生育力，無藥可救。也許在野外，公蠅從來沒有機會交配那麼多次，或者活那麼久，因此不受狂歡後遺症的困擾。難怪你這個物種的雌性，就像許多其他物種的雌性一樣，喜歡與新鮮的在室男打炮。

親愛的塔提安娜博士：

我是公獅，我的婆娘肯定是個花癡。每次她發情了，至少每半小時就要做一回，不分晝夜地搞我四、五天。我累壞了，但是我不要讓她知道。您能不能建議一些「壯陽」藥給我，拜託？

東非塞倫蓋提草原．不想當性機器的公獅

敬上

有這種藥，但我怕它還未經核准供獅子服用。不過，你眞丟人。像你這樣一頭大公獅，應該能夠說上就上的，你居然還敢抱怨？我聽說過，有一頭公獅在五十五個小時之內，與兩頭母獅交配了一百五十七次呢！絕不騙你。

但是，我們討論一下你的炮友哪來的興致好了。你的麻煩是，她眞的性趣大發，而且符合色情狂的臨床判準。這種色情狂有兩個主要大類。第一型，雌性需要大量刺激才能懷孕。第二型，雄性瘋狂地做愛，不是爲了刺激雌性，而是爲了確保雌性生下的子女都是他的種。你的愛人是典型的第一型。這種「毛病」不只是母獅子會犯，舉例來說，大鼠、金倉鼠、仙人掌小鼠都需要強烈刺激才會懷孕。但是母獅的需求特別大，有人估計過，只有百分之一的交媾會產生幼獅。難怪公獅要花那麼多時間打盹兒。

這些性刺激要幹麼？有些物種，要是沒有適當的性刺激就不排卵，例如兔子、雪貂與家貓等等。其他的物種會自然排卵，但是雌性要是沒有足夠的刺激，即使卵受精了，依然不會進入懷孕階段，讓受精卵順利發育下去。獅子呢？大家都假定獅子有如家貓，需要足夠的性刺激才會排卵。但是獅子是危險的野生動物，要從他們身上收集資料，實在太過冒險，所以我們還不敢確定。

不管性刺激對母獅的作用是什麼，根本的謎團還是一樣。密集的性刺激對野生動物是極爲奢侈的事。在自然界，狂野的奢侈之舉，如果沒有任何益處，很快就會消失。要是有些母獅子用不著那麼多刺激就能懷孕，而且性刺激的程度下降也不會產生壞處，那麼性刺激的幅度就會下降。只是，事實不然。所以，問題還是沒有答案：爲什麼母獅子需要那麼多性刺激才能懷孕？

或許與獅子的社群結構有關。母獅子生活在家族團體中，通稱爲獅群（Pride）。每個獅群都與一班公獅生活在一起，以對抗其他公獅班的挑戰。要是現任的公獅班給擊敗了，新的公獅班就接收那個母獅群，而且殺死任何他們發現的幼獅。母獅失去子女，就停止哺乳，恢復發情。因此，經常更換公獅班對母獅不利。也許母獅要公獅生猛得像一尾活龍，就是一種考驗，畢竟，她們想要的公獅，必須要有能力保護妻小至少好幾年。支持這個想法的證據是，新的公獅班接手之後，母獅的生殖力都會降低，像是在摸公獅的底似的。不過，這個看法最多只是部分的答案，而不是全貌，因爲母獅子即使與老相好作伙兒，也要打拚幾百次才能懷孕。

會不會是雌性好雜交，才使公獅非得格外賣力演出不可？有些物種的雌性犯第一型性狂熱，大概可以這樣解釋。例如金倉鼠，母鼠受到的性刺激越強，越不會紅杏出牆。在大鼠中，雄性搏命演出，未必會令雌性一往情深；但是，要是她的初戀情人夠生猛，就有可能藍田種玉。還有小型鳴禽冠山雀（Crested Tit），母鳥需索無度，要是公鳥無法應付，肯定要戴綠帽。不過，獅子就很難說了。觀察獅子遠比觀察倉鼠、大鼠或冠山雀困難多了，所以關於母獅的「性象與『性』向」，我們知道得實在不多，全是道聽塗說。根據某些報告，母獅發情後會與一頭公獅單獨出走幾天；根據其他的報告，母獅子每天都會更換伴侶。根據遺傳分析，同一胎幼獅多是同一位父親下的種，罕有例外，但是那也許並沒有透露什麼。要是母獅像雌性大鼠一樣（我很抱歉要這樣比較），那麼同胞手足是同一位父親下的種，也許並不能反映母獅的貞潔，只是證明她的面首當中有個「猛男」罷了。

怎樣解決這個問題？不用說，做實驗太危險了，我們不如拿獅子與其他貓科動物來比較；由於所有貓科動物源自同一共祖，所以類似的行爲可能源自類似的道理。很不幸，這樣的比較研究反而使疑雲更加密布；雖然有些貓科動物與獅子一樣，非得大戰幾百回合不可，但除此之外並無共通特點。舉例來說，貓科動物大多獨來獨往，只有獅子成群而居，這無法解釋母獅的性致。獨居的豹、虎，雌性發春時一樣會瘋狂地交配。這也不是「大貓」的專利。雖然美洲獅、豹子、老虎與美洲虎，與獅子一樣，但是獵豹、雪豹不然。此外，中東與中亞沙漠裡有一種體型很小的沙貓（Sand Cat），他們不太出名，以捕食鼠輩維生，可他們交配起來，非常瘋狂。其他的小型貓科動物如美洲山貓（Bobcat）及豹貓（Ocelot）就不會。這些物種的雌性是否性好雜交？我們也知道得很少，教人沮喪。現在我暫時接受「雌性好雜交」的假設，因爲這最能解釋母獅的行爲；但是一個誠實的陪審員會說，該假設尚待證實。

最後，我還要告訴你一件事，讓你去玩味。田鼈科的巨型水甲蟲（Giant Water Bug）得的是第二型性狂熱，公蟲緊抱著母蟲不放，以確保其他公蟲無機可趁。原因在於公蟲是極爲盡職的父親，會把卵揹在背上，接著還會協助幼蟲孵化。被兒女縛手縛腳的公蟲，母蟲不喜歡勾搭，所以大部分公蟲一次只能與一隻母蟲交配。他們會好好把握這個機會。我聽說，有一隻公蟲堅持要在三十六小時內衝刺一百次以上，幾乎每一粒卵他都射精一次。怎麼樣？你會讓巨型水甲蟲比下去嗎？

親愛的塔提安娜博士：

我是長尾舞虻（Long-tailed Dance Fly，雙翅目舞虻科），我想我必然是發育不全吧，每次有合適的派對我都會參加，但夜復一夜，都沒異性理睬我。男生都不肯接近我，更甭提奉上美味晚餐來勾引我了。我注意到別的女孩看來都像個飛盤，而我看來像正常的舞虻。我該怎麼辦？

德拉瓦州・醜女孩

敬上

妳的情況令人好奇。在長尾舞虻的文化裡，食與色一向不分。公舞虻在太陽下山前一個小時，就會捉一隻適當的蟲子，也許是美味多汁的蜉蝣（Mayfly）吧，然後帶著獵物去找母舞虻，他們做愛的時候，她便能享受美食。女士會集合在一起，等候男士光臨。不過，長尾舞虻不在小丘或樹幹上約會，這與許多昆蟲不同。他們會在森林裡的空地會面，在那兒，母蟲身體的輪廓，襯著傍晚的天空，看得格外分明。

公舞虻對雌性可挑剔的呢，專門找體型龐大的雌性，把帶來的昆蟲獻上。至於原因，我們還不太清楚。在妳們的近親物種裡，公蟲偏好大型母蟲，是因爲她們接近產卵期，因此她們在產卵前不太可能再結交新歡。但是在妳們這個物種裡，無法以體型判斷雌性是否即將產卵。即使如此，從昆蟲到魚類，「體型大的雌性比較能生」是通例，因此從妳的體型也許可以推測妳能生產多少卵子。不管怎麼解釋，母長尾舞虻已經演化出一種不正統的方式，展現她們的體型。她們的下腹部有兩個可以膨脹的袋子，一邊一個。母舞虻在參加派對之前，會先停留在矮樹上大口吸氣，使自己鼓脹到平常腰圍的三到四倍大。妳試試看。我想妳會發現，這樣妳也可以像個飛盤。

許多物種的雌性只與帶著禮物的雄性交配。拿不出禮物的雄性門兒都沒有。禮物太寒傖的雄性會受罰，不准纏綿太久。育兒蛛（Pisaura Mirabilis）是目前已知唯一會送禮的蜘蛛，公蜘蛛會以蛛絲將禮物包紮好，或許就爲這個。蛛絲纏得越多，母蛛就必須花更多時間進食，即使禮物並不起眼。也許繁複的包裝會讓母蛛忽略禮物其實很寒傖的事實。

禮物有很多種，端看送禮者屬於哪個物種。禮物往往是送禮者的分泌物，可以吃，內含蛋白質以及其他的營養。請看赤道蟑螂（Xestoblatta Hamata）：做愛結束後，母蟑螂會享用配偶肛門的分泌物，她簡直就是直接從「那一口」吸入自己口中。許多物種的分泌物不是以口攝食的，而是隨著精子輸送過去。燈蛾（Utetheisa Ornatrix）在交配時，公蛾會把一種化學物質傳遞給母蛾，保護她不會給蜘蛛獵食。要是她闖入蜘蛛網，蜘蛛會覺得她實在太噁心了，趕忙把纏住她的線切斷放她走。另一種古怪的燈蛾，極爲漂亮，名字也取得好，叫做紅體黃蜂蛾（Scarlet-bodied Wasp Moth），他們交配時，公蛾會以內含蜘蛛驅逐劑的細絲覆在他的配偶身上。不過，倒不是所有的禮物都有實用價值。與舞虻有親戚關係的小頭虻（Balloon Fly），公虻會做個很大的白色絲氣球送給母虻，於是他們做愛時，母虻就有東西可以玩耍了。

贈禮越昂貴，雄性對接受大禮的雌性越挑剔。也眞是的，你怎麼會隨便帶人上巴黎的麗池大旅館呢？摩門蟋蟀（Mormon Crickets）與蟋蟀、螽斯都是螽斯科的昆蟲，但是摩門蟋蟀不會飛；公的摩門蟋蟀發現，他只消交配一次，就元氣大傷。因爲他得分泌禮物，完成後，體重就減了四分之一。我想妳會打賭這些傢伙肯定要挑挑揀揀，只中意體型最大的雌性。許多蝴蝶也一樣；公蝶交配後，就無法很快製造大禮。同樣地，公蝶對於找誰上床極爲吹毛求疵，可說是惡名昭彰。

不過，長尾舞虻的雄性非常挑剔，倒不是因爲他們準備了貴重的禮物，而是他們有那個身價；雌性已喪失了獵食的能力，必需完全依賴雄性供食。妳千萬要把自己鼓脹起來，吸引他們注意。

身爲雄性，可不只是脫褲子這碼事而已。做愛的本事考驗你的身體，特別是雌性會找許多炮友的物種。再說，精子也不便宜。你不僅必需射出數量龐大的精子，還可能發現自己不能常射。這眞是壞消息。雌性一旦發現你不中用了，不會耐心等候。她會找代打。因此，在你跟第一個正巧碰上的清純女孩上床之前，請默念據說是契斯特菲爵士（Lord Chesterfield, 1694-1773）對他兒子描述性事所說的話：「歡娛不過片刻，姿勢極爲可笑，而代價實在太大。」（他是十八世紀的英國人。）

第3章

知識之果

爲什麼雌性會淫蕩？

因爲放蕩的雌性子女較多又健康。

這是通例。

不過，理由差異極大，

各物種不同。

親愛的塔提安娜博士：

我名叫維克拉姆，是銅翅水雉（Bronze-winged Jacana）。我是後宮的一員，我已築好巢、準備好所有事物，但是我的女主人卻根本不注意我，也沒給我任何蛋孵。我什麼地方做錯了？

印度泰米爾納德省・家庭怨夫　敬上

你得說話大聲點兒、大叫、呼號到聲音啞了。在銅翅水雉中，你這樣做才能引起母鳥的注意。你看她以修長的腳趾正在百合叢裡飛快穿過，她非常忙碌：有大片領土要守禦，要和別的公鳥交配，還得生蛋。你杵在那裡，動都不動，不會有進展的，你得讓自己「上達天聽」。

母水雉把事情都掌控得很好。她們與後宮中所有公鳥都交配（往往多達四隻），爲每隻公鳥生一窩蛋，再重複這個順序。公雉負責照料雛鳥——所以正在孵蛋或餵養雛鳥的公雉就不交配了。擁有後宮的母鳥，因此也許可以有更多子女，比起死守一隻公鳥的母鳥，可能會多三倍。其實這不算什麼，只要有幫手，就做得到。

許多雌性喜好雜交，這樣做可以得到更多生殖幫手，是原因之一。我們來看一下美洲三趾鴕（Greater Rhea），他們不會飛行，生長於南美洲，形狀類似非洲鴕鳥。公三趾鴕會與好幾隻母鳥交配，負責孵化所有的蛋，養育每隻幼雛。每年在彭巴草原，只要時間對，你就可以見到公鴕帶著幼雛四處遊逛，公鴕口中柔柔作哨聲，招呼小鴕聚攏在一起。同時，母鳥正在與別的公鴕交配，爲他們產卵，好讓他們照顧。雄性照顧與不同雌性交配生出的後代，而雌性也在不同雄性之間散發卵子，這種系統很常見，特別在魚類中。

即使是雌性不會厚顏無恥地雜交的物種，雌性若煙視媚行，也許仍然可以得到更多幫手。例如雀科的紅翅黑鳥（Red-winged Blackbird，其實他們的翅膀並不是紅的，而是肩部）。母鳥的巢若遭到攻擊，每隻跟她相好過的公鳥都會飛奔來救援。然而這種遊戲需要高明的手腕：要是母鳥的良人懷疑她不貞，他就不再幫了。例如小型棕色鳴鳥蘆雀（Reed Bunting），要是公鳥懷疑雛鳥不是他的種，就不會盡心盡力餵飽他們。

話雖如此，銅翅水雉似乎不擔心這種事。就我們所知，公雉養大的雛鳥，總有幾隻不是自己下的種，這是通例（不過遺傳分析還沒完成）。公鳥爲什麼要忍受戴綠帽？因爲他們別無選擇。在水雉中，雌性統治雄性。母銅翅水雉比公鳥重六〇%；他必須服從規則，否則就退出。這種系統是怎麼演化出來的？我眞希望自己答得出來。我相信很多女人也想知道哩！

親愛的塔提安娜博士：

我是橘尾嚮密鴷（Norange-rumped Honeyguide），擁有上好的地產物業：一面山崖，上頭有好幾個巨蜂蜂巢。很多女孩兒來找我，而且讓我為所欲為。她們說，那是因為她們愛我，但我懷疑真正的理由是：做愛完事後，她們就可以去飽啖蜂蠟。真的，我開始懷疑她們跟別的雄性也這麼搞。妳能教我安心嗎？

馬拉雅山・滿腹狐疑者　敬上

用蜜穴換蜂窩？蠻公平的嘛！畢竟，你擁有她們想要的東西——蜂蠟。而她們也有你想要的——可讓你授精的卵子。因此我看不出有什麼理由叫女孩免費提供性服務，或者叫她們守身如玉，只爲一個甜老爹服務。不過我跟你說件事，也許你會好過一些。母橘尾嚮密鴷也許不是貞節烈女，但是她們也不是糊塗的鳥兒，絕對不是！她們只跟有物業，也就是有蜜蠟的公鳥交配。這麼一來，許多公鳥就出局了。

男士們，想上女人的床，往往得先通過她的胃。還記得長尾舞虻嗎？許多其他物種的雌性也堅持以性交易食物。有幾種不同方法可以滿足女孩的胃口。首先，就像我們的橘屁股朋友，你可以佔領一塊領土，其中有雌性需要的食物，然後再跟雌性收入場費：入場一次，至少一炮。第二呢，你可以去捕獵食物，送給雌性。第三，你可以用自己吃下的食物來分泌禮物，不過，除非你是昆蟲，不然別走這條路。

然而，食物雖然換得到性愛，卻換不到眞愛，眞不幸。在雌性以色易食的物種裡，放蕩的雌性吃得較好——子女也比較多。以野地蚱蜢（Common Field Grasshopper）來說吧，只要有機會，雌性願意跟二十五隻不同的雄性做愛，以換取營養品。雜交的雌性比起只交合一回的，會生下更多批蛋，每一批蛋的數目也比較多。在時機歹歹、食物稀少之際，公蚱蜢如果想享受一回性愛，得耗時一個半小時做工。以喜愛潮濕草地的綠紋白蝶（Green-veined White Butterfly）爲例，處男釋出的精子包，重達體重的一五％。裡面除了精子，還有滋養物質。與好幾個處男性交的母蝶，比起只交配一次的，產的卵較多、較大，她們也活得較久。然而，要是公蝶已非處男，母蝶就更容易搞雜交。已經破身的公蝶無法再做出同樣的好東西，精子包只有處男的一半大。母蝶爲彌補營養品的損失，更會與別的公蝶交媾。

謀生很艱苦。女孩們，別忘了男孩必須花費極大的精力，才能找到食物或生產送妳們的禮物。而妳跟某個傢伙搞，卻不保證會用他的精子，這個發現引起了熱烈的爭論：既然如此，雄性爲什麼要餵飽雌性？有人認爲，一頓豐盛大餐只是男孩脫女孩褲子的方法。有的則認爲，雄性是想努力當個好爸爸，他提供營養品給雌性，讓她把營養放入卵子，這樣他的子女才不會輸在起跑點上。有人分析過數百種生物的卵子，看看雄性贈予的營養物質到底有沒有被吸收。結果發現差異很大。有時候，雌性會把營養品傳入卵子，有時候呢，她用來補身子。有時候，某個雄性給的養分的確進入了卵子，但是那粒卵子卻由其他雄性下了種。但是，這沒什麼好驚訝的。女孩兒總是願意與最大方的雄性交媾；至於她怎麼處理禮物，是她的事。男孩能做的，只有期盼自己能讓她滿足。也只能盼望罷了。

親愛的塔提安娜博士：

我是雄性黑眼鱸（Shiner Perch），我聽說放蕩的母魚勢力越來越龐大，因為她們生下的子女比正經的雌性多。眼看我們的族群道德日漸淪喪，我怎樣才能阻止這種情況繼續惡化？

（墨西哥）巴甲．義憤填膺的黑眼鱸　敬上

沒錯，在許多物種裡，放蕩的雌性比自制的雌性，子女更多更健康。但是你大可放心，你們這個物種似乎不是這樣。沒錯，母黑眼鱸很前衛，寧可逐波去追公魚，不願等著被追。體型大的母鱸的確可能引誘幾隻公魚，但是她們並沒有佔到便宜；她們並不因而有較多、較大、較健康的胚胎。

那麼，母鱸魚爲什麼要追求公魚？沒人知道確切的原因。有此一說，即母鱸魚是在下注，擔心自己的配偶有不孕之虞。總之，我不認爲這個說法令人信服；它無法解釋雌性的雜交行爲。因爲大多數物種的雌性，交配的次數都遠遠超過受孕的需要。另一種常見的說法是，會貯存精子的雌性生物，用完精子就會再度交配，我也無法接受。當然，雌性會把精子用光。不過，大部分物種的雌性早在精子耗盡之前，便已重拾床笫之歡了。我還要駁斥另一個流行的說法：雌性好雜交是爲了增加子女的基因變異程度。基因多樣化是雌性好雜交的必然之「果」，絕不是因。

不過，回到黑眼鱸的例子，「雌性好雜交是唯恐配偶不孕的避險之舉」，似乎說得通。黑眼鱸是很不尋常的魚。其他魚類是將精子、卵子排入水中，他們可不，他們會交配，公魚將精莢置入母魚的生殖孔裡。此外，母魚並不產卵，而是生出小魚。但是從母魚交配到母魚以精子將卵子受精，有一段延擱期，達幾個月之久。那時公魚已經喪失做愛的興趣，他們的睪丸爲了過冬已萎縮了。要是母魚只跟一條公魚交配，而偏偏他不孕，那麼她就損失一整年生兒育女的機會。我想你也不樂見這種事情吧？

儘管如此，你倒是提出了一個有趣的問題。要是雜交傾向是基因決定的，那麼，要是放蕩的雌性往往比守貞的雌性擁有更多子女，雜交的行爲就會變得常見。那是天擇的結果。不幸的是，關於影響雌性性行爲的基因，不管是哪個物種，我們都所知不多，更別說黑眼鱸了。我能說的是：黑腹果蠅（雙翅目果蠅科）與田野蟋蟀（Gryllus Integer，直翅目蟋蟀科）的雌性，有不同的性趣，這一點大致出自基因的差異。所以，男生們，你該瞪大眼睛瞧瞧女友的媽媽，要是她很愛玩，那麼你的女友很可能也愛玩。

親愛的塔提安娜博士：

我是（雙翅目柄眼蠅科）柄眼蠅（Cyrtodiopsis Dalmanni），我教「存有的煩惱」吞噬了。每天晚上，女孩兒們都排隊等著跟我交配，但我很少見到女孩再來的。更糟的是，來光顧我的沒幾個是處女——我曉得她們每夜都去找別的男孩。她們到底在追求什麼？為什麼我無法滿足她們？

馬來西亞．自覺慚愧的柄眼蠅　敬上

沒錯，母柄眼蠅眞是濫交得驚人。但是，她們的品味可是很精確的。母蠅對於擁有長柄眼的雄性就是無法自持，結果你們的長眼柄分開來的距離比身長還長。眼柄越分開的公蠅，越教母蠅瘋狂。你應該知道，在熱帶，每當夜色降臨，柄眼蠅便會聚集到溪流上，停駐在岸邊植物的根鬚上，雌性呢，會找眼柄最分開的雄性，一到早晨她們就與他交媾，然後再各自去找食物。

你曉得，女孩也許會說，她們要的是和善、敏感又忠心的男伴，也就是人品比外表更重要。事實卻是，許多物種的雌性都狂熱地崇拜肉體。難怪尾巴長到滑稽的程度的、頭部羽飾超炫的，或是眼睛長在挺直的長柄末端的，都是雄性。

這麼多雄性擁有誇張的飾品與行頭，讓達爾文相當困惑。「武器」的演化很容易解釋，但「裝飾品」則不然。裝飾品往往是違反天擇的，因爲它讓生存更爲困難。公孔雀的長尾也許看來華麗突出，但你看過他們飛行嗎？那會是極爲可笑的畫面。他們在空中笨拙地移動，老虎不用費力就能拿來當點心。

公孔雀的尾巴與其他華而不實的雄性特徵，讓雄性處於險境，容易教天敵吃掉，居然會演化出來，這是怎麼回事？達爾文提出的解釋是「性擇」。性擇是比以天擇爲機制的演化論（天擇理論）還要激進的理論。根據性擇理論，雄性之所以會有這些裝飾品，是因爲雌性偏愛與這種雄性交配的結果。這些雄性因此擁有更多子女。換句話說，巨大的尾巴可以提升對異性的吸引力，所得到的好處遠超過風險。

達爾文因此遭到嘲笑。雌性會有美感？好笑。雌性有選擇權？荒謬。但是達爾文總是對的。時至今日，我們已經知道，在許多物種中，雌性能主動決定她們要跟誰上床，而且雌性的偏好能驅使雄性演化出誇張的裝飾品。至今仍在激烈爭論的是：雌性選擇那些特徵（張開的眼柄或華麗的尾巴），有什麼好處？只是性的魅力？還是另有隱情？

理論上，兩個答案都有可能。純粹的性魅力，可以透過所謂「費雪失控過程」（Fisher's Runaway Process），或者擁有「性感兒子」（Sexy Son）的優勢演化出來。費雪是何許人也？費雪（Ronald Fisher, 1890-1962）是二十世紀最偉大的數學遺傳學家之一。依據他的模型，雌性的品味一開始是武斷的、沒什麼道理的，舉例來說，母鳥愛長尾，只因爲她們喜歡。就因爲這樣，尾巴最長的雄性下種的機會最多。偏愛長尾羽的雌性生下的兒子也有長尾羽。事情按這個邏輯發展下去，結果呢？公鳥的尾羽越來越長，越來越長。什麼時候才會停止？一種情形是，等到長尾羽帶來的不利後果（例如變成掠食者的大餐），超過性感帶來的好處，尾羽就不會再增長了。

另一種情形是，「美」可能並不膚淺。根據「優良基因」假設，長到令人覺得滑稽的尾羽、花俏的頭部裝飾，或長得荒謬的眼柄，向雌性透露的是：這些雄性不僅有製造長尾羽、花俏頭飾的基因，而且他所有的基因都很優秀。換句話說，有長尾羽的雄性就是最棒的雄性：他們擁有最優良的基因，因此他們長得最漂亮——他們的子女更可能存活下去。

失控過程與優良基因這兩個理論，原則上都說得通。不過，與過去一樣，就每個田野實例而言，想弄清楚大自然究竟打的是什麼算盤實在相當困難。且讓我舉幾個例子。

生物學家研究野鳥時，常常用小型彩色腳環扣在鳥兒腳上，這麼一來，在遠處就能分辨出誰是誰。不用說，腳環不是個遺傳特徵。但是事實證明，母的錦花鳥（Zebra Finch）發現戴著紅色腳環的公鳥極爲性感。的確，她們寧願爲這樣的公鳥多生一窩蛋。戴著綠色腳環的公鳥就沒那種魅力了。或許母鳥覺得綠色跟公鳥橘色的腿不搭嘎吧。不管怎樣，戴了綠色腳環的公鳥就是缺乏女人緣。

雖然母鳥這種偏好顯示雌性會純以「性感」做爲擇偶的判定準則（這是失控過程的基本條件），但是在比較自然的情境裡，雌性選擇雄性，究竟是因爲雄性性感，還是因爲雄性體內有優質基因，往往極難判定。我們不妨以孔雀爲例。父親是超炫長尾的小孔雀，比起尾巴平庸的父親下的種，存活率高，這是事實，可是這個事實可以當做支持「優質基因」假設的證據嗎？問題在於，造成這個事實的原因可能只是：與性感爹地交配的雌性，比較費心照顧子女。在綠頭鴨（Mallard，野鴨）裡，母鴨與最性感的公鴨交配後，生下的蛋較大，與醜公鴨所生的比較小。蛋的大小是雛鴨能否在孵化早期存活下來的關鍵因素。科學家發現，俊公鴨的基因與蛋的大小並無關係。蛋的大小可以完全用母鴨的母愛解釋。她幹麼要這麼做？天曉得。可能仍是費雪理論在作祟吧：與俊公鴨交配的母鴨會耗費更大心血來照料孩子，搞不好是因爲她知道她的兒子長大後也會很俊俏。同樣的邏輯也可以說明孔雀的例子嗎？誰知道。雖然母孔雀並沒有以蛋的大小表現出她的偏心，可是她或許用的是更爲細膩的手段，科學家還沒發現而已。例如母錦花鳥要是與俊俏的哥兒交配，就會提高卵子裡睪丸素的成分，加速幼雛的發育速率。

眼柄長的朋友，你的情況也同樣複雜。雌性與你交配，圖的是你的優質基因呢？還是你給她的俊俏兒子？有證據顯示，要是幼蟲發育的環境很嚴苛，只有少數雄性才擁有長眼柄的基因。乍看這又是支持「優良基因」的證據：雌性選擇最能應付惡劣環境的雄性。但很遺憾，我們不知道俊男的孩子是否比醜男的孩子更可能存活，因此無法判斷。不過，雌性挑選長眼柄的雄性交配，就增加了兒子會很性感的機率了。

親愛的塔提安娜博士：

我是隻寄生長臂天牛（Harlequin Beetle）的擬蠍（Pseudoscorpion）。至少我應該找隻長臂天牛。但是，當我找到一隻長臂天牛要騎上去的時候，卻遭到禁止。某個大塊頭男生幫我女朋友爬上去了，卻把我推下，然後天牛就飛走了。她快樂地跟他走了，我知道她正在跟他做愛，浪女！而我卻陷在這裡，一根爛木頭上，脫身不得。我向頭上飛過的長臂天牛揮舞螯肢，但沒一隻肯降落。

我要怎樣才能離開這裡去找一個真情的女孩？

巴拿馬・進退不得的擬蠍　敬上

天哪，你的麻煩可眞多。我們先從最迫切的著手吧——讓你早些離開那根爛木頭。我擔心，就算你揮斷螯肢都走不了。先給你上一課吧。你們這種擬蠍生活在爛木頭上，最喜歡倒伏的無花果樹枝椏。這種生活其實很棒，唯一的麻煩是，木頭遲早會完全腐爛，到那時生活在上頭的動物都會沒命。所以，在木頭爛光之前，你該如何脫身呢？這正是長臂天牛扮演的角色。

長臂天牛非常好看，深黑的翅膀上滿是參差的紅條紋。然而跟你有密切關係的倒不是他們的長相，而是他們築巢的地方——腐木上。他們的生活史可以從母天牛在一棵剛倒下的無花果樹上產卵談起。她的孩子在腐木上發育；幾個月後就孵化了。這時正是你的機會。擬蠍很小，遠比普通蠍子小得多（你們之間眞正的差異，乃是你們沒有刺）。也就是說，你們有辦法偷偷藏到長臂天牛的翅面下，隨著他們去找新家，他們會找剛倒下的樹，尋找配偶、產卵。

但就像你的遭遇所見證的，天牛翅面下的空間有限。就算大塊頭的天牛，能擠上去的擬蠍不會超過三十隻。更糟的是，塊頭大的公擬蠍很容易守住地盤，他極爲勇猛，只讓女士「登機」，絕不讓其他男士跟著。天牛起飛後，他就會與所有女孩做愛，盡可能一個都不放過。現在，你擔憂得沒錯，你女友大概正蹲在那個大塊頭送給她的精子包上。我很遺憾，然而我恐怕還有其他的壞消息要告訴你。見過世面的長臂天牛並不懷舊，所以呢，不會再有天牛光臨你生活的木頭了。你必須另外找一隻還在發育的長臂天牛，趁他離開前爬上去，不然你就會永遠陷在老家，注定死亡又無後。

但是還是有些事可以讓你覺得安慰。載著你女友的長臂天牛找到新家後，她與別的母擬蠍就會「下機」。你的女友會在那裡產卵。由於她能儲存精子，所以有些卵可能是你的種。所以，當你窮坐孤島，不妨想想那些跟你肖似的小擬蠍吧。

至於想找一隻信仰眞愛的母擬蠍嘛，我看比摘星還難。那些母擬蠍是喜新厭舊的浪女，一味追求新鮮刺激。幹麼呀？道理很簡單。跟兩隻雄性交配的母擬蠍，比起與同一隻雄性交配兩次的母擬蠍，生的子女更多。倒不是因爲很多公擬蠍不孕。相較之下，只跟一隻公擬蠍交配的母擬蠍更容易「流產」。看來兩性的基因有時並不相容，無法協調。要是與好幾隻不同雄性交配，雌性就能避免這種問題。

我猜，許多物種的雌性之所以喜好雜交，都是爲了避免兩性間的遺傳不相容。這是個新點子，只在眾所周知的物種中收集過相關資訊測驗過，例如蜜蜂。不過，兩性基因不相容的情形相當普遍。舉例來說，在翹翅目甲蟲四紋豆象（Callosobruchus Maculatus）中，雄性能否在精子競爭中脫穎而出，一部分得看配偶的基因而定。不用說，在許多物種中，基因不相容是不孕的重要原因。

例如人類中可能有一〇%的配偶不孕，其中一〇%到二〇%並不是因爲某一方不孕，而是因爲雙方的遺傳不相容。此外，有些婦女即使胎兒健康，仍然容易流產，問題往往出在兩性的遺傳不相容。這會不會是女人紅杏出牆的原因？我還不敢說。

然而，已有一些教人興奮的初步證據顯示；人似乎有內建的機制，使遺傳不相容的問題根本就不會發生。請看這個例子。通常導致自發性流產的基因，都屬於一個叫做「主要組織相容性」（Major Histocompatibility Complex，簡稱MHC）的巨大基因複合體。這些基因在免疫系統中非常重要。它們協助決定哪些是入侵的異物，例如傳染病媒，在人體中會導致對於移植器官的排斥。這個基因複合體（MHC）內的基因可能多達千種，而且有些基因可能有上千種不同型式。說眞格的，主要組織相容性複合體（MHC）似乎讓每個人都有特殊的體味。例如人與小鼠都能各憑嗅覺分辨不同的個體，而他們除了主要組織相容性複合體（MHC）之外，其他的基因完全相同。科學家以沾有體味的T恤做過許多次實驗，要求參與實驗的人聞異性穿過好些天的T恤，結果大家都偏好主要組織相容性複合體跟自己不同的T恤主人。沒錯，想必你也猜得到，夫婦雙方要是主要組織相容性複合體的某些特定基因相同，更有可能發生自動流產。

當然啦，女人不會光靠嗅覺就愛得要死要活，所以要是你仔細觀察誰與誰配對，就會知道根本無法找到一致的模式。不過有趣的是，T恤實驗中，唯一會喜愛主要組織相容性複合體跟自己相同的女性，都正在服用口服避孕藥。我們並不清楚其中的關連。但是，要是這個發現是個普遍事實的話，那麼其中的含意就令人不安了。

親愛的塔提安娜博士：

請恕我不透露真實身分，因為我寫信給妳，談的不是我自己或我這個物種的問題，而是我的鄰居，他們是一群吵得要死的黑猩猩。那些母黑猩猩發情時，即使妓女都會汗顏。昨天我就瞧見有隻母黑猩猩在十五分鐘內跟八隻不同的雄性分別交合。還有一次，我見到有隻母的八天之內，跟七隻公的大戰八十四回合。她們怎麼會那麼騷呀？

象牙海岸．大開眼界者　敬上

你的問題棒極了。母黑猩猩喜好雜交簡直到了不同凡響的境地，許多科學家都被弄糊塗了，而且老實說，我們不曉得爲什麼她們會這麼浪蕩。不過，目前有兩派不同的理論。

首先有此一說，即母黑猩猩雜交得如此頻繁，乃是爲了讓不同雄性的精子相互競爭。換句話說，精子大戰不是雌性跟不止一隻雄性交媾的結果，而是它的成因。我知道這種理論聽來很奇異，但是它卻常被用來解釋許多物種的雌性的放蕩行爲，所以值得我們深入探討。以下是這派理論的解說。

最初的假設是，有些雄性較容易讓卵子受精。他們較強的原因不重要，重要的是這種能力會遺傳。也就是說，能讓卵子受孕的優越能力必然有遺傳基礎，而且那些基因必定會由父傳子。那麼，四處上床的雌性（由此也引發了精子大戰）就比只跟一個雄性交配的雌性，更能生下擁有較強受精能力的兒子。

然而，上述的例證充其量只是推論。我不否認有此可能，除非我看到更強而有力的例證，指出雌性動物亂上床的原因是爲了造成精子大戰，才會完全相信。雖然生物學家設計過無數次的實驗，想找出精子大戰時誰的精子能獲勝，但是總有許多變數會影響結果；可見得並沒有所謂共通的規則。有時候贏家是首先射精者，有時候是時機的問題，另些時候必須視參加雜交的雄性數目而定，凡此種種不一而足。當然，變數中有很多並未受到遺傳控制。例如雌性大型鼠的生殖道是雙份開叉的，而精子大戰的結果，經常會因爲走左半邊或右半邊而有不同。

但是，就算你能成功指出哪個雄性比別人強，那也不意味著他的優越能力可以遺傳到他的兒子身上。至少，成功的精子有個關鍵成分是無法由父傳子的，也就是精子賴以前進的動力來源——它的「引擎」。此類引擎通稱爲粒線體（Mitochondrion）。粒線體是一種極微小的胞器，爲細胞提供能量。大多數動物的粒線體是遺傳自母親。引擎有問題，會不會影響男方讓卵子受孕的機率？你認爲呢？舉例來說吧，男人、公羊及公雞的粒線體如果有瑕疵，會導致不孕。反過來看，某些雄性的精子原來不怎麼樣，假如引擎「配備渦輪動力」，就像有人在獨輪手推車上裝了噴射引擎，那麼他們的精子動力就很強了。所以，你應該曉得困難點所在了。光指出某個雄性的精子是常勝軍仍不夠，你必須指出這是因爲具備某種可以遺傳的特徵。我甚至可以推測，不可靠的引擎，足以解釋爲什麼在有精子大戰的物種裡，精子會傾向較大、數目較多、構造更爲複雜。其他的這些特色都可以遺傳，部分彌補了引擎不可靠的缺憾。

第二種解釋母黑猩猩何以如此好雜交的說法名爲困惑理論（Obfuscation Theory）。這派理論認爲，因爲母黑猩猩跟所有看得到的公猩猩都交配過，所以無法辨認小黑猩猩的生父是誰。顯然呢，若雌性很喜歡你所描述的群交場面，那連她都不曉得孩子的爸是誰。這種情形怎麼會有好處呢？假如雄性認定，孩子有可能是他的，就會克制，不加殺害。畢竟，嬰兒有被殺的風險，公的黑猩猩有時候眞的會殺嬰。然而，他們是否更可能殺害未與其交配過的母猩所生的小孩，迄今仍是謎團。

至於你呢，假如生理許可，我想，你不如搬到風氣較好的地區吧。

親愛的塔提安娜博士：

我是隻黃糞蠅，有流言說，我們的精子事實上是由卵子所取捨。這是真的嗎？果真如此，我能不能做點什麼，讓自己的精子更有魅力些？

牛糞上・花花公子　敬上

這個問題很微妙。卵（或者說雌性吧）會不會主動挑選精子，喜此厭彼，仍有爭議。可以肯定的是，雌性有能力拒絕某些特殊雄性的精子。請看加勒比海珊瑚礁魷魚（Caribbean Reef Squid）。公魚把精子包放在母魷魚頭部或觸手等任何地方。母魷魚不是把精子包移入自己的「精子容器」當中，就是拔起來丟掉。接下來還有農場養的雞。若母雞與族群裡地位較低的公雞交配，當公雞自她身上離開之後，她就可能把他的精子丟掉。然而，雌性會不會把好幾個雄性的精子貯存起來，然後選擇贏家，或者卵子會不會主動地偏愛某些特殊精子，那又完全是另一回事了。

你曾碰到過櫛水母（Comb Jelly）嗎？沒有？目前已知他們的種類大約有一百種，偏好居住在遼闊的深海域，相信未來有可能發現更多種。外行人看來，櫛水母跟水母很類似——每一個成員都是半透明的，居住在開闊水域，如果被他螫到會很痛。但是這種相似只是表面的。第一，櫛水母的身體較堅實。但兩者主要差別就在判別字「櫛（梳子）」上面，每隻櫛水母身側排列有八條纖毛帶，必須一致揮動，才能緩緩地排水前進。屬於櫛水母大族群之一的卵櫛水母（Beroe Ovata）形狀就像一座鐘。他敲給誰聽？這你就別問啦。假如你也是櫛水母，只怕他是爲你敲的：卵櫛水母是很貪婪的掠食動物，游泳時嘴巴在前，碰到別族群的櫛水母就一口吞掉（假如卵櫛水母不餓，嘴巴就密閉起來，慢條斯理地切削過去）。我們暫且打住，回到重點，卵櫛水母有某些獨一無二的生殖習性。

卵櫛水母跟大多數的櫛水母一樣，也是雌雄同體，把精子卵子排進海水裡，至於自體受精倒很罕見。同一隻櫛水母釋出的精子，通常不被自己排出的卵子所接受，無法穿透卵外殼。到目前爲止，這還沒什麼奇特的，只有在卵子受精後，一切才顯得特別。如果只有一隻精子進入卵子，櫛水母胎兒就開始發育，正如你所預料的。但假如有好幾隻精子進入同一個卵子，事情就有趣了。

假如同時有數隻精子穿透人類的卵子，卵子就不會發育。然而，對許多動物而言，例如鯊魚好了，多重受精（Polyspermy）反而是正常的現象。對於你我的朋友櫛水母而言，多重受精似乎成了交配抉擇的終極競技場。卵子的細胞核會移動，「造訪」一下每隻精子來賓的細胞核，最後才「決定」要跟哪隻融合在一塊兒。這個過程有可能耗時數小時，而且卵子的細胞核不一定與最後檢查的精子融合，有時會掉頭，回到早先迎合它癖好的精子。它是怎麼取決的？關於這個問題的研究極少，所以很難推斷。

當然啦，類似的惡作劇也發生在其他的物種，只是我們不知道而已。然而，要確實觀察到實在很難。你也知道，櫛水母的卵子是在體外受孕的，很容易用顯微鏡來觀察。但是如果是體內受精的物種，比如用交配的好了，就不太可能用顯微鏡觀察了。某一雄性的精子比起其他雄性的，如果能成功地讓雌性較多的卵子受孕，並不代表卵子眞的選中他的精子。成功的精子可能比較拚命，或者能與卵子相容。甚至呢，一切純屬機率。例如母綠頭鴨，有人曾把數隻公鴨的精子混合進行人工受孕，母鴨傾向使用特定一窩的某隻公鴨的精子。只是，就算母鴨每次接受的精子混合物都相同，哪隻公鴨會是幸運兒卻不一定。這結果顯示，選擇的決定因素並不是卵子主動、偏愛某特定雄性的精子。

至於黃糞蠅呢，有人宣稱母蠅決定要用哪隻公蠅的精子，得依她產卵所在的牛糞或陽光而定。這個說法聽起來相當吸引人，然而，與眾不同的說法必須有與眾不同的例證來支持，目前我們並沒有這樣的證據。假如我是你，無論何時，我寧可想盡辦法消除配偶挑選精子的機會。若是公的黃糞蠅交配得夠久，他就能把先前公蠅的精子給弄出來（個頭小的公蠅得比大隻的交配得更久，原因是個頭小的公蠅傳遞精子的速度較慢）。去除前任的精子，換成你的，接下來你應該監視母蠅，直到她生蛋爲止。如此，你就不必擔心了，因爲你的精子會是唯一可抵達卵子的一群。就這麼做吧！

正如你所知道的，雖然我們不必然了解每一種特例背後的原因，但有許多理由促使了雌性主宰兩性戰場。假如你碰到四處打野食的女孩，而你想了解她的動機，以下條列可能的原因：

□她把精子用完了
□她的其他情人都沒有生殖力
□她的其他情人的基因都很爛
□她的其他情人基因跟她不相容
□她的其他情人都很醜
□她要自己的後代有變化差異
□她要你是因爲你有食物
□她需要人協助養大小孩
□她打算把你的精子召進來進行大賽

□她打算讓自己或自己的卵子有一批精子可供挑選
□她打算讓大家模糊不清，不曉得後代生父是誰

你會注意到，有個可能的情形沒列出來——雌性四處上床是爲了享樂。我是故意省略掉的，因爲我們對性歡愉的演化幾乎一無所知。話雖如此，我敢打賭，當雌性因爲雜交行爲而受益多多之際，就是歡愉開始演化之時。

大家聽好了，將雌性雜交視爲不幸意外——是「機能失調」、是雄性誘惑的結果，或是純屬最後的手段，趕走纏人頭痛的雄性（此觀念通稱「權宜性一妻多夫」，是假設雄性一旦遂其所願，就會停止糾纏雌性），這些想法早該被丟進垃圾桶了。而現在正是時候了。這倒不是說雌性從來不曾被誘惑、被糾纏而發生性關係，也不是說雌性到處上床永遠有好處。舉例來說，小繭蜂科的寄生胡蜂（Macrocentrus Ancylivorus）的母蜂若交配太多次，精子會凝塞，無法讓卵子受孕。但是，不論你喜不喜歡，多到數不清的物種，從蚱蜢到果蠅，由擬蠍到蜘蛛，自紅翅黑鳥到土撥鼠，雌性與眾多雄性交配，背後的原因並不單純；她們會這麼做，是因爲它「有好處」：會雜交的雌性，孩子較多，也比較健康。天擇之神，似乎永遠對蕩婦淫娃展顏微笑。男人們，抱歉了。

第4章 劍與手槍

熟諳決鬥的藝術，
就是曉得何時該戰，何時該逃——
還有何時該要卑鄙技倆。

親愛的塔提安娜博士：

我是無花果胡蜂，我很惶恐。我認識的男生全是瘋子。除了追我們女生以外，他們就只會互咬到斷成兩截。我該怎麼做才能阻止他們？

（巴西）里比羅帕利托（Ribeirao Preto）・倡議和平女胡蜂

敬上

恐怕妳無能爲力。你們是地球上最暴力的族群之一。爲爭奪妳所居住的無花果樹，數百萬隻公胡蜂會因此而戰死。這也是爲什麼他們頭大、龐大的上顎有如長柄大鐮刀，而且肩膀裝甲厚實的原因。這也說明何以他們總是看似狂暴。在你們的社會裡，不是你死，就是我活。然而妳不必煩惱不安。一旦贏家肅清對手，他就會來跟妳交配。爲什麼會演化出這麼暴戾的行爲？答案就在妳非比尋常的生活方式上。

在陽光炙熱的赤道地區，猴類、鳥類、齧齒動物及蝙蝠都食用無花果樹的果子。無花果樹是自然的成就之一，年代久遠，繁茂昌盛，種類成千上百，形狀大小各異。有些向兩旁擴散，厚厚的鬚根由枝椏垂掛下來，好比菩提樹。有的呢，只是小小灌木叢，而有些根本就是寄生樹，最後還會讓自己的宿主窒息而死。然而不管他們的生活方式如何，無花果樹倒有一個共同的特色：他們都得靠小小的胡蜂來傳授花粉。沒有胡蜂，他們就無法繁殖。例如在夏威夷群島的考艾島，引進了無花果樹，卻沒有胡蜂，所以一直無法繁衍增殖。

每種無花果樹都有專屬的胡蜂族群，生物系統雖不一樣，運作方式卻大多相同。生殖週期從母胡蜂抵達無花果樹的花苞開始。無花果的花苞呈甕狀，內含數百朵小花，整個花苞結構會長成果實。母胡蜂抵達花苞後，得費力鑽進甕裡，在過程中經常弄得連翅膀、觸鬚都折斷了，但同時也完成了自花授粉。母胡蜂依種類而有不同，有的授粉純屬意外，是在花苞內動來動去時摩擦到內部小同花的；而有的則會把自己選中的花朵的花粉，散布到合適的花器上。接下來呢，母胡蜂就會生蛋，每株小花的子房各放一顆，然後母胡蜂就死了。

母胡蜂的小孩破卵而出時，會發現自己身處無花果的種子堆當中——當然，種子很細小，只有一或兩公釐長。幼蜂得「吃出」自己的路；等於是每隻授粉者向無花果樹索取一顆種子的花粉稅。聽起來好像不多，但是累積下來，有些樹得向幼蜂這種「稅吏」付出半數以上的種子。公的胡蜂先出來，協助母蜂由身處的種子脫身，然後他們立刻交配，接下來公蜂英勇地由無花果果實咬出路來，讓母蜂能脫身到外頭。因爲公胡蜂沒有翅膀，所以他們是死在自己誕生的無花果內。母蜂呢，既已收集到花粉，就往外飛，找到新的無花果花苞鑽進去，重複同樣的過程。（這豈不意味著人類吃無花果之際每次都吃到死胡蜂？沒錯，但也不盡然絕對。人類農耕的無花果樹樹種並非都要靠胡蜂才能長出果實。只是，有些還是得依靠胡蜂，這麼一來，吃無花果就意味著會吃到死胡蜂。不過，妳也不用大驚小怪。我說的不會錯，裡頭的胡蜂很小，而且無毒；相反的，他們還能提供少許額外的蛋白質呢！）

或許妳已注意到，迄今我對於公胡蜂的打鬥隻字未提。那是因爲傳遞花粉的胡蜂一般而言是屬於和平的一群。然而他們卻不是無花果樹唯一的居民。每棵無花果樹除了有專門授粉的胡蜂種族之外，還得忍受另一種寄生胡蜂，有時甚至高達二十五種不同族群。有些呢，是性情變壞了的授粉胡蜂。他們也依靠無花果樹過日子，但過去被他們塞滿花粉（那已是很久以前的事了）的樹洞，現已空空如也。其他的寄生胡蜂根本是掠食者，捕食授粉胡蜂。關於這些寄生胡蜂，我們知道的很少，但可以確定的是，他們通常有暴力傾向。

這種差異源自寄生母胡蜂產卵的方式。大部分寄生母蜂不會鑽進花苞裡，而是在花苞外鑽個洞，在洞裡生蛋。所以這些母蜂不必像授粉母蜂那樣把所有的卵全下在同一個地方，而是分別在不同的地方各下幾顆蛋。每年合宜的時分，妳就可以在無花果外皮上看到不同母蜂鑽洞而形成的褐色小斑點。

母蜂把同一批蛋分別下在不同的無花果樹，會產生兩種情形。某些地方的無花果樹群密度低，公胡蜂發現自己落單會有危險，所以出生在這種地方的公胡蜂會長出翅膀，以便能飛到外頭，尋找該棵無花果樹以外與自己血源相同的愛人，這一點無足爲奇。但是無花果樹多而集中的地方，這些胡蜂族群（妳的族群也列屬其一）的公蜂就不會飛。任何一棵特定的無花果樹都有可能是愛人配偶們居住的地方；當然啦，麻煩就在那也可能是對手、敵人的家。如果是這樣，屠殺就無可避免了。

要鏟除對手，捨命相搏是很有效的方式，但風險也很大。通常公胡蜂不願意戰鬥至死，除非可以因此受益良多，而損失無多。畢竟死亡是下一個生殖循環的序曲。因此，拚命戰鬥最可能發生在你們那種只能活上一個生殖季的胡蜂族群。然而只能繁殖一次的事實並不足以產生暴力，另外兩個因素才是關鍵。第一，成熟待孕的雌性不論在時間或空間上，都會簇擁在一塊兒，所以公蜂要想交配的唯一機會只有在此時、此地。第二，戰鬥必須會增加公蜂能交配到的配偶數目：浪費時間打鬥，而且因此漏失做愛的機會，這完全說不過去。例如，如果雌性的數目充裕，但只能交配一次，那麼公蜂去交配會比去打鬥要好上許多。這種說法強而有力，充分解釋了為什麼傳遞花粉的胡蜂族群裡，從來沒聽過有打鬥的事情。

至於其他的物種，以極端暴力而出名的只有少數，我們對他們所知不多，但情況大都符合之前所說的。以非洲及南美洲只有一年壽命的魚類為例。他們的生活方式如同魔術一般；他們住在水窪、池塘及水溝裡，每年有段時間水池會乾涸見底。當水乾枯了，他們也就死了；只有他們的卵能存活下來，埋在乾土之下，等候下次降雨。妳只要收集泥土，加水進去——就像是變魔術一般，很快地妳就可以抓到魚了！這樣妳就可以了解，為什麼有人會相信物種是自然發生的了。當雨季來臨時，時間相當短暫。因為沒有機會搬到鄰近地區，所以每隻魚都想在同一個小池塘裡當老大；這些魚類當中，有些至今已是最好鬥的魚類。如果要我打賭，我認為池塘存在的時間越短，打鬥就越兇猛。

不然我們看看鬥劍蛙（Gladiator Frog）。這種褐色的熱帶青蛙進化出彈簧刀似的東西來；雄蛙的每隻前肢，拇趾上方都有一根尖銳、伸縮自如的尖刺，形狀有如鐮刀，大多時候，他們用肉褶層覆蓋起來。但是，兩隻公蛙在打鬥時，他們就斜伸出尖刺，攻擊對方臉部，目標是對手的眼睛及耳鼓。儘管我們不曉得在野生世界裡他們的死亡數目，但是可以確定的是，這種打鬥會喪命。妳可以料想到，求偶競爭是很激烈的。所以，正如我們所想的，鬥劍蛙的壽命很短。即使沒發生打鬥，也少有能活到下個生殖季的。

然而最奇特的暴力行爲或許不是來自動物，而是某種植物，即赭黃齒耳龍鬚蘭（Catasetum Ochraceum）還有他的其他親戚。在這些蘭花品種當中，雌花只接受一隻授粉者傳來的花粉，而收到花粉後，她們馬上閉住瓣口，準備結果。雄花之間爲了成爲「唯一」，自然競爭激烈。只是，他們畢竟是植物，無法一對一單挑。所以，他們改而把攻勢導向倒楣的中間人——蜜蜂。雄花會攻擊膽敢進入他們的每一隻蜜蜂，將一袋袋黏答答的花粉丟在蜜蜂背上。有一種蘭花，雄花拋擲花粉袋的速度高達每秒三百二十三公分。此外，因爲花粉袋非常重，甚至重達一隻蜜蜂重量的二三%，所以蜂兒必須小心避開。只要被攻擊一次，蜜蜂就會避開這些雄花，只造訪較溫柔的雌花。

但眞要論兇殘程度，再也沒有比得上無花果樹胡蜂的了。我認識一位科學家，他想研究無花果樹胡蜂的打鬥情況，結果只證明自己每次都太晚到場。每次他劈開無花果，就只剩下一隻公蜂還活著，藉著與果子裡所有母蜂交配，來歡慶自己的勝利。所以，誠如妳所見，妳所認識的男孩兒舉止都那麼嚇人，是有道理的——而且現在妳已曉得原因，妳會原諒他們何以如此顛狂。

親愛的塔提安娜博士：

我想也許妳幫得上忙。我不曉得自己到底怎麼了。我今年二十七歲，是頭非洲象，以往喜歡在水坑沖澡等休閒娛樂。但最近生活裡不再有歡樂了。我老是生氣，若看到別隻公象就想宰了他。而且滿腦子都是性。夜復一夜我老是做春夢，只要瞧見漂亮的母象，我就會全身發熱。更糟糕的是，我的陰莖變成綠色的了。我是病了嗎？

（東非）肯亞安博塞利國家公園・焦急公象　敬上

侵略的衝動難以壓抑、滿腦子性慾、對自己性本能是否健康有著病態焦慮，這些聽來對二十七、快三十歲的公象都很正常，沒什麼好憂慮的。你只是處在「單分收入、無子女、完全自暴自棄」的狀態罷了。然而，很不幸的，接下來二十年內，你可能都會處於這種狀態。母象都喜歡年紀大一點兒的公象。除非你再大一點兒，否則母象不會接近你，媽媽、姊妹們會向附近年紀較大的公象們呼號求救，叫他們來把你趕走。

許多物種的雌性動物經常挑撥雄性爲了爭奪她們而打鬥。公鹿爲母鹿打架時，她們才顯得出眾、有光彩。她們會退在一旁，悠閒地欣賞打鬥，再與贏家交配。例如母的北方象鼻海豹，只要有公海豹想騎她，就會大叫喧鬧，這樣馬上就會產生效應，全海灘其他公海豹都會趕來，連在打瞌睡的都會被吵醒。緬甸原雞（Burmese Jungle Fowl）每生完蛋，就會響亮地叫一聲。這舉動好像很奇怪，像是立即通知掠食者有蛋可以吃了。但此舉顯然也刺激了本地區每隻公原雞都來互毆，爭奪讓她下一顆蛋受孕的機會。但是就我的看法，最壞的傢伙應是內華達濕木白蟻（Zootermopsis Nevadensis），他們多半生長在腐爛的木頭上。這種生物通常一公一母住在一起，像是夫妻。他們會在合適的木頭上碰面，建立巢穴。在開始的階段，公白蟻若發現不喜歡自己的配偶，就有可能蹺家。然而母白蟻也不甘示弱，會邀新的公白蟻住進巢裡，這樣一來兩隻公蟻總會鬥個你死我活。然而在多次打鬥之間，母蟻會先照顧第一隻公蟻，下次再照顧另一隻（也有罕見的例子，即公白蟻會找另一隻母的住到巢裡來——接著鼓勵母蟻們打鬥）。最後再舉一例，就我所知，母獵豹雖然不會唆使仰慕者去打架，但她們覺得欣賞公豹打架很刺激，只要欣賞一回，很快就會發情。

雖然如此，雌性的教唆通常不致於讓雄性屍積如山。誠如某句諺語所言：「雖打而逃者，甫能活到改天再交配。」若你曉得自己會有損失，那麼打鬥根本毫無意義可言——而且只要鞠躬退出打鬥，還是可以在別處找到新的配偶。這也是為什麼只能活上一個繁殖季的生物，很少發生打鬥至死的狀況。若某個雄性發現有另個傢伙捷足先登，兩者可能會吵架鬥毆一番，然而較可能的原因只是想展現自己的力量，而非真的豁出性命開戰。我們看看二點葉（Two Spotted Spider Mite〔譯按：台灣俗稱紅蜘蛛〕）。這種農業害蟲專門攝食植物細胞，用嘴部咬破細胞壁，把漿汁喝個精光。他們雖然是蟎類，卻跟蜘蛛表親有同樣的吐絲能力。這種生物的雄性專門窺伺快成年的母蟎（正準備最後一次脫殼，變成成蟲），監視在旁，以便先到先佔。監視中的公葉會坐在母葉殼外，八腳裹住其身軀。假如有第二隻公葉也來，歷經威嚇仍不離開，那麼就會爆發某種打鬥。兩隻公葉會揮動前肢，扭住對方，而且經常會吐出一股股的絲去纏對手的腳，使其絆倒。打鬥有可能到死方休，但相當少見。通常體格較小的公蟎會在事態演變到這般地步前就先退縮。

徒手打鬥，體格至關重要。由蟒蛇到人類的所有動物，搏鬥者的體格越大越佔優勢，所以體型較小的雄性通常會退縮。一般而言，只有雙方都估量自己會贏的時候，才會爆發格鬥，換句話說，就是他們體格大致相同時。結果呢，許多動物都演化出古怪的儀式來打量對手。你還記得長眼柄蠅嗎？公蠅在估算彼此斤兩之際，會頭碰頭，比誰的兩眼幅距較長；假如不分上下，他們就打起來；不然呢，眼幅較小的就會認輸離去。所以，你就能了解，如果打鬥的勝負會決定誰能交配，那麼就會演化出體格較龐大的雄性。例如公象的演化結果就是終其一生都在成長，而不是像大多數哺乳類一過青春期就停止生長。相較於大多數哺乳類成長到青春期結束，骨骼就融合在一起，公象的骨頭不到中年不會膠合起來。這正是公象可以長到比母象大上兩倍不止的道理。
話雖如此，體格並不是最重要的因素。即使是最大、最老的公象，每年也只在特定時間才喜好打鬥，當時他們處在所謂的狂暴期（Musth），容易生氣躁怒。年輕公象每回的狂暴期大約只持續個幾天，然而最老的公象則可以長達四個月。公象處在狂暴期之際，血液中的雄激素會比平常高五十倍，無怪乎會影響到他的舉止。

處在狂暴期的公象會出現你所抱怨的各種症狀，甚至不止如此。他們會掀耳搖頭，不斷排出惡臭尿水——這正是你提到倒楣的陰莖變綠、疼痛的原因。狂暴期甚至會影響到公象的溝通。大部分象隻交談時用的是超音波，低於人耳能聽到的範圍，然而其他的象隻即使遠在幾英里外都能聽得到。公象通常是體格強健、比較沉默——這是有原因的，他們跟母象不同，語彙詞庫較少（事實上，原因不只在公象語彙詞庫較小，還因爲公母兩種大象的語彙幾乎相互排斥。就算年輕的公象母象願意，他們也無法討論同樣的主題；這種感受我很清楚）。而狂暴期的公象會不斷的咆哮，表達自己強烈的性慾以及想打架的憤怒，聲音直直穿入每隻象的耳鼓。處在狂暴期的公象也遠比其他的象隻更容易挑對手打架，假如體格相若，打鬥更爲激烈。這眞糟糕。大戰一場可以在非洲驕陽下持續好幾個小時，當然會要命。打鬥中的象隻會把樹連根拔起，互擲樹幹。假如打到最後競爭的兩隻象都還站著，贏家會追逐敗方好幾英里之後才作罷。這一點可能是狂暴期的大型公象會彼此避開的原因——甚至連沒有處在狂暴期的大公象都會對狂暴期的同類敬而遠之。

親愛的塔提安娜博士：

我叫鮑伯，是隻臭蟲（Bedbug，學名為Xylocoris Maculipennis）。我讀到有篇文章說，假如我跟同性朋友佛古斯做愛，他會在跟異性朋友莎曼莎做愛時，把我的精子傳遞給她。有這回事嗎？

打算在被褥床單間惡搞的臭蟲　敬上

首先，你不是眞的臭蟲，而是其表親海盜蝨（Pirate Bug），這一點就甭裝了。至於你的問題，我聽來你好像讀太多淫亂的法國文學了（但是平心而論，我自己也有在看）。確實有此一說，因爲你的陰莖長得很像皮下注射器，而且在許多類似你們族群的生物裡，會將陰莖穿透軀體外壁，把精子射進另一隻公蝨體內，精子會游經其身體內部，抵達他的生殖腺。這聽來雖然令人興奮，但是我聽來總覺得不可思議，就如同記者們所說的「完美到無法查證」的事實。若要簡短回答你，我只能說沒錯，有此可能——但是，不太可能成爲事實。

我的質疑有兩個理由，其一爲實務上，另一則爲理論上。就實務面來看，此一論述的基礎相當薄弱，缺乏數據，而且從來沒有人在你的種族內重複做過相同的實驗。另外，一項針對與你血緣相近的生物——歐洲臭蟲所做的實驗中，也找不到證據顯示雄性會彼此射精。在理論上，你所描述的情況常有變化：只要有雄性能拒絕擔任精子代射人，他就能比那些沒能力拒絕的享有更大的優勢，而這種抗體基因很快就會傳遍全族群。發生在海鞘（Sea Squirt，學名爲Botryllus Schlosseri）的情形正是如此。

海鞘這種生物會經歷有性及無性兩種生殖週期。他們的居住地在岩石及暗礁。海鞘的外表看來就像個小桶子，頂頭有兩根吸水管；在海鞘的群居地，這些小桶子是嵌在膠狀的母岩之上的。你若是看到成年的海鞘，可能不認爲這種生物屬動物界，更甭提跟脊椎動物有親戚關係了。唯有在幼蟲狀態，因爲看起來就像簡化的蝌蚪，才能確定海鞘眞是動物。海鞘幼蟲會居住在新的石頭上，沒多久就會變形爲發育完好的成蟲，開始無性生殖，製造出一群基因完全相同的個體，血液來源互通。

當鄰近的海鞘群落擴大，他們可以加入彼此。此時他們會有所抉擇，不是匯合結成大群落，便是彼此排斥，形成明顯的邊界；海砂上會有一道線，兩方都不能跨越。如果兩方的群落合併，就會發生邪惡的事件。某一群落個體的細胞，可以循相同的血液供應源，侵入另一群落所有成員的生殖腺。這就是惡意兼併：當有性生殖的週期開始，遭入侵的群落的成員所製造出的卵子與精子，有可能內含不是來自他們本身的基因。可想而知，這種情形便會演化出預防自己的生殖腺遭到入侵的生理機制。海鞘群落對於自己要融合的群落極其挑剔，要不要融合之前，會有一套複雜的系統，確保兩群落的基因相近，能夠吻合。因爲基因必須相近，所以有可能是近親，兩群落才會融合。然而，海盜蝨及臭蟲並沒有這種預防生殖腺遭入侵的措施——因此我才敢說那根本不會發生。

不過，某些種族生物的雄性眞的有殲滅對手的法子，那就是讓對手變成性無能。這種卑鄙技倆至少可以在某種生物身上看到，也就是頭部滿是尖刺、名稱堂皇的大鉤頭蟲（Moniliformis Dubius），他們是蟑螂及大型鼠的天敵，幼蟲住在蟑螂的腸道裡，而蟑螂被大型鼠吃掉以後，蟲子會迅速成長，在大型鼠的腸子裡交配。聽起來地點不太有情調，但眞的就在那兒。但重要的是，母蟲也會同一時間成熟，如同你所知，這種情形增加了角鬥的兇猛程度。然而此處的角鬥倒非打架，而是用「接合劑」把對手「閹掉」。當公蟲跟母蟲交配結束，他會用某種黏劑做成的貞操帶，把雌性的生殖器封住。令人驚訝的是，公蟲對於彼此互黏同樣不會感到害羞；只要用接合劑把某個傢伙的生殖器黏起來，就會讓他無法交配。會不會是因爲這種滿頭尖刺的蟲子無法分辨公母呢？有此可能，但目前出現了一些有趣的證據，這些證據顯示，公蟲在黏住生殖器之前，並不會射精，所以他的目的可能眞的是要讓對手性無能。

這種卑鄙的戰術，同樣可以解釋爲何其他的物種會出現某些神祕的行爲。舉例來說，專吸憩息中蝙蝠血液的非洲蝙蝠臭蟲（African Bat Bedbug），母蟲腹部有特殊的生殖構造，用來接收精子。該構造完全跟卵子受精的地方隔離。眞正讓人疑惑的是，公蟲也有相同的構造。有一可能乃是他們用此來愚弄對手，引誘對手把精子放到那裡，從而陷害他們，浪費對方的生殖心血。然而，只要有任何公臭蟲能分辨得出雌雄的不同點，就能佔有明顯的生殖優勢，所以假使這眞是雄性擁有該構造的原因，那才眞正讓人吃驚。

我懷疑，之所以演化出這種卑鄙戰術，是因爲雄性不直接射精，而是把精子放在袋子裡（即精子包），再四處留置，期盼雌性湊巧經過。或者呢，他們會勸她收納下來。有某些物種，據說雄性會踩破或吃掉自己碰到的任何精子包；還有一些生物，雄性會把自己的精子包放在別的精子包上頭，因而形成石筍狀的精子包包塔。有些雄性則會在別人交配、準備釋放精子包之際闖進來。形狀看來像蜥蜴的約旦蠑螈（Jordan Salamander），就是箇中高手。在求偶交配時，公母兩隻約旦蠑螈會先跳支舞，他帶頭而她在後頭跟，直到他把尾部叉開，放下精子包。有時會有另一隻公蠑螈溜進交配中的一對，搖搖擺擺，好像自己是母的。當頭一隻公蠑螈被騙而放下自己的精子包，第二隻公蠑螈就會拐帶新娘跑掉；悶悶不樂的輸家只能再等幾天，直到自己有能力再造出新的精子包。然而，不知道是約旦蠑螈太笨，或者這種事情發生機率不夠高，所以大部分時候，公蠑螈做愛之際，多半不會轉頭往後看。

親愛的塔提安娜博士：

我真是輸得一塌糊塗。我是絕望無助的三刺棘魚（Three-spined Stickleback）公魚。我一直守著自己的魚卵，卻突然聽到一聲巨響，轉頭過去看看，才一秒鐘，再回頭時，我的蛋就全部被偷了。是誰這麼惡劣？而我又該怎樣防範再度發生？

溫哥華・擬索回自己魚卵的三刺棘魚

敬上

偷卵賊此一問題自古就有了。你能做的只有提高警覺，好好看守。麻煩就在於，許多魚類的母魚較喜歡把蛋生在已經放有幾顆魚卵的巢穴裡。她們認定有別的魚卵存在，就代表這個巢穴很安全，可能是男主人格外有男子氣概，或是很盡職的爸爸，不會吃掉自己的寶寶。也許你會認爲，成功一次，就代表以後也會成功。

然而在棘魚的世界，成功卻經常引來黑市盜買魚卵。我的意思不是你的同族裡有人會在湖泊、溪流的荒地兜售偷來的魚卵。不是這樣的。偷卵賊反而會自己把卵保存起來，帶回自己巢裡，自己冒充成超級好老爹。棘魚卵爲什麼特別容易偷？這點我們不太清楚。有可能是因爲棘魚卵很容易劫奪；棘魚卵跟多數魚卵大不相同，是彼此相黏結成一團的，方便又好拿。

相同事實也發生在巴布亞紐幾內亞和澳洲雨林。生活在這些樹叢中的天之驕子即是天堂鳥的近親造園鳥（Bowerbird）。造園鳥跟他的親戚一樣，大多吃水果。因爲此鳥體型相當大，很容易就能佔據某些果樹，把體型較小的鳥兒趕走。就如同全球各地的貴族，造園鳥有很多空閒的時間，所以自然而然地，他們培養了特殊的休閒嗜好，也就是藝術的修養。

公造園鳥會耗時數週興建並裝飾精緻的「亭園」。依鳥的種類不同，亭園可以是一塊有樹葉裝點的林中空地；或是寬度超過四公尺（十三英尺）的茅屋，不然就是高三公尺多（十英尺）的塔，由樹枝織成，壓碎果實來上彩，裝飾以鮮花、香菇、羽毛、蛇皮、蝸牛殼、蝴蝶翅膀、甲蟲的腦袋等等只要能吸引該鳥類藝術家眼光的東西。有個科學家的相機差點被造園鳥偷走，拿去當他的擺飾，還有一位科學家差點連襪子也被偷。造園鳥族群的藝術風格差異很大，就算在同一物種裡亦然，在某區鮮花成爲流行的裝飾品，然而在鄰近地區，甲蟲翼才是最受歡迎的。另外，造園鳥的收藏品也不是隨意亂擺如垃圾堆，每個物件都經過精挑細選、細心安置。假如你闖進造園鳥的亭園，隨意移動東西，這些藝術家會在你離開之後把東西重新歸位。假如你添加了先前不屬於本地的物品，他會把它們弄走。假如你觀察造園鳥藝術家的工作，你會發現他正在實驗，嘗試各種不同的擺設方式。

公造園鳥幹麼要這麼做？當然啦，是爲了吸引異性。母鳥會來造訪亭園，跟主人交配。他們會運用手段讓自己的亭園比對手的更美觀，即使是動用偷竊及搗蛋破壞的策略。沒錯，很抱歉，造園鳥也是爲達目的不擇手段的。偷竊也相當盛行，只要是罕見或時髦的物品，常常會不翼而飛，從某個亭園消失，然後出現在另一個亭園裡。某些亭園經常遭到破壞，甚至整個被毀。一如偷卵賊或其他常見的穿窬小賊，搗蛋破壞的造園鳥也是偷偷幹的，躡手躡腳、躲躲藏藏，即使聽到最輕微的聲響，都足以讓他定住不動。

最糟糕的是，這種行爲通常獲利可觀。在你的族群或是造園鳥族群中，雌性才不會管雄性是用什麼手段讓自己的巢穴塞滿魚卵，或者爲什麼某雄性是唯一擁有不凡羽毛的公鳥。她們只向擁有最豪奢陳設的雄性投懷送抱。這些物種和其他的許多物種沒什麼兩樣，恐怕所謂的好男人都被排擠到最後。

男孩們，假如你有股衝動，很想打架，很可能是雄激素大增。要保持冷靜，不要看到別的雄性就馬上開打。最重要的是，你可別中圈套，受了刺激爲女人打鬥。要記得，眞正需要接受挑戰、搏命格鬥的情況，少之又少。倘若你有疑慮，請參考我提供的接戰準則。

接戰準則

如果你對下列兩個問題的回答均爲「是」，才有必要準備作戰到死。

一、此時此地是你唯一能交配的機會嗎？

二、打鬥可以增加你能交配到的女孩兒數目嗎？

假使種種條件並不適宜打鬥到死，互毆個幾下或許還可以，但是要只有在你自己認爲會贏的時候才開打。因爲，體格是決定勝利的主要因素，你應該永遠挑選體型比自己小的傢伙。開打之前，應先嘗試恫嚇的方法：鼓起肌肉、挺飽胸膛、大喝大叫，用盡一切手段讓對方知道，他絕對不是你的對手。假如，這些你都做了，卻發現自己至少跟對手一樣驚惶，就該馬上打退堂鼓。假如你發現自己總是落荒而逃，別沮喪，下一章我有祕方可以教你。

第5章 如何反敗為勝

你很窮，怎麼辦？
你很醜，怎麼辦？
你是孬種，怎麼辦？
假使你又窮、又醜、又是孬種，怎麼辦？
放輕鬆，繼續讀下去。

親愛的塔提安娜博士：

我是隻海綿蝨（Sponge Louse），最近才贏得戰役，攻取一個海綿大洞穴，裡頭住了一窩漂亮女孩。只是，我開始懷疑某些女孩名實不符；有幾個看來根本像穿女裝的男人。我是不是想太多了？

加利福尼亞灣‧覺得被騙的海綿蝨　敬上

很多男人跟你一樣，有相同的憂慮。事實上，凱撒（Julius Caesar）會休掉他老婆龐培亞（Pompeia）的理由是，他聽說某個化妝成女人的年輕男子克羅狄厄斯（Publius Clodius）混入只准女人參加的「豐收女神慶典」（Good Goddess），誘姦龐培亞。沒錯，凱撒識破了克羅狄厄斯的偽裝，但他卻冤枉了老婆，認定她被誘姦。然而他一點也不可憐龐培亞，甚至說：「凱撒的妻子不容懷疑！」

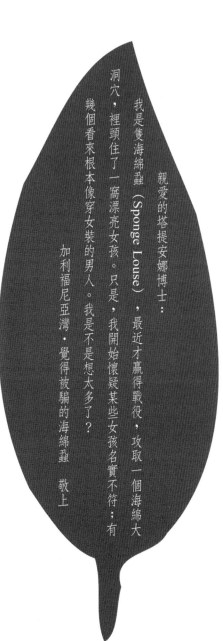

相較於凱撒，你的疑懼有更充分的理由。某些公海綿蝨看起來像極了母的。先看他們的體格，相形之下，你可能比女的體型大上兩倍，那些公的呢，跟女的大小相同。再看看尾足（Uropod）好了，這個器官位在尾端，是個附屬物，這是海綿蝨、蝦類、龍蝦及其他介殼類動物特有的器官。相較之下，你有巨大的尾足，看起來就像你拿了一對彎角，然後貼在背部末端。那些公海綿蝨的尾足很小，看起來很秀氣，就跟女孩兒的一樣。這些看來像雌性的傢伙如此造假後，經常可以成功的滲透進後宮、閨房；後宮越大，風險越高，所以呢，假如你的後宮不小，恐怕眞的會窩藏某些男扮女裝的傢伙。而且，假如你看個仔細，我打賭你會發現不止那些。只要發現有「小傢伙」，你就知道其實他們也都是公的。

怎麼會這樣？你應該曉得，謹慎即是大勇，絕對不要做無謂的冒險。如同你的族類，雌性通常會聚集在一起，所以只要一位體格碩大的雄性，就能輕易保衛一群雌性。至於有些物種，體型大的雄性佔據了雌性會來造訪的地域，體格小的雄性別想直接競爭，否則大個子會把小的壓成碎片。所以，環境既然如此，某些雄性會採取如此狡猾的戰術，是很稀鬆平常的事。

這種情況到處可見。鬼祟的行徑在魚類當中特別常見，據說有一百二十多種魚類都是如此。例如北美淡水魚種：藍鰓太陽魚（Bluegill Sunfish）。大隻公魚看守著母魚會游來產卵的水域。公魚接下來會負責看管魚卵以及孵出來的小魚群。某些公魚會扮成母魚——而且舉止就像母的，一樣跟大隻公魚調情。當眞的母魚來了，假扮的公魚就會加入求偶的場合，而且趁大隻公魚釋出精子時，也射出自己的精子，同一個時刻，甚至還會有更小隻的公魚由暗處衝出來。就算是凱撒，也會感到頭痛萬分。

只是，是什麼因素決定雄性得耍詭計？這視情況而定。某些物種的雄性會依據環境而調整行爲。以斑點豆娘蜻蜓（Calopteryx Maculata）爲例，公豆娘會把守溪流岸邊的領土。然而老邁疲憊的公豆娘就慘了——年輕而精力充沛的小夥子會把老的趕走。不過，年歲較大的公豆娘並不會因此而氣餒，他們會偷溜入別的公豆娘的領土，當領主忙著打鬥或交媾之際，碰運氣看看能不能找到別隻母的。與此類似的有鱟（Horseshoe Crab，馬蹄蟹），老公鱟不會像年輕人那樣，到海裡找姑娘。他們的替代做法是趁一對公母鱟在沙灘射出精卵後，爬上去把自己的精子加入攪和。

另一種作法是，在生命初期，雄性就「決定」當卑鄙的男人了。例如說，雄性若在成長的關鍵時期，環境相當不利，他就有可能把體內原本下旨令長出巨大武器或累贅裝飾的基因關閉掉。畢竟，武器是很昂貴的。若你又不打算去打鬥爭勝，就沒必要擁有武器。

有一種漠地蜂（學名爲Perdita Portalis）的情況正是如此。有的公蜂體型龐大、無翅、上下顎堅固，可以用來打鬥；也有的公蜂體型嬌小、有翅膀、但是沒有堅固的上下顎。他們會長成什麼模樣，端賴母親供給他們多少食物。母親食物供給得多，就長得大；供給得少，就長不大。

最後，這些鬼鬼祟祟的行爲有可能是基因決定的，你的族群便是一例。這套系統不複雜，基本上單一基因有三種變型：一型、二型、三型。每隻海綿蝨都有一對這種基因，父母親各提供一半。如果雄性受精卵中的一對基因都屬於一型基因，那麼就會生長出一型的公海綿蝨。若雄性受精卵中的基因有一半是二型，不管另一半是哪一型，都會生長成二型雄性，外表看起來很像雌性。如果雄性受精卵中的基因一半是三型，另一半是一型，或者兩半都是三型，就會生長成三型雄性，稱爲「小傢伙」。

母海綿蝨不在乎跟誰交配。她們最在乎的是與其他女伴之間的情誼。所以，當母海綿蝨離開自己生長的海藻床，游到淺海區交配孵蛋時，會被已有其他母蝨居住的海綿所吸引。因爲母蝨性好群居，所以基本上，一型公海綿蝨不是沒有配偶，就是會有好幾個。正因如此，一型公蝨會打鬥來爭奪已建立好的領地，爭鬥可以持續二十四小時以上。海綿體腔的入口構造像煙囪一般，居住在裡頭的一型公海綿蝨潛伏在內，顛倒站立，頭頂住海綿體腔底部，這樣他巨大的生殖囊可以突出腔頂之外。打鬥之際，居住在這裡的公蝨會試著把入侵者摔離海綿，入侵者則會讓自己靠在海綿身體外撐牢，試著把裡面的公蝨拉出煙囪。可想而知，入侵者若比對手塊頭大，較可能獲勝。

二、三型公海綿蝨也會被已經有雌性居住的海綿吸引而來。假如有些三型公海綿蝨已成功滲透進海綿，你也不必自責。我知道你很勇敢、也很努力，想阻止他們入內。一旦你逮到任何一隻，就會毫不遲疑地把他甩出去。麻煩就在於，你是顛倒站立，頭部在下，只能用觸覺來抓那些傢伙，偏偏他們都很堅毅不拔。只要嘗試的次數夠多，他們就有辦法偷溜過你身畔，進入煙囪內部。然而，二型公海綿蝨的現身，卻讓你非常難堪。這些傢伙不僅看起來像雌性，連舉止都像，他們引誘你向他們求偶，然後藉機進入煙囪內。一點兒也沒錯——他們就像母的海綿蝨，准許你用力搖晃他們。

你爲何無法識破二型公蟲，把他們趕出去呢？二型公蟲是最罕見的類型，僅佔公蝨總數的四％（三型公蝨排名第二，有一五％）。所以呢，偶爾讓這些假雌性進來其實也不壞。你的疑問我都聽到了，你說這樣會不會導致整個族群都被變裝癖所篡奪呢？這一點我想應該不會。假使某種公蝨明顯而持續地壓倒另兩種公蝨，那麼他在族群裡出現的機率就會增加，直到其他種類的公蝨消失爲止。但是就我們所知，目前這三型全都存在，所以每一型必然都有優缺點。

另有一個令人訝異的例子，雄性的命運竟繫於周遭其他雄性身上，那便是側斑蜥蜴（Side-blotched Lizard），他們居住在加州海岸山脈岩石露頭之上。這種生物的雄性同樣分爲三型：喉部橘色、藍色及黃色三種。橘色喉部的雄性塊頭大，好戰成性，把守大塊領土。喉部爲藍色的雄性體格較小，脾氣較好，佔據的土地也少一些。而喉部黃色的呢，就好比是成熟待孕的雌性，既不打鬥，也不盤踞領土。可想而知，每型的公蜥蜴對待異性都各有一套。橘喉的是性情狂野的花花公子，跟領土內所有雌性交配，而且經常入侵鄰居的地盤，當然也會跟那兒的雌性交配。藍喉的雄性對於雜交不感興趣，但是他們的佔有慾極強，容易吃醋，嚴格的看守好自己的配偶。黃喉的傢伙呢，你一定猜到了，就是卑鄙的小人；他們趁其他的雄性不留神之際，偷偷跟雌性交配。

最後證明，每種策略各有所長。牢牢看管配偶的藍喉公蜥蜴很少被黃喉的戴綠帽；然而，藍喉公蜥蜴卻無法保護自己的女人不遭受體型較大、性好侵略的橘喉公蜥蜴染指。橘喉的呢，則屢屢被黃喉傢伙戴綠帽。結果呢，便是永無止境的循環。假如某一年橘喉的佔上風，明年就換成黃喉的，後年則輪到藍喉的，如此反覆不斷。爲了成功，你只要在正確的時間，成爲雌性的理想情人就行了。

親愛的塔提安娜博士：

我是公孔雀，但我的尾巴邋遢、不大，而且有些翅眼出了差錯。整體結果就是叫人賞白眼。我把尾巴張起來，母孔雀連裝做無動於衷都懶得裝，看也不看我一眼。我能不能做些什麼來打動她們？

斯里蘭卡・自慚形穢的公孔雀

敬上

我的建議是：加入幫派。假如你自己辦不到的話，成群結夥經常可以解決問題。哪種幫派？種類各異，視環境而定。在少數由雄性把持領土、而其他雄性只能在邊緣閒晃鬼混的物種裡，幫派的組織鬆散，四處亂逛的雄性會一起衝進某疆域。例如住加勒比海的珊瑚礁魚類雙帶葉鯛，年輕公魚有時候會成群結夥把某個大傢伙逐出其領域。要是有母魚來了，他們就一起向她噴精。

類似的入侵事件，經常發生在南方海獅族群裡。雄性的體型比雌性大上三倍，而且一如其名，他們也有威武的鬃毛。最大型的公海獅會嚴加看管自己在沙灘上的後宮佳麗，把年輕小夥子趕走。只是，年輕公海獅也不是毫無指望。一次又一次，為數多達四十隻的幫派會衝入沙灘，攻破後宮，跟母海獅交配，甚至把她們劫走。劫走雌性時，公海獅會用上下顎攫住，把她拖在自己後頭，接下來則試著擋下奔馳來援者，通常是坐在雌性身上，不讓她逃跑。

不過，在你們孔雀一族裡，這種年輕人的戰術並不管用。母孔雀是不肯待在後宮裡的，她們非常獨立自主。所以，你最該參加的幫派是性交大會——一群雄性聚在一起參賽。

性交大會在類似於孔雀的物種裡很常見，雌性別的不要，只要雄性的精子（雌性也會舉辦性交大會，但是很少見）。按照定義，性交大會不是端出食物、棲息地或其他雄性可以有效保衛的任何東西。雌性來性交大會是來比較、評比，看看哪隻公孔雀最有魅力。挑好之後，她就交配，完事後走人。對女孩兒而言，這個制度棒極了——而且甚至用不著早晨時瞧見對方。

然而，對男孩子而言，那卻是一場苦戰。接受評判，這意味著你得贏過別人。這也是為什麼玩性交大賽的物種，能創造出地球上最令人驚艷的才智表演、最有看頭的選美比賽。在這種露天大賽中，不是依據人格或是照料下一代的技巧來排名，而是依外表、聲音、敏捷度，或者任何雌性覺得性感的要件。有一種可以長到十公分長的麗魚類（Cyrtocara Eucinostomas），母魚覺得性感的東西竟然是砂堡。公魚建築圓錐型的砂堡的方式是一次含一口砂，速率是每十五秒鐘含一口。這眞是艱巨的任務。母魚喜歡最高的砂堡，要建成最高的砂堡必須耗時兩週，基底必須有一公尺寬，將近公魚身長的十倍。至於西非洲的鎚頭蝙蝠（Hammerheaded Bat），母蝙蝠偏愛能引吭高歌的雄性。這一點造就了雄性獨特的外表。公蝙蝠有母的兩倍重，頭部看起來像馬的頭，發聲部位佔體腔空間一半以上。一到繁殖季，每天晚上雄性就集合起來高唱個幾小時，清晨再來一次。母蝙蝠就會前來挑選。

但是，假如要在性交大會勝出是如此的困難，爲什麼我還叫你去參加？尤其你已經提到你根本辦不到。有好幾點理由。

第一點是通則。在許多舉辦性交大會的生物當中，雌性會被吸引而來，因爲有一大群雄性動物，感覺很刺激；換句話說，性交大會規模越大，吸引力就越強。因爲你顯然無法靠自己的力量吸引任何母孔雀，倒不如參加大會，也沒什麼好損失的（孔雀性交大會跟其他物種有所不同，即使欠缺魅力的公孔雀也能分一杯羹）。

第二點跟你的處境較爲相關。假如你能找到自己的兄弟或堂兄弟，跟他們一起去參加性交大會，你就很有身價。接下來，即使你自己沒交配到，你也可以藉著現身會場而協助他們。我曉得這聽來或許不太划算。但是，因爲你與你的兄弟共有很多基因，只要幫助他們把基因傳下去，也就等於傳承了自己的基因。那麼，你要如何找到兄弟呢？別擔心。有兄弟血緣的孔雀自然能相認，就算之前從來沒碰過面亦然。我無法跟你解釋何以如此。就如同許多保密到家的族群，答案（至少迄今）只有孔雀才曉得。

一旦你跟兄弟們共赴性交大會，就遠遠領先其他舉辦性交大會的物種了。另外，已知會跟自家兄弟一起參加性交大會的物種，是一種名爲黑松雞（Black Grouse）的鳥類。另一方面，相較於那些由混雜的不良少年組成幫派的物種，你更是顯得高高在上。不然你問每個黑手黨員，不管你的目的是什麼，由兄弟組成的幫派是最可信賴的。獅子是兄弟合作最著名的範例。母獅以家族爲單位群居，同一胎的母獅一起扶養她們的小獅。公獅有能力成功撫養他所生的小獅的數目多寡，端賴他能跟特定母獅群生活多久。同時，這也看他能與多少頭公獅共事。公獅聯盟越大，他們就能跟同一群母獅同居越久。事實證明，公獅聯盟若超過三隻，就一定是由同一群成員組成的，可能是兄弟、堂兄弟，有時是表兄弟的關係（公獅成對，可以有血緣關係，也可以沒有；而三公獅成群，要不都是同一族群，就是兩隻同一族群，另一隻爲無關的陌生人）。這一點意味著兄弟或堂表兄弟同時出生，不管他們的體格是大是小，體質是壯是弱，他們在往後的生命中，生出下一代的機會要高得多。同樣地，一次生下好幾隻小公獅的母獅子可以有更多孫輩，這樣她們的兒子群才有辦法組成較大的聯盟。

顯而易見的是，母獅子的演化即是爲了這個目的。沒錯。她們顯然有辦法提升兒子們可以找到夥伴的機率。某項專門紀錄獅子生育的研究分析顯示出兩種明顯的型態：其一，若一隻母獅一胎生下一大群，基本上兒子的數目會多於女兒；第二，同一群的幾隻母獅若同時生產，雄性幼獅的比例相當高。母獅是如何讓生育同步？你應該還記得，若新的一群公獅接管同一群母獅，他們第一件事就是把現有的幼獅殺光或趕走，這樣子才會讓母獅回到發情期。結果便是母獅們幾乎同時懷胎，大約同時生產，於是創造出數量龐大的社群（但是之後，由這一群公獅掌管的其他時間，母獅的懷胎就不會同步）。而且很可以確定的是，公獅換群之後，母獅們傾向生兒子，而非女兒。然而，她們是怎麼辦到這一點的，就不得而知了。

所以，挨白眼的朋友，你應該可以理解，若令堂能從獅子身上學到經驗的話，那麼天生我材必有用，你不會空舉尾羽，徒勞無功的。

親愛的塔提安娜博士：

夫人您好，我是隻野地蟋蟀。實在是氣壞了。我一直、一直在唱歌，但眼前一個女孩兒也沒有。我最後瞧見的一個女的，居然跟某個一直躲在草叢裡、逃避工作的混帳走了，而我呢，除了幾隻小飛蟲相陪之外，別無一物。我是不是哪裡做錯了？

（美國）德州・氣到發瘋的公蟋蟀　敬上

有個惡名昭彰的戰術：「別的男孩買單，我跟女孩回家上床。」你一直在當冤大頭。我敢打賭，大家一定都認識專門耍這種技倆的人，我就有。然而，有些物種的雄性會向任何路過的雌性大聲宣告自己的行蹤，這是最爲嚴重的。有些雄性正在表演之際，其他的雄性則埋伏著。有些加勒比海甲胄蝦（看來像蠶豆的蝦），公蝦會在夜色降臨時，在水裡上下浮動，釋放出性感的光

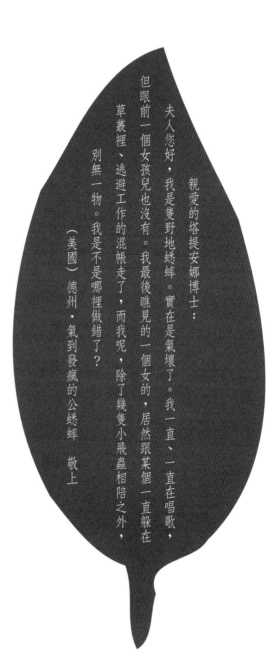

團。他們是怎麼製造出光亮的？他們會分泌一種化學物質，與水產生反應，因而創造出發光的點塊。公蝦游動時，背後會拖曳著一道光。不同種類的蝦的光頻率不同，留下的光尾也不一樣。然而，假如你用網掃過水面，會發現一大堆公蝦跟著浮游，但不放光，也許他們是想攔截被放光的公蝦弄得怦然心動而吸引過來的母蝦。

這種寄生行爲顯然是種策略，要想成功，得看寄生蟲與表演者的相對數目而定。畢竟，只有寄生蟲是行不通的，爲了晚餐總得有人高歌一曲。無論如何，悄不作聲總是不利；雌性基本上比較愛會唱歌的，不愛懶惰蟲——那麼，爲什麼不乾脆所有雄性都歌唱就好了呢？

這有許多理由。例如牛蛙（Bull Frog）當中，偷懶不工作是一種必要，而非選擇問題。牛蛙生長在池塘，體格最碩大的公蛙會在自己控制的領域內唱歌，大力防守，若是瞧見入侵者，就會與之搏鬥——假如守禦者贏了，就會把入侵者按在水裡幾分鐘，教訓教訓他（爲什麼不乾脆溺殺除掉一勞永逸？沒人知道。或許是公蛙不想讓腐爛的屍體弄髒池水吧）。因爲體格碩大在角力時永遠佔有優勢，小傢伙是很難獲勝的。所以他們保持低調，藏身水裡，只冒出頭，準備讓動身前往大公蛙家的母蛙嚇一大跳。然而，就如同你們這些野地蟋蟀，保持安靜的原因並非如此，重點就在於你提到的小飛蟲。

母的野地蟋蟀當然偏愛會唱歌的公蟋蟀。然而，很不幸的，另一種雌性動物也一樣愛，那就是寄生飛蟲（Parasitic Fly）。這些母飛蟲會把她們的幼蟲放到唱歌的公蟋蟀身上；幼蟲會咬進公蟋蟀體內，吃掉其血肉，一週之內就會喪命。蟋蟀會變成歌手或者終生悶聲不吭，基因佔很大因素——某些雄性先天就比別的蟋蟀更不喜歡唱歌。然而，這些公蟋蟀是否能比歌手同類過得好，則要看寄生飛蟲的數量而定。飛蟲數量多的年冬，悶聲的公蟋蟀佔上風，他們的基因就能散布出去；飛蟲稀少的年歲，歌手是贏家，他們的基因就能流傳出去。

這個世界真齷齪、野蠻。縫唇蝙蝠（Fringe-lipped Bat）專門抓會叫的青蛙。蝙蝠聰明得很，非常熟悉自己的獵物，他們能分辨蛙種之間的差異，哪些有毒，而哪些很可口；哪些太大隻難以料理，而哪些大小剛剛好。藍色小蒼鷺（Little Blue Heron）會追逐唱歌的公蟋蟀。地中海家壁虎（House Geckos）則是安安靜靜坐在公的花蟋蟀（Decorated Cricket）洞穴之外，任何母蟋蟀前來聽歌兒，就會輕易被他吃掉。事情就是如此。

更糟糕的是，有些掠食者不僅利用這些交配信號，還加以模仿。例如鏈球蜘蛛（Bolas Spider）堪稱是化學變色龍。成年的母鏈球蜘蛛習慣久坐，狀貌豐滿，身上的五顏六色會令人連想到鳥類的大便。母鏈球蜘蛛演化出非比尋常的獵食技巧，她們會拋擲一種套索或鏈球來捕捉獵物。母蛛在一條蛛絲末端貼上有黏性的球體，製作成鏈球索，然後拿著鏈球索，用一隻前腳對準飛蟲扔去。某些物種的母蛛甚至把鏈球套索纏在頭上，就像是美國西部片裡的角色。她們是如何引誘獵物進入她們的射程範圍內的呢？當她們要捕獵時，會散發出母蛾的氣味，公蛾就會飛來查看。這個可憐的傢伙。公蛾被逮到之後，母蛛就用蛛絲把他包起來，再黏根線吊著，想吃的時候再吃（蜘蛛的種類不同，散發的氣味也不一樣，吸引而來的蛾類物種也各自有異）。

令人稱奇的是，未成年以及公的鏈球蜘蛛也是靠著釋放母蛾氣味來獵食，巧合的是，散發出來的是母蛾蚋（Moth Fly）的氣味，這種飛蟲看來就像迷你版的蛾類。公蛛的打獵方式爲什麼那麼像未成年蜘蛛？原因在於公蛛孵化後，一般長得很小（所以體格遠遠比配偶小得多），所以公蛛以及未成年蛛不使用鏈球套索，因爲他們根本無法有效的運用。所以，他們改用四條前肢來捕食。

話雖如此，獵物有時會反撲。例如有一種會挖穴的胡蜂，學名爲Oxybelus Exclamans。這種胡蜂的巢穴很容易遭肉蠅入侵，然後把蛋生在胡蜂巢穴的方格裡，整件事聽來像是昆蟲版的杜鵑鳥故事。肉蠅的幼蟲孵化後，就會把胡蜂準備來給自己小孩的食物給吃光。公肉蠅會在胡蜂巢穴外打轉，盼望能碰見母蠅。假如他們不夠小心，就會被胡蜂逮去，餵給自己的小孩吃。

至於你的問題呢，若你再看到另隻飛蟲，我建議你直接去找醫生。你可能得動大手術了。

親愛的塔提安娜博士：

我是海鬣蜥（Marine Iguana），對於今日年輕海鬣蜥的舉止，我實在是不敢恭維。不斷有成群的年輕人當著我的面自慰。真是噁心透了。我敢說在達爾文活著的時候，他們是不敢這麼做的。我該如何叫他們住手？

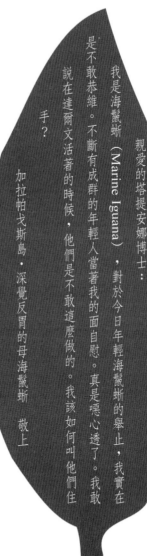

加拉帕戈斯島・深覺反胃的母海鬣蜥　敬上

我收到很多年輕公海鬣蜥寫來的信，說自己很氣餒，因爲女孩兒不理他們。這倒是我第一次聽到有母海鬣蜥抱怨。妳先從男孩的角度來思考一下。高雅的紅色身影，尖頭鬣毛整整有二十公分，由腦門到尾巴——他隨時蓄勢待發，迫不及待要動用自己的兩根陰莖（沒錯，就跟許多爬蟲類動物一樣，他有兩根陰莖，左右各一）。然而他年輕，體格嬌小，交配的機會實在很少。原因不只是妳們女士偏好跟年紀較長、體格較大的雄性交配，而是就算他設法成功騎上某女性，很可能在達到高潮之前就會被個頭比較大的雄性推擠下來。這正是爲什麼年輕雄性一瞧見有女孩走過就會自慰；手淫可以縮短開始性交到射精之間的時間，這樣就可以降低高潮前被打斷的風險。所以，恐怕這種行爲是無法避免的。年輕的手淫者比起自制者，有可能生下更多子女。

還有別人會自慰嗎？沒錯，許多靈長類動物當中，不分雌雄，兩性自慰的情況非常多見。黑色白眉猴（Sooty Mangabey）是一種煙灰色的西非猴，尾巴很長，臉頰有著茂盛的鬍鬚。有些雌性在性交時會用手刺激自己，雌雄紅毛猩猩都會用樹葉或樹枝自製性玩具來讓自己快活。有隻人類豢養的母黑猩猩居然對著一本《花花女郎》（*Playgirl*）色情雜誌自慰，顯然是看到裸體男人的照片而興奮得發抖，尤其是看到中間部分。其他哺乳類動物也會自慰，像是公紅鹿（Red Deer）要自慰時，會用鹿角頂端在青草上摩擦，整個動作由開始到射精大約是十五秒鐘，而且在繁殖季中，有些公鹿一天要自慰好幾回。但是還有沒有別的生物像你們海鬣蜥一樣，是因爲害怕性交時被打斷而自慰？坦白說，關於這個問題的研究資料仍付之闕如。不過，另一個相關主題倒是引起許多科學家的興趣，那便是大睪丸。

體格小的雄性要想增加自己讓卵子受精的機率，大睪丸是較傳統的方式。邏輯很簡單。在某些物種當中，雄性因爲體型小，必須採取卑鄙手段才能交配，他們必定會遭逢精子大戰的風險。但是你也知道，精子大戰就好比是買彩券，彩券買越多，中獎機會就越大。所以，體格小的雄性必須投注更多的身體資源生產精子，就等於是購買更多的彩券，只要他們有交配機會，成功的機會就越大。另一方面，體格龐大的雄性只要有效的看牢雌性，就不必買那麼多彩券，傢私也不必那麼大。

這個道理，可以解釋爲什麼男人的體型與其私處大小之間毫無關連：體型較碩大的男人，不一定老二就很大。事實上，更悲哀的是，情況常常相反。加州唱歌魚（California Singing Fish）就把這種特點發揮到極致。公魚不是有大睪丸，就是有大腦袋。有腦袋的，會在潮間區的岩石下挖掘如洞穴般的巢，準備妥當之後，公魚就會哼唱歌兒，吸引雌性。單單一回合的哼唱就可以持續四分之一小時。所以，用來哼唱的肌肉組織相當發達，還有額外的神經細胞來控制那些肌肉。當母魚來訪，她會慢慢把卵放在巢穴的洞頂；她生蛋時，公魚每隔數秒鐘就在她旁邊抖一下，那是他正在釋放精子的跡象。當母魚生完了（自生第一顆蛋到結束，時間可能長達二十小時），公魚就把她甩出巢穴，自己捍衛受精卵，當然還有唱歌繼續吸引其他的母魚。

另一種公魚（有大睪丸的）則會在關鍵時刻潛入巢穴。那些傢伙無法哼歌兒；他們的生理、心理都欠缺裝備，充其量只能咕嚕咕嚕叫。但是，天呀，他們的屌兒可眞大。若依重量比例，鬼祟潛入的公魚的睪丸比有腦袋的要重上九倍。他的睪丸大到腹部都鼓了起來，像懷了孕一樣。無怪乎他會咕嚕抱怨了。

所以呢，你們這些有腦袋的可別太矯揉矜持。只有在鬼祟潛入者數量稀少的時候，你們才能安然無事。假如鬼祟潛入者相當普遍，那麼你遭逢精子大戰的風險就會增加，所以應該投資更多心力生產精子，換句話說，你應該要有更大的睪丸。我們拿雙型蜣螂（Onthophagus Binodis）及牛角蜣螂（Onthophagus Taurus）來比較好了，他們是澳洲自全球各地引入的十數種蜣螂當中的兩種。妳也知道，澳洲當地不產母牛，所以人類把母牛傳入之後，排泄出來的糞便令土產蜣螂不知如何是好。結果呢，大量牛糞就堆積在牧場上。爲了解決這個問題，只好引進具有分解牛糞能力的蜣螂。換句話說，就是在全球其他地方捕捉屎蜣螂，隔離檢疫（昆蟲也必須隔離檢疫，這個想法我非常贊同），然後釋放入澳洲。

我們扯太遠了，先回到剛剛的問題來。雙型及牛角這兩種蜣螂的生理結構很相似，人類對他們非常熟悉。公蜣螂分兩種體型，大的有角，小的則無（雙型蜣螂的大型雄性背上有單一角；而牛角蜣螂誠如名字所述，頭上有兩根彎曲的角）。公母蜣螂會在新鮮的牛糞堆約會。母蜣螂會跟大型的公蟲配對，成對的蜣螂夫妻一起挖洞，不時停下來交配（很少有人觀察過屎蜣螂交配，不過公雙型蜣螂會用兩對前腳愛撫母蜣螂，騎上去，然後射精，性交期間公蟲會用前腳輕拍母蟲的背部）。基本上，蜣螂的洞穴會有幾條甬道，循中央長廊分叉出來。每條甬道的盡頭，蜣螂會堆一團牛糞。母蜣螂會在牛糞團裡生下受精卵，然後用泥土把甬道封起來。公蜣螂會大力協助自己的配偶，如收集牛糞等等，但他不可能放任長廊入口無人看管。這種謹愼的態度眞是明智，因爲小隻的公蜣螂會趁大隻的在跟母蜣螂交配、無暇他顧時衝進長廊。有時，小公蜣螂甚至更陰險，會自己挖通道進入長廊，然後穿透洞穴內的某堵牆壁射精。

然而，潛行攻擊對於牛角屎蜣螂的威脅要大於雙型蜣螂。雙型蜣螂當中，會潛伏偷襲的只佔雄性族群的三分之一，每隻大公蜣螂遭受綠巾罩頂的風險較低，而且可以肯定的是，在此族群當中，小型公蜣螂耗費在生產精子的心血，一定大於大型的，而且小型公蜣螂的睪丸較大，精子數量較多。相形之下，牛角蜣螂當中，有三分之二是潛行偷襲者，所以就睪丸大小而言，體型大與小的，兩者不分軒輊。

說再見之前，有句話要跟所有擔心自己體格太小或看來不起眼的男生說（注意了，女生亦然）。在許多物種裡，雄性分成不同的類型。體格的特徵與人格特質息息相關，這就表示你可以依據外貌，判定這個人的舉止。類型以及特性數目的多寡，因種族而異，不過有兩種類型特別普遍：大個兒（Hunk）跟小不點（Runt）。

大個兒患有「上帝」症候群：他自視甚高，性好戰鬥，花很多時間在健身和打扮。他通常有很多女友，但只要一想到有女伴可能會對他不忠，往往會嚇得魂不附體。而且，雖然他很帥，但私處卻很小。

小不點則是刻意隱身在成群的其他雄性當中。他不喜打鬥，但對異性卻很積極。小不點不可信任——他絕不會忠於單一女性，即使對自己最好的朋友之妻下手也毫不以爲恥。重點是：小不點雖然體格嬌小，但是傢伙很大。小不點不打仗，好打炮。

第二部 墮落的演化

每場戰爭都有屠殺；兩性戰爭自不例外。兩性之間慾望的衝突越大，結局就越是兇殘。

第6章

如何和同類相食者做愛

規則一：別在前戲時就被吃掉了。

親愛的塔提安娜博士：

我是歐洲蝗螂（European Praying Mantis），我發現做愛時，若我先咬掉情郎的頭，就可以得到更大的歡愉。因為當我砍掉他們的頭，他們便會進入最興奮震顫的高潮狀態。他們似乎更毫無顧忌，更火急了——真是妙透了。您也發現這一點了嗎？

里斯本．要他們都無頭的女蝗螂　敬上

我有些至交是吃男人的。偷偷告訴妳，其實我並不擅長同類相食，不過我卻能了解爲什麼妳喜歡那麼做。在妳們的物種，雄性眞可說是乏味的情人，把他們砍頭就可以出現奇蹟；無頭的雞會發狂地四處亂衝，無頭的公螳螂會狂熱發情、往前戳刺。爲什麼他在健全時做不到？假使做愛時還想保持清醒，就不可能擁有激狂的性愛。

公螳螂的危險期是在他要靠近和離開母螳螂之時，然而，只要他眞的騎到妳的背上（完好無恙的公螳螂做愛的姿勢），妳就無法攻擊他了。不過，妳不一定得要在他完好如初才能跟他做愛。假如妳在他靠近時擰掉他的頭，他的身體就會陣陣痙攣，讓生殖器跟妳的結合在一起。但是他可不想讓自己的腦袋被砍，這一點是可以理解的。不妨站在他的角度想一想，假若換成是妳，必定會頭皮發麻，寒毛直豎。只要一瞥見母螳螂，公的就該凝結不動，接下來，你就開始玩「一二三木頭人」；只要她掉頭看別的地方，你就匍匐靠近，只要她轉臉朝你的方向，你就該站得像個雕像——喂！不要！別看著我，我只是樹葉。有必要的話，得站上好幾個小時。這麼做是爲了什麼？步步逼近，然後一躍而上她的背部。一旦騎上她的背，你就可以不受干擾地跟她做愛了。但是只要有一步出錯，你就得拎著腦袋去鬼門關報到了。玩一二三木頭人，最高的代價莫過於此。

雌性在做愛前、做愛時及做愛後，會把情郎吃掉的，根據研究共有八十多種生物。蜘蛛是最出名的犯人，不過某些螳螂、蠍子、還有某些蚊蚋（Midges）也名列其中。那些母蚊蚋（一種體型嬌小的飛蟲，卻是可怕的大胃王）支解情郎時特別恐怖，先逮住她的配偶，就像對待年邁的獵物，將她的「口吻」（Proboscis，一種長形喙）刺入他的腦袋。她的唾沫會把他的五臟六腑調理成濃湯，再狂呑暢飲，直到吮乾為止。最後把他乾癟的外殼丟掉，漫不經心地像是小孩扔掉舊玩偶一樣。只有他的陽具斷折而留在她體內，證明這不是一道平凡無奇的餐點。

不過，另有一種說法認為這種行為不是刻意的犯罪。或許呢，只是一個讓人遺憾的無心失誤。也有可能是被囚禁起來的生物，才會發生的罕見精神病發作。畢竟，依據粗略的估計，同類相食的物種當中，只有三分之一的比例在實驗室中曾發生過這種行為。有可能是因為在狹小的籠子裡，雄性既無法跑、又無法躲。有這個可能。但是有些生物確實會同類相食，不論是在實驗室或是在野外，發生的機率一樣高，歐洲螳螂就屬其中之一。差別在於，在實驗室裡，顯然公螳螂因為太過驚怕，不敢「下馬」，所以性事會拖上好幾個小時（正常情況下，雄性辦事完畢就會逃入灌木叢中，讓自己脫身。如果是在實驗室，通常不會裝置如草叢的東西，雄性只好待在原地，盤算著如何脫離這個牢籠）。至於「我是不小心吃掉情郎」的說法，我是不敢說天底下不會有意外發生。但是我知道有些種類的母蜘蛛的目的確實是要砍頭，而非低頭。母蜘蛛瞧見公蛛，就會跟他招手，而且擺出柔順的、「任您擺佈」的姿態，目的只為撲過去抓住公蛛，用絲把他裹起來，然後貯藏在肉品保存室裡，速度快到他連喊出「吃人喔！」都來不及。

麻煩的是，雄性很容易在還沒有機會交配之前就被吃掉了。從雄性的觀點來看，這眞是不幸。若他在前戲時就被吃掉了，接下來的情況就是：他的基因自然被排除於物種之外。然而由母蛛的觀點來看呢？這種習慣並非妳所想的不利。在許多同類相食的生物裡，雄性代表豐盛美味的大餐。例如母的十字園蛛（Garden Spider），消化完每隻公蛛後，身體就會產生變化，變得更豐滿了。她唯一的風險是：假如她永遠以攻擊的態度對待追求者，死時就會跟生前一樣，成了性情古怪的老處女。只是這種風險實在是微不足道。

爲了了解原因，我們應回頭仔細檢視，當雌性依照慣例在做愛前就試圖吃掉她的愛人時，會發生什麼事情。首先，您想像有個地方，所有雌性貪婪好吃的程度都不相上下，接著想像每個雌性一生中只會碰到一個追求者。假如每個雌性都把唯一的追求者吃掉，而不是與他交配，那麼大家都成了輸家，沒人能繁殖後代，整個族群勢必走向滅絕。但是，假使某些男的僥倖能逃過一劫，或至少在辦完事前不會被吃掉，情形又會是如何？能逃掉的雄性就比那些逃不掉的，佔有更明顯的優勢，而且，假如逃脫的能力可以遺傳，那麼逃跑的基因就會散布開來，到最後，下一代的每隻雄性都是成功逃命者的後代，即使雌性貪婪好吃，最後仍會與雄性交配成功。

眾所周知，現實生活中，某些雌性可能不是那麼兇惡殘狠。這一點反倒讓事情變得複雜。不把自己配偶吃掉的雌性，當然沒有一輩子當老處女的危險，所以，儘管每位女性一生只有一位追求者，但是性情仁慈、溫和的雌性就能佔有優勢。這是因爲族群裡有些雌性不會同類相食，雄性就算不具有能成功逃逸的基因，只要夠幸運碰到一個不吃同類的雌性，他就能交配成功。結果呢，擅長脫逃者的優勢便降低了，擅長逃命基因的散播速度便會減緩，那麼貪婪好吃的雌性就比較可能碰到無法躲過其魔掌的雄性。貪婪好吃的雌性既然把唯一的配偶吃掉，也就無法留下後代，而貪婪好吃的基因也就會消失無蹤。

我們現在再考慮另一種情境，如果每個雌性有可能碰到很多雄性時，會發生什麼事情。在這種情況下，若她吃掉大部分的雄性，也沒什麼關係。的確，女孩們，若妳不打算那麼做，那才不划算呢！如果多數的女性都在盤算如何逮到自己的愛人，然後把他吃了，其實這種行爲是一種測試。在吃男人成性的文化裡，妳的兒子只有具備逃脫雌性魔爪的能力才能存活、交配成功，所以先檢查他們老爸的能力是有必要的。同時，能夠脫身的雄性比起躲不掉的擁有更大的優勢，有能力逃脫的基因便會因此而傳布開來。

總而言之，雌性越會嘗試吃掉其配偶，那麼能倖免於難的雄性所佔有的優勢就越顯著，而且，過不了多久，族群中的雄性將全都是高明的逃逸者。到時候妳所看到的情景，應該是交配後雄性腳底抹油，而非被雌性生吞活剝。

只是，雄性要怎樣才能接近雌性成功交配、又可避免被捉呢？一二三木頭人只是一種技巧。然而，假如他得踮起腳跟，橫跨整張蜘蛛網，那個招式就不管用了，因爲蜘蛛絲發出的每記聲響，都會透露他的行蹤給主人知道。此外，相較於公螳螂總是有辦法潛伏在母螳螂身後，蜘蛛的性愛則是危險多了。公蜘蛛有兩根陰莖（稱做鬚肢，Pedipalps），嘴巴兩側各一根。母蜘蛛則有兩處生殖口，都在腹部底側。如此，妳可想而知其困難了。蜘蛛如果靠得不夠近，不是一對一，根本無法交媾。

要想全身而退，最可靠的法子莫過於設法讓母蛛癱瘓。長顎織網蛛（Tetragnatha Extensa）的公蛛不怕交配，道理正是如此；他們的牙齒有突刺，能把雌性的口部撐開，一旦他們抱住母蛛，她就根本無法動口咬。一種名爲Xysticus Cristatus的蟹蜘蛛是出了名的大情聖，他動用綑綁技術，先把母蛛綁好（祝她好運！），再做愛。另外以珠練寄居姬蛛（Argyrodes Zonatus）爲例，這種銀色小蜘蛛居住在其他體型遠爲碩大的蜘蛛的網內，雄性蜘蛛是大自然的好兄弟。他們頭上有根角，會分泌強力麻藥；他們把角伸給母蛛吸吮，她會感覺飄飄欲仙，無法抵抗他們的進犯。只盼望她別因爲藥劑不足而太快醒來。

至於螳螂先生呢，他先天命運乖舛。他的腦袋還完好時，會傳送訊息到私處，指示他如何行動，這可以讓他的性衝動獲得控制，直到自己就定位爲止。當他的腦袋不見了，就無法傳遞壓抑性行爲的訊息，變成了可怕的色魔。結果便是：即使是他的身體已幾乎半點不剩，還是有辦法交配。這似乎證明了，他已進化出特殊的能力應對可能被吃掉的情形，不過「丟了腦袋，擁有性愛」的反射作用在雄性昆蟲當中相當普遍。類似的情形，甚至發生在人類當中：掐住男人的脖子時，十之八、九的男人會勃起，倒不是瀕死時會有色慾的歡愉，而是大腦不再傳達「喂，別站起來！」的指令。對大多數男人而言，這僅是醫學上的奇妙發現；大部分的男人在寢室內，是不必大戰「螳螂女」的。

親愛的塔提安娜博士：

我是澳洲紅背蜘蛛（Australia Redback Spider），是徹底的失敗者。我跟自己的甜心說：「我的身子在這兒，拿去吃掉吧！」而且我還彎身把頭放進她口中。但是她卻把我吐出來，叫我滾遠一點兒。為什麼她會蔑視我的全心奉獻呢？

澳洲・荒野中悲慘公蜘蛛

敬上

還有什麼比這更荒謬的事嗎？出名的男性殺手，居然會拒絕吃掉心甘情願被吃的男人？這問題確實不太尋常。但是，你自己也一樣怪異。一旦被迫得與同類相食的雌性做愛時，大部分雄性絕不想讓自己變得多麼可口好吃。

首先，雖然性事結束後被吃掉要比還沒做就被吞食好得多了，只是大部分雄性寧可自己永遠不會被宰吃。這很容易理解，死亡代表了戀愛大冒險旅程已劃下句點。任何人只要還有機會再交配，他就應該奮力逃命——不必說空洞的甜言蜜語，不必抽事後菸。假如眞有必要做些什麼，你應該連續揮拳，讓她後退些，以防她來追你。例如一種名爲Paruroctonus Mesaensis的沙蠍子，公蠍要逃命之前，會先把配偶重擊幾下；而拉比達狼蛛（Lycosa Rabida）的公蛛會把愛人拋向空中，讓她掉到草木堆裡，然後倉皇而逃。

然而，假如你無望再次交配，又該如何？舉例來說，情況就好比你天生只能交配一次，或者你的壽命本來就很短，或者要再追求其他雌性注定會失敗。那麼，一旦你完成交配任務，你的愛人若把你吃掉，你就不該有怨言。以悅目金蛛（Argiope Aemula）爲例，如果在做愛前母蛛想要吃掉公蛛，公蛛是會猛烈抵抗的。但是一旦交媾了，在激情的歡愉之後，公蛛就此死去。母蛛安葬他的方法是把他料理成美食，這樣對他反而很好。如果是有尾沙蠶（Nereis Caudate）這種剛毛蟲，情況也很類似，不過這回是公的把母的吃掉。這些蟲貌似棕刷，住在海床上的泥沙當中。一旦母蟲產下卵，公蟲就把它們放進自己製造的管子裡，讓它受精。他會像龍看管財寶般照料受精卵，直到卵孵化、幼蟲長大到可以現身世界爲止。而母蟲呢，在她生完卵之後不久，就魂魄離體了。假如她的配偶決定（有時候他也的確那麼做）把她當午餐吃掉，讓她早點兒脫離苦海，那麼任君自便。對她而言並無差別。

至於別的生物裡，雄性會吃掉雌性嗎？這我倒沒聽過。但請注意，這不意謂雄性不會吃掉雌性。他們的確會如此，只是不在交配時。柏拉圖式（非關性慾）的同類相食，多年來一直困擾著從猿類到阿米巴原蟲等生物。這眞是墮落的行爲。例如砂鮫（Sand Shark），在母親子宮內就彼此吞噬；沒錯，體格最大的砂鮫胎兒會在子宮內把其他未成型的弟妹們吃掉。你應該聽過下列的詩句：

鯊魚最是兇惡獸，
殘忍肢解而吞食；
這般行徑無足爲奇，
無情吞食子宮內手足！

故此，柏拉圖式的同類相食，比起性慾有關的同類相食，更容易理解。彼此吞吃是要冒險的，你打算吃掉的對象，無論何時也打算吃掉你。所以，大部分同類相食的物種都是儒夫，絕不會挑選體格相若的對手。一般的同類相食社群裡，多半是成年的吃掉未成年的，大孩子吃掉小孩子，而小孩子則吃卵子。即使是阿米巴原蟲，會同類相食的都是龐然巨物。所以可想而知了，不論與性愛有無關係，成人之間的同類相食都是相當罕見的。

另外，對大多數雄性而言，吃掉自己的配偶毫無道理，這樣會丟掉自己好不容易才授精的卵子。這也是爲什麼雄性鰭腳蟹（Ovalipes Catharus）的性情會如此溫和，原因就在於此。雖然大家彼此相食，但只有在你蛻殼之際才會有危險。原因呢，仍然是懦夫原則：蛻殼中的蟹無法保護自己。有好幾天，蛻殼蟹既無甲冑來抵禦攻打，也沒有雙螯可攻擊別人。

然而很不幸地，蟹類的通則是，母蟹蛻殼時才能交配，划槳蟹自不例外。所以一旦母蟹的同類想吃她時，母蟹的處境就異常危險。但是，援救很快就會到來。公蟹遇到有母蟹準備蛻殼時，會把她揀起來，一直抱著，直到她變軟。接下來他會以極爲緩慢的速度與她做愛，有時耗時好幾天，同時保護她，把別的意圖不詭的公蟹趕走，直到她再度變硬，能照料自己爲止。無論如何，這種俠義行爲並非是無我無私的。既趕走想吃掉母蟹的公蟹，同時趕走想強姦她的公蟹，如此就能提升該公蟹大俠成爲她本次懷胎仔蟹唯一生父的機率。這個獎賞不可謂不大：大型的母蟹每窩可以生下二十五萬顆以上的卵。

雄性通常不會吃掉自己的愛人，那麼雌雄同體的生物呢？關於這點，我們可說是一無所知。許多雌雄同體的動物是柏拉圖式的同類相食者，可以想見的是，當兩個雌雄同體傢伙相遇，有時會出現一方要搞，但另一方要吃的有趣景象，因爲當事者雙方都不想被吃掉。但是，如果這種麻煩變成常態，才眞正讓人感到驚訝。我猜想，只要性愛式同類相食成了風險，反制的措施很快就會演化出來。舉例來說，假如你在跟體格比你大的傢伙交配時，就會特別脆弱、危險，你可能因此演化出嫌惡體格龐大的性格傾向。管鞭海蛞蝓（Hermissenda Crassicornis）這種雌雄同體生物做愛時快如閃電，一般認爲，原因就在於有同類相食的風險。「蛞蝓」之名，很難呈現斑節海蛞蝓所展現出的只應天上有的美麗。他身長不過幾公分，彷彿是陸上蛞蝓中了銷魂魔法而墜入大海：玻璃般的身體點綴著淡藍的斑點，迷人的橘色條紋由腦殼後往下伸延。另外，頭以下的地方，有一大堆凸出如羽毛的組織，像是穿了件滿是狐尾的外套。然而，做愛時，這些生物可不會行禮如儀。兩隻管鞭海蛞蝓像武士執長矛、騎馬決鬥般，交錯而過，不顧一切，槍矛盡出，努力想把對方打下來。這種行爲令人不解，到底同類相食是不是背後眞正的原因，我們並不清楚。

說到怪異，再沒有別的生物像你們的公紅背蜘蛛那麼奇特了，竟然願意被母蛛吃掉！這股衝動如此強勁，有時甚至要相互打鬥爭取這項「殊榮」；一隻公蛛會把對手由母蛛的口中拔出來，用絲綑住他，再把自己的頭往致命的母蛛利口中直送而去。最荒謬的是，你們的身材像是小矮人似的，只有母蛛的百分之一，所以打鬥時看來就像兩隻兔子繞著獅子跳舞。無庸贅言，會演化出這種自願求死的行爲，必然有特別的條件，也就是說，被吃掉必定能留下更多後代。到目前爲止，你們一族是唯一已知符合本條件的生物。被吃掉的紅背公蛛，比起存活下來的，能讓更多卵子受孕。這是怎麼回事？記得嗎？雄性蜘蛛做愛時，會把兩根生殖鬚肢塞進雌性毛茸茸腹底的雙生生殖孔。儘管你的腹部頂端已經塞到她口中了，你還是可以接觸到她的生殖孔。而且，事實證明，她若把你一點一點地撕嚼吃掉，做愛就能維持更久，更有機會輸出更多精子，讓更多卵受孕。所以，你要解決的問題是，如何讓自己變得更可口。

祕訣在於挑對時機。母紅背蜘蛛並不貪吃；她們不餓時，並不進食。你在她才剛吃完之際獻身而上，想都別想。只有等到她消化光了，八粒珠狀眼睛都流露饑餓目光才行。接下來呢，對於你犧牲自我所遭受的苦痛，誠願你的後代會因此感激涕零。

我必須承認，至今我們仍不了解，爲何某些物種的雌性會變成吃男人婆，但是與她們血緣極相近的姊妹們卻又不然。我們只能說（而這一點是顯而易見的），因性交而吃掉同類的生物，絕不吃素，永遠掠食吃肉，絕無例外。她們希望自己更強壯，以便壓倒獵物。男孩兒們，若你愛上體型大、好吃肉、會咬掉你腦袋的女郎，你可能就會成爲約會當晚的盤中物。若你懷疑自己恐有不測，就必須捫心自問：是不是現在就得蒙主寵召，或者可以稍後？

若答案是可以稍後，那麼設法「安全性愛」吧：偷偷靠近、強行擁抱、迅速落跑。

假如答案是現在，那麼再自問：難免一死的你，能有什麼報酬嗎？假如可以，那麼就準備遺言吧，而且祈禱自己的墓誌銘能刻上「子孫滿堂」。

女孩們，不跟男人搞一回就吃掉他們，這是不對的。不過，妳也只能活上一遭。如果妳喜歡把情郎弄成餡餅來吃，請記住：只有在妳確定不會一輩子當老處女時，才可以同類相食。假如你已詳加考慮過了，不妨放懷大嚼吧！

第7章 激情之罪

謀殺、
打老婆、
強姦。
怎麼會發生這些事？
原因在於某些男生被拒絕還蠻幹。

親愛的塔提安娜博士好：

我應該是獨居蜂吧，但我片刻不得安寧。每次我只要把頭探出自己巢穴，就會被一堆顯然沒事幹、讓人厭惡的年輕公蜂追趕。他們以為在我做家務事時打擾我很有趣！一點兒也不有趣，真是讓人氣到發瘋！我該怎樣才能甩開他們？

（英國）牛津・快被煩死的蜂女　敬上

公的蜜蜂跟胡蜂都是惡名昭彰的懶惰蟲。妳不妨看看會成群共居的物種，比如蜜蜂、黃蜂等一起住大窩，而由女王統治的物種。雄蜂無所事事，四處亂逛，而他們的姊妹（工蜂）呢，則在做收集食物、打掃巢穴、養育幼蜂等單調辛苦的工作。偶爾工蜂會起而反抗。有一種名爲Polistes Dominulus的胡蜂，工蜂會玩起「塞雄蜂」的危險運動，而且樂此不疲。雄蜂被「塞」之際，會被咬、踢，然後頭部向內被塞進蜂窩空格裡。工蜂還會一直推咬他的屁股，不讓他出來。

工蜂攜帶食物回到家時，雄蜂最可能被塞，等到他設法讓自己脫困之際，食物已分配給巢穴裡應該吃食的成員如幼蜂了。

雖然合群的蜂種，還有他們嗡嗡不停的蜂窩，是媒介的最愛，然而大部分蜜蜂及胡蜂多半出身自獨居的種族，就像妳一樣。在獨居的物種裡，每隻雌蜂都得生育；沒有純粹工蜂的角色。只是，懶惰蟲依然存在。雌蜂多半是超級媽媽，得蓋窩、生蛋，幼蜂孵出來了，每隻都得餵飽。而雄蜂呢，則是沒用的死鬼。這會造成很多麻煩。依妳的情況，麻煩是雄蜂飽食蜜漿之後，有一整天什麼事都不幹，只去勾搭女生。

是啊，眞是無聊。你們種族裡的雄性笨死了，他們引誘異性的方式，是粗魯的撲到對方身上。假如妳在飛行時有雄蜂撲向妳，他可能會把妳撞落到地上；假如妳得飛過成群向妳撲打的雄蜂，就像是被鞭笞一樣，每隔三秒鐘就會被撞到地上一次。要採集花粉跟蜜汁，餵飽妳的窩，好比打一場硬仗。然而，妳還是得感謝守護神保佑。在其他的生物物種裡，遊手好閒的年輕人聚集成群，會幹出來的事還更糟。

例如，成群喉急的公羊追逐某隻母高山綿羊，可以一追好幾英里，追到她筋疲力竭，甚至陷入絕境：爲了逃離，她經常得跳到山壁上狹窄的岩棚內。然而，我猜想，如果她知道以下的情況，便會慶幸自己是高山綿羊。在南極圈以北，有一群美麗的岩石小島——克華倫群島（Kerguelen），其中面積最大的隆格島（Ile Longue）住著一群遭人類棄養的綿羊，任其自生自滅超過三十年的時間。結果呢?實際的場景《蒼蠅王》這部文學巨著中所描寫的場面相形失色不少,倒像是泰迪玩具熊的花樣。母羊不僅被成群的公羊追逐,而且被蹂躪至死。不幸的母羊一直被追,直到氣力用盡,無法再逃,接下來公羊群就會試著騎她。但能成功的不多,只要一隻公羊騎上去了,另一隻就會撞上去,讓他摔下來,那眞是一點兒也不舒服。公羊如此角鬥可以持續好幾個小時,母羊會被打得越來越衰弱,假如她全身乏力而倒地不起,公羊就開始踢她、頂她,直到她站起來。假如到最後她還沒死的話,還會遇到更大的風險,可能喪生在大海燕(Giant Petrel)的口中。這些巨大的海鳥,翼幅超過兩公尺,他們有一種卑劣的習性,就是專吃弱小動物的腸子,用堅硬的鉤狀鳥喙從他們的肛門啄進去。

母羊還不是唯一抽到下下籤的。母蛙也會碰到類似恐怖的遭遇。以呱呱蛙(Quacking Frog)爲例好了,這是一種生長在澳洲的青蛙,公蛙求偶時會發出聲響,因此而得名。呱呱蛙跟其他許多物種的蛙一樣,母蛙會在池塘下蛋。假如一切順利,母蛙遇見公蛙,他就會爬上她的背,用雙臂環繞著她,這種經典的青蛙式擁抱,稱爲「抱接」(Amplexus)。她把卵子釋放入水裡,他再把精子噴射至水中。但是,假如她很不幸,一次招來幾隻公蛙,他們就會相互推擠、爭奪位置。最幸運的狀況是,她的卵子受精數目少一些;最糟的情況是,她會被他們抱到窒息而死。此種悲劇並非只發生在呱呱蛙,母的樹蛙若同時招來幾隻公蛙,有時會在接下來發生的混戰中,掉進水裡淹死。

但是，我認爲，淹死總比被支解來得好。在某些獨居蜜蜂以及胡蜂當中，雄蜂冬天孵化的時間要比雌蜂來得早，他們會聚集在雌蜂破殼而出的地方，當雌蜂出來時，雄蜂們會彼此爭鬥想佔有她，她有可能被拉扯得支離破碎而死亡。母的黃糞蠅會飛到新鮮的牛糞上交配產卵。假如她們降落時碰上幾隻公蠅，同樣的，她們可能會被五馬分屍，不然就是被公蠅排出來的液體淹死。如果是這樣的話，我想，也許被肢解而死可能要好過一些。

還有呢，每年有一段時間，母的北方象鼻海豹會聚集到沙灘生產、哺育幼象鼻海豹、交媾歡合，再回到海裡去。但是，最大隻的公象鼻海豹（我說大隻，意謂身長五公尺，總重超過兩噸半），一定會把體型較小的公象鼻海豹趕離母象鼻海豹的聚集區。當然，年輕的公象鼻海豹也不會就此善罷干休的。假如他們瞧見有母象鼻海豹一路爬回海裡，就會縱身而上壓住她，而且如果他急著要交配，有可能把母海豹毆打至死，然後再爭奪屍身。唯一生活在熱帶地區的夏威夷僧海豹（Hawaiian Monk Seals），目前已列入全球瀕絕種的海豹物種之一，野生的大概剩下六千隻。不幸的是，對他們的生存最大的威脅是來自其他僧海豹。僧海豹喪命的主要原因，是成年雄性攻擊成年雌性，她們經常被成群發春的公海豹蹂躪上好幾個鐘頭，而且通常是在過程中被打死，或是嚴重咬傷，然後被聞風而來的虎鯊吞噬。問題嚴重到不得不驅離公海豹，施打藥物抑制他們的性慾，希望能因此挽救該生物免於絕種。

聽起來簡直是不可思議。然而，重點是，這些暴力行爲沒有一樁是蓄意的。雄性本來無心傷害雌性；雌性不能替他們生下後代前就死掉了，對雄性完全沒有好處。那麼，爲什麼他們會如此咄咄逼人呢？這種情形眞是自相矛盾。當雄性成群閒逛，競逐少數路過雌性的青睞時，事情就容易變得污穢不堪了。當雄性聚集到雌性前來生產的地方，或者少數雄性掌控大片繁殖領地、而其他雄性只能在邊緣潛伏窺探時，特別容易發生暴力行爲。此時，不入虎穴，焉得虎子：若雄性彬彬有禮，只站在一旁向雌性脫帽致敬，他鐵定無法與她交配。他反而該衝進去，展開攻勢。若他能擊敗其他競逐者，就有機會讓她的卵子受孕。麻煩就在於，這個道理大家都懂，所以各路英雄好漢得共同逐鹿。假使最後雌性喪命了，那才眞是失敗。從雄性的觀點來看，那不啻別人贏得她的芳心。

由雌性的觀點來看，情況顯然大不相同。沒人願意自己被肢解、淹死或毆打至死，不只因爲自己一死之後，未來就無法再繁衍了。如果雌性意識到風險之大足以使她喪命或者重傷，可想而知，她必定會演化出反制措施；這是司空見慣的事。某些雌性可能擁有某種特質，讓自己被競逐、傷害或殺死的機率減小。若這些特質能遺傳下去，那麼相關的基因就會散布開來。雖然如此，落單的雌性如果遭逢大批雄性，能全身而退的機率相當渺茫。即使是最偉大的戰士，也無法以寡敵眾，或連日戰鬥不得休息。

那麼，要怎麼辦才好？最常見的做法是僱個保鑣。例如母的黃糞蠅，她們偏好跟體格較大的雄性交配，這樣能確保安寧。母的北方象鼻海豹，若在回海洋前跟某公象鼻海豹交配，接下來就可以由他護送走下沙灘，避免被別的公象鼻海豹攻擊。例如水黽（Water Sstrider），他們多半在池塘及溪流表面划來划去，體態纖巧。若附近沒幾隻公水黽，只有一隻討厭鬼糾纏不休，母水黽就會奮戰以求脫身。但是，如果打退一隻公水黽之後，還得料理其他接踵而來的公水黽騷擾，那麼母水黽會接受最先前來的追求者，不管他是誰。既然有他在場，那麼別的公水黽就會熱情大減。保鑣的功用不僅是保命，比如母雉鳥或鴿子若有公鳥陪護，就可以花更多時間進食，不必耗神查看有無掠食者靠近，也不必提防其他雄性。

至於妳呢，我忙碌的獨居蜂朋友，不一定要有保鑣才能免於騷擾。在你們的物種裡，雄蜂成群出來鬼混的時間與地點都是固定可知的。更棒的是，妳又不必非得去某些地方不可，這意味著雄性無法潛伏守候在妳必定會出現的地方，所以妳只要到沒有他們行蹤的地方就行了。假如他們到甲花床去了，妳就到另一地去。這正是你們族群裡大部分女孩的做法。

此外，說出來讓妳高興一下：有些時候，雄性成群結隊的心態可以轉變爲對雌性有利。我們看看屬於狼胡蜂的白痣泥蜂（Philanthus Basilaris）。狼胡蜂是獨居的胡蜂種，專門獵捕其他種類的蜜蜂及胡蜂爲食。公的狼胡蜂會成群結黨，每隻都防守著小片領域，追逐每隻過往的昆蟲，盼望能找到夢中情人，因此相當惹人厭。這些可憐的流氓，他們以爲自己快跟女孩上床了，沒想到他們竟被弄到別的地方去躺平了。雌蜂對於不請而來的雄蜂，會施展可怕的報復。已經交配過的雌蜂有時會造訪雄蜂聚集處，不是讓他們美夢成真，而是來找食物給一家大小食用：她們來收集雄蜂，放到自己的巢穴裡，等幼蜂孵化時可以享用。雄蜂如此貪婪地想交配，所以很容易手到擒來。雄蜂若落到此類雌蜂女士的手裡，就會發現生不如死。他會被叮到麻痺，但不會死——幼蜂喜歡鮮肉——然後封存在巢裡，直到幼蜂準備好把他生吞活剝。看來，把敵人變冷盤來吃，這是最棒的復仇滋味了。

親愛的塔提安娜博士：

我是澳洲海藻蠅（Seaweed Fly），而且是新好男人。我曉得，女生說不就代表不要——只是那一點好處也沒有。我們族裡的女孩兒都是悍女：每次我溫和友善地跟她們打交道，就被毒打一頓。她們怎麼會這麼兇？我該怎麼辦才好？

（澳洲）馬拉高達灣・困惑好好先生海藻蠅　敬上

去他的政治正確。你們族群裡，說不的意思是「好的」。女孩們會那麼好鬥，是因爲她們要你在力量上壓倒她們；事實上辦不到的男人也別想跟她們做愛。所以，假如你想跟女伴上床，就得忍受被踢、被打，直到她向你投降爲止。對某些生物而言，性愛暴力才是正常。例如食蟹海豹（Crabeater Seal），他們偶爾只吃沿南極圈生長的小蝦——南極蝦——反而不吃螃蟹。他們做愛時會兇猛互咬，結束時公母兩隻渾身都是血。雖然這副光景看來很噁心，但是這跟人類女性做愛時把指甲掐進情人背裡沒兩樣，傷口並不嚴重，而且看不出來有任何邪惡的意圖。她們幹麼要這麼做？你知道的，個人品味是無法解釋的。

性好暴力，當然有其危險。我記得有許多動物都因爲粗暴性愛而傷痕累累。長年下來，年長的公食蟹海豹的整顆腦袋，會因爲母海豹的愛而滿是疤痕。野生公牛（Bison Bull）騎上母牛時，前蹄會打到她的背上，有時會刮傷皮膚。結果便是，母牛到八足歲時，背上可能就會出現光禿禿的區塊了（交配時，她得承受體型龐大愛人的全身重量；他達到高潮之際，會陷入一陣痙攣抽搐，她的後蹄就會被壓在地上）。以海牛（Dugong）這種素食海洋哺乳類動物而言，他們會在海草床四處聞嗅，再用下唇上頭的角化硬塊把海中植物連根拔起來吃；母海牛偶爾還會誇耀情人莽撞做愛而留在她背上的疤痕。

更糟糕的是會發生意外。以侏儒蠑螈（Pygmy Salamander）爲例，雄性在遞出精子包之前，會利用帶刺的牙齒咬住雌性的頸項，有時甚至會卡住拔不出來。南方象鼻海豹的公象鼻海豹體格甚至比北方種還要大，身長可以達六公尺，重約四公噸，要是一不留神，交配時張口咬，沒咬在脖子上，卻咬在頭上，那可是會咬碎她的顱骨而要她的命的。公的犬貂（Dog Mink）有時就會犯類似的錯誤，咬穿母犬貂的腦基骨，而不是囓在她的項背皮上。公海獺有時想跟母海獺親個嘴，結果卻是咬在她鼻子上，假如傷口感染，可是會喪命的。

這些悲劇聽了讓人毛骨悚然；壞消息總是如此。只是，看待事物要全面，這很重要。這些悲劇與那些發春的雄性集團蓄意犯下的罪行有極大的差異：交配時的意外，並非雄性出自自身利益而蓄意犯下的。常把配偶的頭顱咬碎的雄性是無法有太多後代的。所以，如果雌性不太可能遭到雄性集團的侵犯，那麼做愛時喪命的風險，比起因爲其他原因喪命的危險，簡直是微不足道。而且，要避免出意外，是看運氣好不好，與演化無關。關鍵就在於能保護妳頭骨不被咬碎的基因（比如讓頭骨長得更堅硬），如果頭骨被咬碎的事件幾乎不曾發生，那麼這些基因就不會散布開來。

然則，雌性死了自然不能生育，但是受傷的雌性還是可以擁有後代，端賴受傷程度而定。所以，那些做愛而死的意外事故，有可能比表面所見更危險。那麼，要怎麼做，才能阻止雄性不把雌性打到奄奄一息，特別是故意把她打到不能再有性事而無法背叛他？女孩們，別怕，他們是無法稱心如意太久的。不管理由是什麼，假如做愛眞的會有危險，有可能因此而受重傷，那麼妳可以料想得到，一定會很快演化出來能保護妳免於受傷的特質。

我們來看兩個案例。第一個是鯊魚。鯊魚的性愛非常野蠻。公鯊會張口咬住母鯊，再試圖把陰莖（或稱「交腳器」（Clasper），即骨盆處捲成管棒狀的鰭）之一塞進腔道裡（公鯊有兩個交腳器，平行並列於腹部，有一端接連到他的生殖器開口，另一端則準備插入母鯊。交配當中，精子會由生殖器開口進入交腳器，再伴隨一股海水壓縮進母鯊體內）。發育完成的母鯊鰭上經常會有傷痕，甚至有一小部分不見了。如果是我，一點兒也不想被鯊魚咬（即使是脾氣比較好的鯊魚魚種），但假如妳是母鯊，被咬倒不是一件壞事。以藍鯊爲例，成年母鯊身上經常有傷疤或者新咬的傷口；不過她們有應對的方法，母鯊進入青春期之後，皮膚會開始增厚，成年時，她們的皮膚要比體格大小相同的公鯊厚上兩倍，而且更驚人的是，皮膚厚度大於公鯊牙齒的長度。另外，我們看到屬於鯊魚表親的圓刺魟（Round Stingray），不僅母魟會長出較厚的皮膚，公魟的牙齒也特別尖，以便能好好掌握住母魟。雌性及未成年雄性的牙齒平順貼服，像是鋪得平坦的石板路，成年雄性則有長釘般的牙齒，好讓他與愛人親熱時，可以更「痛快」些。在某些情況，則是雌性咬雄性，而雄性會演化出反制措施。長鰭鯊（Falcatus Falcatus）是生活在大約三億二千萬年前的鯊魚，目前只能透過化石研究。要是公的長鰭鯊活到今日，肯定會被其他公鯊譏笑得「無水自容」，因爲他的頭上有個大把手，原本是支鰭，經過演化變得彎曲，橫過頭頂，所以公鯊看起來就像一個鯊魚形狀的大熨斗。人類曾在化石中發現一對長鰭鯊，由排列的位置來判斷，該把手似乎是演化出來讓母鯊在做愛時咬住用的。

第二個反制措施演化的案例，乃是取自一種學名爲Pseudoceros Bifurcus的海生扁蟲

（Flatworm），他們是雌雄同體的生物。雌雄同體生物中，同一族裡每個成員都可能成爲交配對象，所以一般而言，競爭者爲爭奪交配對象而打鬥的現象是不存在的。沒錯，對許多雌雄同體生物而言，性是美好而愉悅的經驗。但對海生扁蟲可不然。這種生物當中，每個個體顯然都偏好雄性角色，不喜當雌性，所以他們演化出打帶跑的授精技術：遇到被害人就把陰莖扎進去，再全速逃逸。被扎的海生扁蟲，身上會留下明顯的傷口，所以海生扁蟲若能防護好自己，就能擁有顯著的優勢。結果呢？便是演化出陰莖劍術。

所有的劍術都一樣，劍士都想成功攻敵而不被擊中；打鬥不至於要命，只是會扎傷身體。每回鬥劍可以長達一小時，交鬥雙方不斷劈刺閃躲，如此來來回回，精采無比。這種生物看來像是小小的波斯地毯，身材扁平（理所當然的事），裝飾有精巧而重複的彩色圖案。他們游泳時，看來像是飛行魔毯；鬥劍時，像隱形人藏身長斗篷之下刀來劍往。每回鬥劍直到某一方成功地用陰莖扎到對方爲止。那當然稱不上什麼樂趣，但至少敗方會把陰莖收回去。

我希望自己已經成功說服你，「打就是情，罵就是愛」，打鬥行爲不必然就是惡意的舉動。回到你的問題，藉由交配時的爭鬥，公的扁蠅可以收集到重要資訊。有挑剔癖的雄性是不會跟所有臣服於他的雌性都交配的。沒人曉得爲什麼公蠅會這麼囉嗦。但有可能是因爲海草床會不期然地曝露在沙灘上，而母蠅是在海草床上產卵的。所以呢，越是精力旺盛的母蠅較有機會活得夠久，可以等到海草隨潮汐而來。所以，別害羞。挺身而出，把女孩兒們打到投降爲止。

親愛的塔提安娜博士好：

我是山艾樹蟋蟀（Sagebrush Cricket），剛剛才蛻化為成年男性。我查看自己成熟的男性身體，注意到背上有些齒。在這種地方長牙齒，真是可笑，嚴重打擊我的自尊心。它們的功用到底是什麼？

洛磯山・不太懂解剖學的蟋蟀　敬上

你聽過機械陷阱（Gin Trap）嗎？這種陷阱是利用彈簧把工作鉗撐開，像露出鋼牙咧嘴大笑。動物一旦踏上機關，兩邊工作鉗就猛然關閉，鋼牙咬住獵物，獵物根本掙脫無望。設下陷阱的人一度動用機械陷阱來捕捉熊、狼、貂、黑貂之類的動物。在十八世紀的英國，機械陷阱甚至用來抓人。我可不是在開玩笑：他們設下巨大的機械陷阱，逮捕任何潛入封建貴族、紳士莊園盜獵的人。

時至今日，眞叫人慶幸，用來捕捉貂及人的機械陷阱都已列爲非法。然而，大自然之母可沒注意到這個高尚的行爲。你背上的齒就是一種機械陷阱，用來捕捉年輕的母蟋蟀。它的作用如下：在你們物種之中，交合時通常是母蟋蟀在上，你拱起背部，以便結合雙方的生殖器。背部彎曲時，你的利齒就可以咬住她的腹部，把她抓得牢牢的。一旦被抓，不管她願不願意，都得跟你發生關係。沒錯，機械陷阱讓你得以強暴她。

你幹麼要這麼做？這個世界就是如此醜陋。母的山艾樹蟋蟀就擁有一種醜陋的習性：她們會喝你的血。你應該已經注意到，除了機械陷阱之外，你的身體結構還有一項怪東西，就是一對柔軟多肉的尾翼。若你用尾翼來飛行，是跑不了多遠的。大事不妙了，恐怕這對尾翼是演化出來讓雌性慢慢享用的。做愛時，她會把你的尾翼咬上一兩口，然後舔舐冒出來的鮮血。接下來，鮮血會乾涸，你的尾翼會傷殘，變得像是皺成一團的雕飾品。這也難怪母蟋蟀偏愛處男，因爲只有處男的尾翼才完好無缺。你想想看，有誰會要別人嚼過的東西？然而，這種挑剔的行爲會造成你們雄性的麻煩，因爲你們天生喜好交配一次以上。所以，母蟋蟀爬上你的背檢查你的尾翼時，你就必須立即用機械陷阱逮住她。若你還是處男，那麼就沒什麼差別，不管怎樣她都會跟你做愛。但假如你的尾翼已經被吃掉了，那麼就得用機械陷阱來迫使她留下來。

別驚慌，你又不是唯一利用器械來捉住無交配意願女性的生物。請看舉尾蟲（Scorpion

Fly），這種昆蟲的翅膀長而透明，有如薄紗，上頭有黑色斑點。公的舉尾蟲有「背器官」（Notal Organ），位於下腹部，形狀如同鉗子，用來逼迫雌性就範。就跟你的情形差不多，背器官在各種交配時機都會用得上，它已經變成一種武器，唯有雄性試圖違逆雌性的意願而抓住她時，才會使用。什麼東西能影響雌性的意願呢？要看雄性能否提供一頓美味大餐。

舉尾蟲的交配系統蠻老套的：他付晚餐錢，她留下來過夜。舉尾蟲是昆蟲界的禿鷹（他們是食屍者，靠別的昆蟲腐屍維生），上道的公舉尾蟲會獻上美味的死昆蟲。只要公舉尾蟲能獻上如此美味的餐點，母舉尾蟲就會欣然與其交配。只是，死昆蟲通常很稀有，要取得一具昆蟲屍，公舉尾蟲可能得去蜘蛛家偷竊，這個違法勾當自然是危險重重（小祕訣：假如你是公舉尾蟲，就會有呈球根狀的巨大陰莖。你若已經溜進蜘蛛的肉品櫃，主人前來阻擋你，你就揮舞你的傢伙，她就會知難後退。母舉尾蟲，假使妳發現自己落入相同的處境，只好孤注一擲，用頭槌，看能不能打敗可憐的蜘蛛）。

假如公舉尾蟲不管用正當或卑鄙的手段都無法取得昆蟲，他還可以用唾腺分泌一大塊凝膠物，也同樣美味。當然不像昆蟲那麼好吃，但也不差。只是有些公舉尾蟲既不想分泌凝膠塊，也不敢打劫蜘蛛，結果便是，他們沒東西可以跟母舉尾蟲交換性歡樂，只有訴諸蠻力。

不管山艾樹蟋蟀或舉尾蟲，強姦是輸家才幹的事，這些雄性被排擠在社會邊緣，爲了傳遞基因，除此之外別無他途。跟心甘情願的雌性做愛，當然要比憤怒、掙扎而抗拒的雌性，感覺要美妙得多。雄性的配偶如果是心甘情願，交配才能更久，傳遞更多基因，生下更多後代。然而，假使你拿不出任何東西來交換，就無法誘惑到任何雌性，所以威逼就成爲你唯一的選擇。沒錯，天擇的結果就是，舉止良好的失敗者注定受到歧視。假使你沒半點東西可以給異性，又不肯訴諸暴力，你就不會有後代，而你所擁有的舉止良好的基因，將隨你死亡而消失。

但你可別認爲所有強姦犯都是鋌而走險之徒，都是除此之外就無法找到女生的男人。在龍蝦、魚類、海龜、鳥類、蝙蝠及靈長類當中，都傳出有強姦案。我們無法每次都能認清強姦犯的身分：例如在小型棕蝙蝠（Little Brown Bat）當中，匿名的公蝙蝠會匍匐爬過巨大的洞穴，強姦冬眠中的母蝙蝠（甚至其他公蝙蝠）。然而，在鳥類當中，強姦犯基本上是道貌岸然的已婚公鳥。我們以白額蜂虎（White-Fronted Bee-Eater）爲例，這種體型小、顏色鮮豔的鳥兒，居住地遍及廣大的中非及東非地區。公鳥和母鳥會形成固定的伴侶關係，年復一年雙飛雙宿。但你可別被騙了，白額蜂虎的生活並非你所想的那樣夢幻，強姦是家常便飯。母鳥若冒險隻身離巢，她可能至少被一隻公鳥追逐，多的時候可能有十二隻。假如公鳥成功地把她壓服到地上，就會立即跳上她的身子，試著姦淫她。在某些棲息地裡，母鳥一年中有五分之一的機率會被強姦得逞。在這一年中有許多公鳥仍是單身，因此依照鋌而走險的理論，他們應該是主嫌。然而，單身公鳥卻是無辜的。在鳥的群落裡，幾乎所有潛在強姦犯都是已婚的公鳥。另一種成群結居的鳥類小雪雁（Lesser Goose）甚至更惡劣，母的小雪雁只要單獨留在巢裡片刻，就有可能遭隔壁的公雁性侵；她之所以會孤單一身，原因通常是老公外出找機會強姦別的母雁。在某些小雪雁群落中，每隻母鳥大約每隔五天就會被強暴一次。

然而，就目前所知，這種可怕的舉動很難導致雌性懷孕。據估計，白額蜂虎的雛鳥裡，最多只有一％是在強姦中暗結珠胎的；至於小雪雁呢，數值爲五％。所以，這些傢伙幹麼不學社會的中堅分子，只照管好自己的老婆小孩呢？因爲，在公鳥會性侵母鳥的鳥類中，多半是彼此住得很近。在這種情況下，公鳥不必飛太遠去找尋下手目標，換句話說，強姦母鳥的代價極小，所以呢，也不需要有多大的報酬（即更多的後代），就能讓這種行爲持續下去。

只是，我們怎麼知道雌性事實上不想被強姦？性脅迫很難判斷；掙扎扭身倒不必然表示不甘願。雖然如此，許多雌性只有在不甘願時才會掙扎。請看美洲螯蝦。母螯蝦不管是剛蛻殼或者甲殼還很堅硬時，都有交配能力。快要蛻殼的母螯蝦會動身找公蝦，等找到自己喜歡的雄性，她們就搬去跟他住，一點兒掙扎也沒有。與此類似的情形則是，母螯蝦雖然未蛻殼，只要她有意想搞，可以在最短時間內準備好，把自己的屁屁呈獻給公的。但母螯蝦若不情願，公螯蝦接近時，她就逃跑，他會在後頭追趕，甚至試著把她從窩裡拉出來。不然，我們看舉尾蟲好了。母舉尾蟲會飛向有食物的公蟲，然後邊吃邊與他做愛；若公蟲兩手空空，她們會飛得遠遠的。假如被逮到了，她們會劇烈扭打試圖逃跑，同時扭曲身體，把下腹部轉開，以免生殖器會接觸在一塊兒。母蜂虎在產卵期，每數小時就要與老公交配一次，她會「准許」他餵她吃隻昆蟲，然後翹起尾巴，就定位，等著背後興奮得發抖的他。然而，別的公鳥跟她搭訕時，她就會逃走。假如別的公鳥想要霸王硬上弓，她會把自己下體牢牢按在地面，而且尾巴下垂；這種姿勢不利於性交。甚至她要離巢之前，會呼哨鳴叫，假如她的丈夫就在附近，聽到哨音就會趕來陪伴她。這個點子很好，有男性陪伴的女性很少會被襲擊。

以上我們所談的，以及少部分強姦致孕的案例，都顯示出雌性的抗拒絕非是爲了吸引雄性的注意。大部分雌性可不會躺下來任憑強姦者擺佈，而是對性侵害採取「死也不讓你得逞」的態度。這又引發了另一個重要的問題。既然抵抗會導致受傷，甚至死亡，那麼雌性爲什麼沒演化出屈服的策略？過去對於這個問題的著墨並不多。而我猜想，原因可能是屈服之後得付出代價，而且代價要比受傷的危險或死亡要高，這我們可以推想而知。還記得嗎？某些鳥類的公鳥若懷疑配偶不貞，就不會努力餵飽雛鳥，雛鳥便會餓死。某些舉尾蟲物種的雌性依靠雄性供給食物維生，從來不必自己動手獵食，如果自己獵食，就會增加自己被蜘蛛吃掉的風險。但是，雌性如果不能抵抗企圖強姦者，就得自己去獵食，不然就是餓肚子。我們也知道，在某些物種裡，雌性的配偶若不是自己自由挑選而來的（例如是科學家硬安排的），那麼雌性就得付出可觀的代價。例如黃糞蠅及一種名爲Gryllus Bimaculatus 的野生黃斑黑蟋蟀，若雌性的配偶是外力強加的，而非自己有機會去選的，那麼她的後代數目會比較少。

倘若雄性的鳥類、螯蝦、舉尾蟲及山艾樹蟋蟀可以因強迫雌性性交而獲利，那麼人類呢？我曉得，認爲強姦是自然行爲的想法（我的意思是男人與生俱來、演化而出的行爲的一部分）讓人反感，甚或是冒犯人類的尊嚴。但是，坦白說，這不是沒有可能。演化並不會遵從人類的道德觀念，同樣的，人類的道德不能反映自然的法則。如果這種該死的罪惡正反映出演化的百無禁忌，那麼一切就會大不相同。舉個例子來說，好色應該被視爲美德；貞潔反叫人悲嘆。理論上，如同其他的生物，強姦已經演化成爲人類行爲的一部分。假如強姦者能比其他男人擁有更多子女，那麼形成這種行爲的基因就會傳散開來。

這樣的邏輯思考完全合理。但是，除此之外，我們對於其他問題仍無法提出明確的解答。不論是哪種動物的強暴遺傳學，目前仍一無所悉，遑論人類。但假設某些男人經證實，確實帶有某種基因，預先下旨令他們去強姦，強姦的行爲能因此而被人類接受嗎？當然不可能！一旦徹底了解人類的演化以及遺傳過程，或許有朝一日我們就會明白人類爲什麼會是這個樣子。但是，這並不能告訴我們未來希望變成的樣子。

女孩們，倘若妳們想要知道強姦犯的共通特性，很抱歉，我無能爲力。在某些社群裡，強姦犯是徹頭徹尾的輸家。至於在別的物種，多半是已婚男人。還有別的物種，只要是男人，不分老少，無論主僕，都會動用暴力。完全沒有通則。那麼，女孩該怎麼辦才好？下列是我的自衛指南：

一、別招蜂引蝶，躲起來，不然就設法讓自己看起來不起眼。

二、別獨自離家，僱個隨從，如果做不到，就要跟別的女性黏在一塊兒。

三、避開成群遊手好閒的男人。假若他們聚集到妳非去不可的地方，妳就要算好時間，跟別的女性同時抵達當地。

四、攜帶武器。假如雌性武裝齊備，雄性就成了奴才。

第8章

地獄無潑婦

所以，

雄性打鬥爭吵，

而雌性則安享和平、和諧，

對任何人都慈悲爲懷。

眞是這樣子嗎？

親愛的塔提安娜博士：

我叫耶洛米，是隻紅冠水雞（Moorhen）。我們族裡，女性的暴力行為真讓人吃驚：她們不是寶貝，是野蠻人。只消輕輕挑釁一下，她們就跳到空中，用爪子互攻。她們怎麼會這麼粗野，而我又該怎麼做，才能叫她們不彼此殘殺？

諾佛克・想挽回淑女風氣的紅冠水雞
敬上

別擔心。大多數的物種裡，雌性都很明智，不會彼此殘殺的。而且，若她們眞的戰鬥到死，通常爲的也不是雄性，而是爭奪更重要的東西，比如房子之類的。即使在那種情況下，打鬥至死也是少有的事。偶爾會發生在薊馬（Thrips）這種小昆蟲族群中，他們呈黑色，翅膀有著看來像縮小的羽毛。某些澳洲種的薊馬，雌性有巨大的前肢，會爲了爭奪理想住處——刺槐樹（相思樹）的樹瘿，而打鬥到死。蟻后也很好戰。種子收成蟻（Seed-Harvester Ant）的蟻后們會合作創建領地，讓領地永續經營下去。幾隻蟻后合作建立領地，要比單獨一隻速度快，而且鄰居來襲時也較有能力抵抗。話雖如此，一旦領地看來運作無恙，蟻后們就開始劍拔弩張，爲爭奪控制巢穴而大戰，把對方斬成肉醬。然而，總體觀之，妳若是女性，殺死對手而能得到的報酬，比起妳自己被殺的風險，並不划算。

我並不是說女性絕對不會因爲爭奪男生而戰，任何只要待過女子學校的人都知道，當男生嚴重不足時，事情就會變得很淫穢了。這個問題通常只是暫時性的，例如無毛蠑螈（Smooth Newt），繁殖季剛開始，女生會發春而騷動，然而男生呢，因爲整個繁殖季的精子有定量，所以一開始先按兵不動。結果呢，反而是雌性毫無教養。蠑螈會把精子包放在地上，交配中的蠑螈夫妻，先生剛把精子包放下，就會有單身的女蠑螈硬插進來，把它偷走。但是到生殖季末尾，大部分女生都已無「性趣」，她們都交配過了，忙著下蛋，這個過程相當緩慢，因爲她們會把每顆蛋都用樹葉包起來，這時候輪到男生糾纏還守身如玉的女生了。與此類似的有一種名爲Kawanaphila Nartee、生長於澳洲的紡織娘（Katydid），體型纖巧，貌似樹枝，與蟋蟀、蚱蜢有血緣關係。繁殖季初期，女生迫切需求單身漢。原因在於這些昆蟲愛吃花粉，但是在早春時分大部分花朵都還沒綻開。男生求偶時，會分泌出美味的大餐，其中附帶自己的基因，這又引發另一個嚴重後果：大批饑餓的女生爲了搶吃大餐而急著交配，然而幾乎沒一個男生吃得夠飽，足以分泌出可口的食物。在這種情況下，只要有雄性摩擦自己粗短的翅膀，宣稱已備好大餐，就會有好幾隻母紡織娘跳躍而來，競奪交配的權利。然而，一旦花粉變得很充裕，一切就會恢復平靜。因爲吃飽了，女生們就不再對性事感到飢渴，儘管此時已經有更多男生有能力加入此一約會遊戲。

然而，這實在不算什麼。某些物種裡，雄性數目的短缺是一種常態。對於一種名爲Acraea Encedon的非洲珍蝶而言，公蝶短缺的問題相當嚴重。在某些地方，蝶群裡有九〇%以上是雌性。怎麼會如此?因爲他們感染到沃爾巴克氏體（Wolbachia）這種可怕的疾病。沃爾巴克氏體是種細菌，常見於昆蟲；它就像形體變幻不定的怪物，對於不同宿主會有不同的影響。對非洲珍蝶而言，沃爾巴克氏體就像新約聖經記載的希律王（King Herod），專殺雄性，在他們還處於胚胎發展期就大開殺戒。只要沃爾巴克氏體細菌大爲流行，公珍蝶的數目就會急遽減少。母蝶聚集成群，找配偶找到快發狂，只要見到任何一隻蝶，就會追上去看看是不是公的。

可喜的是，雄性短缺的原因並非都如此殘酷。在某些物種裡，雄性會協助照料子女，只是單一雄性是無法照料某一雌性生下的全部卵子或下一代。理想而言，每個雌性可能擁有不止一個配偶來聽其支配。然而，這個情形便會導致雄性短缺，以及雌性之間的打鬥。我們看一看產婆蟾蜍（學名爲Alytes Muletensis）的例子，他們身上有著橄欖色以及橘色的斑點，住在地中海馬霍卡島（Majorca）的峽谷裡。每逢傍晚，公蟾蜍就會躲在岩石中的暗處低聲吟唱愛情歌曲。準備下蛋的母蟾蜍就會唱歌回應公蟾蜍，找到公蟾蜍後，就跳到他家跟他見面。假如她喜歡他的長相，就會在他的口鼻部敲一下，對於產婆蟾蜍來說，這就意味著「寶貝，我們來做吧！」公蟾蜍就會從後頭攫住她，母蟾蜍就定位後，他就開始笨拙地挑動她的陰部。他倆有可能維持同一個姿勢好幾個鐘頭，偶爾稍微休息一下，而激烈的愛撫則可以進行一整晚。最後呢，母蟾蜍會全身抽搐，排出卵子，每顆卵子與前一顆之間，都有凝膠狀的細線相連結，貌似某種「窮人的珍珠」。當卵子出現時，公蟾蜍會用雙臂抱住母蟾蜍的脖子，釋出精子，然後開始擺動雙腿，像個發狂的體操員。怎麼會有這種怪異的舉止？原來他是爲了把那串卵子纏繞在自己腿上，然後就一直在他腿上，直到孵化變成蝌蚪。

這正是打鬥展開的原因。一旦公蟾蜍掛上一串卵子，在他把成熟的卵倒進水池之前，他不再能從事性愛。可能需要十九天到兩個月不等，實際要多久得看氣溫而定，氣溫低時，卵子發育得慢。然而，母蟾蜍每隔三週左右就會生產一串卵，她們必須找到雄性來照管；如果不能，那串卵就浪費了。所以，熟練的公蟾蜍就變成搶手貨，而母蟾蜍對於偷搶別人的男友，一點也不會感到羞恥。母蟾蜍會彼此角鬥，更經常闖入交配中的一對，由後頭抱住公蟾蜍，讓他無法順利的愛撫母蟾蜍外陰部，目的是盼望母蟾蜍對手會因公蟾蜍拙劣的調情技巧而倒盡胃口，憤而離去。

雄性負責照顧小孩，而每個雌性需要不止一位的雄性，以上種種的情形，經常導致雌性之間的爭鬥。正是如此，我才會對天性好鬥的雌性達爾文蛙（Darwin Frog）產生懷疑。這種綠色的青蛙有尖尖的鼻子，在智利森林的樹葉堆裡築巢，關於他們性生活的狀況我們不甚了解。不過，我們已經發現些許顯著的事實。母蛙每次會生下三十到四十顆卵。一旦孵化了，卵會擱在潮濕的泥土裡大約三個星期，此時，這些還在發育的蛙胚胎會活蹦亂跳地扭動，激起了公蛙的父愛。這種父愛很獨特，可能是獨一無二的：公蛙會把胚胎吞了，讓蝌蚪在公蛙的口腔囊裡長大。大約五十二天之後，爸爸張開嘴巴，像變魔法似地，小青蛙跳了出來。當公蛙的口腔囊裡塞滿蝌蚪，是無法唱歌來吸引更多配偶的，所以，孵蝌蚪眞是一大奉獻。日本梭羅魚（Japanese Cardinal Fish）的公魚也會把魚卵含在口中讓它們孵化；達爾文蛙的公蛙跟公梭羅魚可不同，他們不會在瞧見比原先配偶還性感的異性時，把自己的孩子吃掉。然而，因爲每隻公蛙只能照料約十五隻蝌蚪，所以母蛙每胎需要兩或三隻公蛙。另外，每隻負責孵化蝌蚪的公蛙有七週以上無法行動，可以想見的是，母蛙必定會激烈的競奪有能力孵化蝌蚪的公蛙。

即使光棍成群，女孩們仍然會爭鬧打架，只要有某些男生條件比較優秀，就無法避免這種事情發生。還是那句老話：大家都想嫁給能繼承大筆財富的有錢公子，沒人喜歡街角長滿粉刺的窮傢伙。耶洛米，你們族裡的女生就是這麼回事兒。你們族群裡的女生都會向個頭最小、長得最胖的男生拋媚眼；沒人要體格大而瘦長的男生。假使每當你走近，女生們就開始打架，你必定是長得圓圓胖胖，讓她們著迷不已。女生們怎麼會爲小個子胖傢伙而大驚小怪？因爲在紅冠水雞族群中，公雞擔任孵蛋的大部分任務。聽來好像不怎麼樣，但實際上這是很耗心力的。因爲繁殖季的操勞，公雞會失去光澤，疲累不堪。只有胖男生才能讓蛋保溫得久一些，而跟隨胖公雞的母雞，比起那些跟隨瘦老公的姊妹們，能產下更多窩的蛋。所以，爲肥胖的配偶而打架，也就值得了。那爲什麼是體型小的呢？因爲體格小才胖得快。對紅冠水雞而言，矮而胖才是帥哥。

親愛的塔提安娜博士好：

我是殯葬甲蟲（Burying Beetle）。我太太是我們一起在某隻花栗鼠葬禮上工作而結識的。我們一見鍾情，談了一場轟轟烈烈的戀愛，我想我找到了天堂。可現在她變成老太婆了。一天到晚不停的嘮叨，我片刻不得安寧，而且每當我晚上想倒栽蔥來放鬆一下，她就咬我，或者把我打得翻筋斗。我到底做錯了什麼，該受此報應？我又該怎樣才能擺脫她？

（加拿大）安大略省・厭倦麻煩吵鬧的殯葬甲蟲

敬上

你確定不打算再保有花栗鼠屍，不想再吃它嗎？你我心知肚明，都曉得公殯葬甲蟲倒立時，是爲了讓下腹部末端曝露出來，讓性感的氣味飄散到空氣裡。我懷疑你倒頭栽時，並不是想舒爽一下，而是打算勾引情婦吧？你說我亂猜也好，但這有可能是你老婆覺得你的舉止令她惱火的原因。

從她的角度來看。你們兩個爲了埋葬那隻花栗鼠，必定勞累了好幾個小時。花栗鼠要比你們殯葬甲蟲重上兩百多倍。假使你們夠幸運，屍體是倒在軟泥上，你們只要挖掘它底下的泥土就好了。但是，如果地面很硬，你們就得搬動屍體，可能得搬幾公尺，才能找到軟土地。一旦屍體終於埋好了，連螞蟻跟綠頭蒼蠅都無法找到，這時你們還得剝除它的毛皮，然後把它的肉塊揉成球狀，好讓你倆的小孩孵化而出、從花栗鼠屍體爬過來之際，可以餵養他們。幸運的小孩！再沒有比父母吐給你們的腐爛花栗鼠肉塊，更能提供你們生命所需的營養了。不妨想像以下的情景：蠐螬們坐在鼠屍上，踮起腳跟，像雛鳥般張開嘴，而你跟你的妻子啁啾作聲，彎腰下來餵他們吃午餐。只要想到這些蛆狀的小蠐螬，一點兒也不像他們體面好看的雙親，但是有朝一日他們也能像你們一樣，抖動漆黑油亮而有橘色扇形的翅膀，多麼讓人窩心呀！

可現在你，還有你倒頭栽的舉動，已經威脅到自己的幸福。沒錯，有小老婆肯定讓你受用無窮，你若能招引第二隻雌性搬來花栗鼠屍，你可能會有更多子女，然而那對你老婆而言可能是場大災難。有了第二個女人出現，還有她的一堆小鬼，這下子你老婆可能無力扶養她的後代。不僅因爲兩家子必須共享花栗鼠肉，所以可能不夠吃；另外，小老婆很可能會謀殺（然後吃掉）你老婆的子女（不過持平而論，你老婆同樣不會自我克制，也可能會將小老婆的孩子啃食殆盡，這是一個殯葬甲蟲同類相食的世界）。

許多物種的雌性的配偶若另有愛人，她就會處於不利的地位。有時，情婦會像母殯葬甲蟲，殺死元配的子女。例如麻雀（House Sparrow）和大葦鶯（Great Reed Warbler），有兩個老婆的雄性只會幫忙蛋先孵出來的母鳥，所以聰明的小老婆爲了確保自己能得到公鳥的協助，會把元配的蛋都打碎。然而事情也不一定都是如此的殘酷。通常元配之所以會有損失，純因好狎遊的雄性會留下超出她能力負荷的工作，以致於她無法扶養太多後代。另一種可能是，因爲小娼婦生下的小鬼會奪取食物等可貴資源，元配的子女便無法享用。不管理由是什麼，許多物種的雌性很討厭跟別的女人分享自己的男人，而且會不擇手段防止這樣的事情發生。

你可能已經察覺，詈罵、追打、讓男人不好過是不錯的方式，確保他沒時間搞鬼。母斑鶲（Pied Flycatcher）若逮到老公在應該工作的時候唱歌，就會毫不客氣地打斷他，叫他住嘴；公斑鶲若存心拈花惹草，一瞧見自己憤怒的老婆突然逼近，就會落荒而逃。

某些雌性如果覺得不安全時，不會怒火衝天，而是採取魅力攻勢。例如母的白頭翁（Starling）若注意到自己的配偶跟別的女性廝混，就會使盡全身媚功，不斷需索性愛。然而，不管她們是採用柔情攻勢或是謾罵侮辱來對付老公，普天下雌性對於可能勾引其配偶的同性的反應都相同，那便是仇恨敵對。例如生長於北美洲的北方澤鷹（Northern Harrier），母北方澤鷹會恐嚇有可能成爲自己對手的同性，而且要是潛在對手帶著食物飛行時，還會攻擊她。母藍山雀（Blue Tit）會俯衝攻擊對手，在半空中將她們擊落。母白頭翁除了用媚功纏著配偶之外，只要瞧見對手在附近徘徊，就會追上去把她趕走，然後再得意地唱著歌，讓小娼婦曉得老娘是誰。若她發現自己的配偶把他的東西拿去別的好地方築巢，她就開始動手用稻草、羽毛以及其他東西把空間塡滿，讓它看來像是被佔用，儘管她已經有自己的巢了。這時公白頭翁不得不把元配趕回自己窩裡，以免她追打可能變成小老婆的母鳥。

然而，公白頭翁的運氣還不至於像紅花慈鯛（Lamprologus Ocellatus）那麼背。這種魚居住在非洲赤道地區大湖之一的坦干伊克湖。由公魚把守領土；如同許多鳥類一樣，公魚領土的重要特色，就在於他能提供的巢穴地點。以紅花慈鯛而言，最好的地點就是空的蝸牛殼。你或許覺得不可思議，但這是眞的，二手蝸牛殼是很搶手的。許多生物認定蝸牛殼是很有用的屏蔽。寄居蟹是出了名的高度仰賴中古蝸牛殼，他們自己不長殼，長大了就從某個空殼換到別的殼去。然而要找到合適尺寸的殼非常不容易，而寄居蟹又很吹毛求疵，若中古蝸牛殼有洞，就算大小合適，他也不住，寧可擠在狹小的舊殼裡。從以下的例子，就可以了解舊蝸牛殼如何能成爲某個社群的中心。水螅（Hydroid）是一種生理構造相當簡單的動物，跟水母、珊瑚及海葵有血緣關係，他們偏好住在已有寄居蟹佔住的殼上。要怎麼分辨呢？寄居蟹跑路時比殼的原主速度要快，而未成年水螅會被寄居蟹移動的速度吸引。這種共生關係是互蒙其利的。水螅有強烈毒液，可以讓那些想把寄居蟹當三明治吃掉的動物卻步，所以某些寄居蟹會摘些海葵黏在自己的殼上。而水螅（或海葵）呢，則可以由自己的主人得到些許食物及保護，因爲寄居蟹會熱心予以捍衛。

在坦干伊克湖，至少有十五種魚類很需要二手蝸牛殼，好讓自己可在殼內產卵。大多數魚種的公魚無法遠距離移動蝸牛殼，所以只要附近能找到什麼就用什麼。只有一種名爲Lamprologus Callipterus的公魚可以長到十一公分長，而且可以輕易用嘴叼住貝殼，把它們帶回自己的領土（雄性和雌性之間的身材差異可能創下世界紀錄：母魚身長不到公魚的一半，體重更只有公魚的十四分之一。她們長不大的原因是爲了方便住進蝸牛殼裡）。最大隻的公魚會蒐羅一大堆貝殼，讓母魚來產卵。基本上，他們倒不忌諱蝸牛殼的出身，而且會彼此掠奪。所以，無怪乎體型較小的公紅花慈鯛只能用推的方法移動一個蝸牛殼，所以他要出去遊逛前，必定會把領地內所有的蝸牛殼都埋好；然後準備妥當，等候母魚的造訪。

假如有母魚駐足，彼此情投意合，他就會掘出一個蝸牛殼讓她住進去，直到她準備生蛋（假如幾天之內她未能下蛋，公魚就會把她踢出去。她把這當成什麼了，隨便什麼人都可以住的棲身之處嗎）。當她眞的下蛋時，會把蛋生在殼裡，黏在殼的內壁；公魚會前來授精，接下來她就一直待在殼裡，替受精卵扇風，保持空氣的流通及潔淨。一旦魚卵孵化而成，她跟小傢伙們就住在殼裡，直到小魚年紀夠大，可以外出見世面爲止。

母紅花慈鯛彼此看不順眼。無論誰先來公魚的地盤，都會盡力保持獨身時的光彩，逐走所有來串門子的其他母魚，不然就恐嚇她們。假如有第二隻母魚無論如何都要定居在這領地，她就得住進離對手遠遠的蝸牛殼裡。就算這樣，她仍是無時無刻不受到騷擾。妻妾互毆時，得靠公魚介入調解，把進犯者逐回自己殼裡才會停止；因爲兩隻母魚一小時內就會互攻好幾次，公魚必須花費許多時間維持和平。這也是沒辦法的事。只要一不留神，妻妾就會一直打下去，直到某一方搬走爲止。所以，男孩們，若你想跟不止一個女孩廝混，請謹記代表和平的中國字「安」。就是每個屋簷下只容待下一個女人。

雌性沒什麼特別武器，也很少爲爭奪男人而打鬥到死，破曉時拔槍決鬥也不是她們的行事風格。然而，你也不要就此認定，她們絕不會爲爭奪配偶而打鬥。雌性會打鬥的原因有：

一、自暴自棄——只要雄性數目不足。雄性短缺的理由不一而足，然而最有可能發生在由雄性全數或部分負擔子女照料責任的物種身上。

二、抱負——只要某些雄性明顯優於其他雄性。換句話說，雌性只跟最優秀的雄性交配，她們能擁有的子女數目，比起只跟條件差一截的雄性廝守的雌性爲多。

三、佔有慾——在由雌雄兩性組成配偶的物種裡，雌性會花費很多心血，防止配偶再去找別的愛人。爲了保障自己是唯一的地位，雌性會攻擊潛在對手，而且讓心猿意馬的雄性分心，或者緊咬他不放。

所以，男生們，假如你聽到有人說，女性的姊妹淘情誼和諧，好到無以復加，這些都只是宣傳技倆罷了。在大部分的物種裡，情況絕非是「眾所同歸，一人獨攬」。眞相是：每個女孩都只爲自己著想。

第9章

春藥、催情膏等其他丘比特庫存的處方

同性戀、新物種及催情膏等事物，
有共通點嗎？
假如你仔細看，
你會發現，
那些其實是兩性戰爭的產物。

親愛的塔提安娜博士：

我想我犯了可怕的錯誤。我失去了童貞，獻給了一個最近才從本地果蠅實驗室逃出來的男生。他的個頭比野生公蠅大，也更壞，他還說已對我施加符咒，所以此後我再也不能跟別人做愛了。您認為這有可能嗎？或者，一切只是他在胡扯？

（美國）聖塔芭芭拉・擔心自己中魔法的女果蠅

敬上

原則上，野生果蠅千萬不要碰從實驗室逃逸出來的同類。果蠅實驗室裡的實驗，花樣可多了，在裡面待過的果蠅誰知道會變成什麼怪物。至於實驗室會不會培養出具有超自然力量的情人，而那些魔力是無法在野外演化出來的呢？誘姦妳的那個傢伙說的有可能是實話。他是怎麼變成那樣的？為了了解原因，我們得更深入地觀察兩性的戰爭。

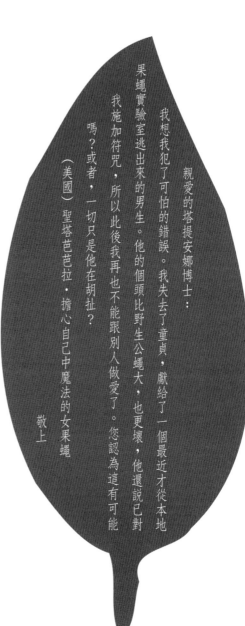

還記得嗎?雌性可以因爲跟好幾個雄性交配而受益，但是她的每位情郎都希望她不跟別人，只跟他交配。這時就產生了利益衝突，並引發了兩條不同戰線的演化戰爭。第一條戰線乃是雄性之間的戰爭，雌性的每個情郎都試著阻止她的舊愛新歡，而同時則避免自己被打敗。陰莖的多尖刺就是一種機關，這我們之前已經談過了。另一種方法，就是增加精子的數量，這我們也很清楚。不過，必定還會出現其他的方法。例如，雄性可能會動用化學物質，讓前任的精子喪失功能。不然呢，他可能設法讓自己的精子無法被移除。

同一時間展開的第二戰線，乃是由兩性之間的對決：他演化出操縱、控制她的技巧，而她則演化出反抗之道。有個常見而明顯的技倆，就是雄性試著不讓雌性有別的愛人，固定閱讀本專欄的讀者應該能回憶起貞操帶、雄性嚴格看守雌性不讓對手染指等手段。但是，這都只是小兒科。還有許多更怪異，甚至更狠毒的方式，爲的是讓雌性屈從於他們的意志。我們只要舉幾個例子：雄性會試著讓雌性一做愛完就增加排卵量。或者，增加她貯存自己精子的數量。不然呢，傳輸一種藥物用來抑制她的性慾，這是一種無形的化學貞操帶。或者，把「反春藥」塗抹在她身上，那種化學物質會讓她全身發臭，以致於別的雄性覺得反胃，不敢靠近。簡而言之，戰場上已經出現許多威力強大的武器。但是軍火庫裡的空間還大的很，不同的物種，必定會朝向不同的方向發展新武器；甚至相同物種的不同群落，方向也不盡相同。

精液，也就是讓精子進入妳身體的液體，成分相當複雜，內含許多化學物質，可以改變雌性的舉止。例如澳洲野地蟋蟀，精液內的化學物質會刺激產卵：野地蟋蟀的處女即使還沒交配，只要注射正確的化學成分，就會開始產卵。家蠅的精液至少包含有十二種活性蛋白質，其中有些作用有如麻藥，與母蠅腦中的受體結合後，就會令她性慾缺缺。果蠅的精液更爲複雜，含有八十多種蛋白質，其中大部分的功能至今依然成謎。不過我們知道，其中有些功能是讓前一任雄性的精子喪失活動力，同時讓自己的精子難以被移除。另有些化學物質則具有反春藥的特性。還有一種小小的化學分子叫做性胜肽，會刺激雌性產下五十顆卵子，並讓她排拒雄性。假如她中鏢了，一天之內有任何雄性想接近她，肯定會被毒打一頓。

雌雄同體的生物也要玩這種遊戲。請看蝸牛（Helix Aspersa）的例子，這種菜園蝸牛四處可見。交配中的每隻蝸牛都會向對方發射命運之箭：每隻蝸牛都有「愛的標槍」，既鋒利又尖銳，能刺穿愛人的皮膚。然後，那根標槍就會注入一劑黏液。黏液中的成分可以改變對方身體的雌性性器，加寬通往精子貯存室的通道，而且關閉精子消化腔的開口。這樣一來，當自己的精子抵達後，就可以存放在對方體內以備未來使用，而非被送到精子消化腔被摧毀掉。

然而，雄性對雌性有強大影響力的事實，並無法證明雌雄兩性有利益衝突。我們看紅鹿的例子。在繁殖期，公鹿大多數時間用在吼叫。公鹿的吼叫低沉而悠長，每一聲都是一口長氣。大家向來認爲，吼叫很單純，只是某種爭鬥的儀式，較量看看誰比較強壯。然而，如果唯一目的只是威嚇對手，已經妻妾成群的公鹿吼叫次數也未免太多了。基本上，他不分晝夜每分鐘至少吼叫兩次，也就是每二十四小時吼叫近三千次，其中還不包括爲了展現力量的額外吼叫。幾個星期後他就會筋疲力竭，這是可想而知的。話雖如此，那麼做是値得的。對母鹿而言，吼叫是一種春藥：置身在強力呼叫聲中的母鹿，比起沒有置身在吼叫聲中的同類更早發情。這不必然是惡意，只對他有利而對她無益。在繁殖季初期即懷孕的母鹿，來年春天生下小鹿的時間也較早，小鹿存活的機率也較高。如果對公鹿的吼叫有所回應，還可以提高母鹿在當季懷胎的機率。

如果要說雄性所採用的這些春藥、媚術是罪不可赦的，那麼，妳不僅得證明它們是一種惡意手段，還必須證明這種手段必定會遭到抵抗；換句話說，雌性會反抗。要證明這一點，可以安排地理位置相隔極遠的雌雄兩性去交配：假如雌性正在演化出抵抗雄性惡意手段的反制措施，妳可以料想到，雌性對當地雄性的抵抗力，要比對遠方雄性強得多，因爲她與他並沒有直接共同演化。比方家蠅，假使妳把分隔遙遠（比如來自美國及瑞典）的公母蠅抓來交配，母蠅對同鄉公蠅所製造出來的「貞節劑」較有抵抗能力，而對異國公蠅製造出來的，抵抗能力較差。

第二種（也更具說服力）揭露兩性戰爭的方法，乃是進行實驗，改變導致衝突的條件。我相信，當妳聽到科學家以果蠅進行這項實驗時，必定不會感到驚訝。

其中一項實驗，強行去除雌雄兩性的利益衝突。要怎麼做呢？將每個世代的配偶終生關在一起，讓雌雄雙方都沒機會跟別的異性交配。在這種情況下，妳可以預言，演化的結果是，雄性對雌性的操控減少，雌性相對而言也沒什麼好抵抗的，所以她們反擊的能力應該會減弱。可想而知，情形正是如此。如果強迫他們施行一夫一妻制，經過八十四個世代之後，再把公果蠅放回殘酷的交配戰場，他預防母蠅跟其他公蠅交配的能力，就明顯遜色許多。同樣地，實驗室放出來的母蠅，要抵抗公蠅的操控也脆弱得多；相較於歷經八十四世代雜交而產育下來的母果蠅，習慣一夫一妻制的母蠅會替自己第一任情郎生下更多的蛋，而且接下來要花費更長久的時間，才同意再度交配。

雌雄兩性利益被迫歸一的情形，偶爾在大自然也會出現，同樣是夫妻被迫永久監禁在一起。例如某些種類的蝦子，會不小心陷入「維納斯花籃」（Venus's Flower Basket）這種來自深海的玻璃海綿（Glass Sponge）當中。每個海綿形狀都像是有蓋子的羊角，身形骨架精巧、優美，呈格子狀。蝦子還未成年時來到海綿這邊，並爬進去，一旦開始發育，就無法再爬出來了。顯然他們是唯一被發現的一對，我懷疑他們把任何晚來的都殺掉了。沒人曉得他們是否演化出性愛和諧的生活，不過，從上述所歸納出的戰爭法則來看，情況應是如此。

回到交戰中的公母果蠅，在第二個實驗卻出現更爲驚人的結果。通常兩性間的衝突是很難清楚的顯示出來，原因是雌雄兩性的演化是同步進行。在第二個實驗中，交戰的一方，也就是雌性，被禁止反擊。靠著遺傳科技奇妙的力量，母蠅（非公蠅）被排除在演化之外。這樣公蠅就可以根據固定的目標調整自己，而非隨機動態的調整。在這種情況之下，母蠅就無法反制公蠅，公蠅的演化已經不受限於母蠅的反擊能力。反向的力量消失，公蠅就持續依循著對自己有利的方向演化。

實驗結果很清楚。恐怕不需要到四十世代，公蠅就會變成超級公蠅，有能力重新讓戰場洗牌。母蠅就很可能受這些傢伙誘姦成功，根本無力抵擋他們的進犯，即使母蠅仍接受正常公蠅的性抑制素（Sex Peptide）的刺激，結果仍是一樣。同時，超級公蠅更擅長引誘一夫一妻的母蠅，就算母蠅後來還是跟正常公蠅交配了，超級公蠅也有辦法讓自己的精子不被除去。更齷齪的是，超級公蠅可能會讓配偶喪命，因爲他們的精液已經變得有毒了。所以，假使妳的情郎是從這種實驗中逃出來的，我有充分的理由相信，他已經把妳的天然防護機制都破壞掉了。

這又引發了令人爭議的問題：假使人類男性在女性受到控制之下，單獨演化四十個世代，他們會不會變成危險而難以抗拒的超級愛人？非常令人好奇。

哈囉，親愛的塔提安娜博士好：

我是打岩洞海膽（Rock-boring Sea Urchin），很擔心自己已經變成過氣的老海膽。在我們族群裡，精子成為流行時尚犧牲品的現象，讓人觸目驚心：精子不斷變換外套。甚囂塵上的謠言說，那是因為卵子都是勢利鬼，只有趕得上潮流的精子才能獲准穿透入內。我要怎樣才能了解今年的時尚走向，而我有辦法改造自己的精子嗎？

夏威夷・亟思跟上潮流的海膽　敬上

謠言經常就是這樣，混雜了事實與幻想。你聽到的謠言也不例外。我先簡單說明一下好了。你當然曉得，受精的第一步是精子黏合到卵子。在你們族群裡（事實上是所有的海膽皆然），精子是利用稱作「結合素」（Bindin）的蛋白質而黏上卵子的。你聽人說精子會變換外套，指的是指改變結合素；沒錯，就造物計畫而言，結合素的變換相當迅速。但是，沒什麼好緊張的，快速是相對的。你那種牌子的結合素，就算你的外殼被暗礁攪碎的幾千年後，仍然不會褪流行的。

你可能會好奇，假如結合素的改變不是迫在眉睫，那麼大家爲什麼會大驚小怪？問題就在於，結合素是打岩洞海膽的身分印記。我可沒過度渲染。請看以下的例子：你們的近親長圓形海膽（Oblong Sea Urchin）也跟打岩洞海膽一樣，把卵子及精子釋放到海水當中。原則上，你的精子有可能會碰到他們的卵子。但假使它們相逢了，什麼事都不會發生：你無法讓他們那族的卵子受孕。原因是，你的精子結合素與長圓形海膽的卵子形狀不符。

那又怎樣？關係可大了！生育繁殖是物種的核心概念；實務上，定義一群生物是否屬同一物種，就看他們能否相互交配，繁殖後代。若有某種機制阻絕他們交互繁殖，就會衍生出全新物種來。例如兩個長時間隔絕的群體，通常會各自演化成新的物種。這也就是爲什麼孤立的島嶼以及湖泊（你可以把湖泊說成水做成的島，被陸地包圍起來）往往富含奇花異草的原因。

然而，新的物種也可能是因爲基本的生殖機制不相容而演化成，比如卵子與精子無法辨認彼此。我們就以你的例子作爲說明，如果結合素與卵子之間的互動發生改變，光憑這一點，就足以演化出全新品種的海膽。我們看看這是如何發生的。假設所有公的打岩洞海膽之間唯一不同的地方，在於他們產出的結合素。我們不要把事情說得太複雜，假設結合素只有兩種：A型與B型。再假設母的打岩洞海膽之間唯一的差別乃在於，她們的卵只能與某一型的結合素相容。若相容性強到某些卵子只能由帶有A型結合素的精子而受孕，反之，其餘的卵子只能由帶有B型結合素的精子而受孕，那麼打岩洞海膽就有可能衍生出兩個物種，但是每隻海膽的其他方面完全相同。

事情還沒發展到如此的境地，不過確實是往這個方向發展。公的打岩洞海膽的確製造出截然不同類型的結合素，而且卵子也的確偏好某一型的結合素。只是，這種相容性仍未強到足以排除其他類型的結合素。然而，假如結合素與卵子持續發生更多不同的交互作用，一切就會成眞。的確，這樣的過程似乎已經發生過了。假如你拿自己跟長圓形海膽相比，你會發現，你倆最大的遺傳相異點，其實跟主管精卵互動行爲的特質有關。在其他地方，你們幾乎沒什麼差別。所以，你可以了解，結合素的迅速演化的確是你們物種分家的原因。

同樣令人好奇的是，在許多其他生物中，與生殖有關的蛋白質，也就是牽涉製造精子、卵子及精液內含分子等等的蛋白質，同樣演化快速。眞的是很快。例如哺乳類動物，在卵子表層所發現的兩種蛋白質，在受精時都會跟精子產生交互作用，它們演化的速度有如快馬飛奔。在果蠅中，某一種可以決定母蠅未來的配偶能否除掉前夫精子的蛋白質，同樣是演化迅速。但是，演化速度冠軍卻是細胞溶素（Lysin），這種蛋白質能決定鮑魚的精子能否進入卵子；它的進化速度，要比伽馬干擾素（Gamma Interferon）快上二十五倍（伽馬干擾素是哺乳類免疫系統中很重要的蛋白質，也是迄今發現的哺乳類蛋白質中，進化最快者之一）。

這一點顯示了兩個很有趣的事實。第一，許多與生殖有關的蛋白質，進化速度快到超乎尋常。第二，此類蛋白質的改變是出現新物種的關鍵成因。總結來說，只要我們能了解與生殖有關的蛋白質「爲什麼」會進化得如此快速，我們就能明白物種源起的基本動力。
與繁殖有關的蛋白質會進化得如此迅速，有一點原因可能就是兩性交戰。這個理論肯定相當誘人。正如我們所了解的，陷入兩性戰爭中的雌性跟雄性，其實是投入一場高速變化的演化武器大賽之中。另一方面，如果某個物種的大部分雌性跟不止一隻雄性交配（這正是戰爭的先決條件），新物種崛起的速度，至少比起雌性只與單一雄性交配的族群，要快上四倍。
上述的發現是好的開始，而且是建立理論的好兆頭。然而，要直接提出任何明確的結論，未免言之過早。爲了要證明兩性戰爭正是驅使新物種崛起的原動力，我們必須提出證據說明，某一特定的雄性生殖蛋白迅速演化，會迫使雌性體內特定的生殖蛋白質也隨之快速演化，反之亦然。我們提出一個假設案例，假設海膽的精子正在進化，想更快速穿透卵子。由卵子的角度來看，那算是壞消息；能更快穿透，或許意味著能有一隻以上的精子進入卵子。然而，卵子可「不想」被一隻以上的精子穿透；因爲，如果有一隻以上的精子，胚胎就無法成形、發展。所以呢，卵子若能抵抗，不讓精子太快速穿透，就能佔有優勢。但是，直到現在，我們只知道一種（即細胞溶素）演化迅速的蛋白質，而且關於精子與卵子的交互情形也理解得差不多。同時，結果告訴我們：與其說這是一場戰爭，不如說是一場追逐戰。
我剛剛才講過的細胞溶素，即是決定鮑魚精子能否進入卵子的蛋白質，其演化速度之快，至今仍是世界紀錄的保持者。令人擔憂的是，鮑魚分裂成新品種的速度也著實驚人。所以，我們來看看卵子究竟發生了什麼事。鮑魚跟海膽一樣，是把成千的卵子跟精子釋放到水裡。每顆鮑魚卵子都是由一種名爲蛋黃素的纖維狀物質所包覆起來的。精子要進入卵子，必須在蛋黃素上打個洞。要打洞就得靠細胞溶素。所以，精子所攜帶的細胞溶素必須能夠附著到卵子包的表面。如果卵子表面的包覆物質產生變化，細胞溶素要想黏上去就很困難。假使細胞溶素無法緊密的黏上去，帶有該溶素的精子就無法進入卵子。所以，包覆卵子的蛋黃素若有任何改變，精子所攜帶的細胞溶素應該很快就會隨之改變。

事實證明，細胞溶素的確是因應卵子的改變而演化的。然而，卵子的演化則不是依據細胞溶素的改變，反而是隨意改變的。所以，事實是：細胞溶素苦苦追逐著卵子，想迎頭趕上。這著實讓人不解。細胞溶素演化速度之快，刷新紀錄，而卵子的變化卻是我行我素？謎底就在於卵子外包的本質。它是一種複合體，由數種成分組合而成，供細胞溶素黏著上去的特殊成分是一巨大的分子，稱爲「蛋黃質包之細胞溶素受體」（VERL）。該受體是由某一個重複二十八次的單體而組成。

單體重複經常會產生遺傳的問題。舉例來說，假設一枚基因含括一長串重複的相同字母（或字母對）。到了要複製該基因的時候，比如要製造卵子或精子，細胞的遺傳複製機制就會依循著去氧核醣核酸（DNA）分子的字母，開始製造基因複本。本來一切進行順利，直到複製機制碰到重複的字母，這項機制就會出現閃失，通常是漏掉字母，而且會意外地置入太多或太少的字母重複。情形就彷彿你要拷貝一串數字78787878787878787，沒有標點符號隔開，又不能回頭檢查。沒錯，這會造成可怕的災難。好幾種人類的遺傳病，比如通稱做杭廷頓氏症（Huntington's Disease）的癡呆症，就是因爲複製數字時意外出錯而造成的。

鮑魚的「蛋黃質包之細胞溶素受體」一例中，重複的單體相當龐大，不是每隔兩個字母就重複，而是每隔四百六十個字母再重複一次，所以不應該產生遺漏的問題。然而，卻會發生其他更怪異的事情。如果重複的單體很大，某一單體發生突變，便會逐漸散布到其他單體，這種負面過程叫做協同演化（Concerted Evolution）。發生這種情況的原因不明。但是，會有很嚴重的後果。假設「蛋黃質包之細胞溶素受體」二十八個單體中，有一個出現突變；再假設這個突變強到使得細胞溶素無法辨視出該單體。由卵子的觀點來看，這無關緊要，因爲每個「蛋黃質包之細胞溶素受體」的另外二十七個單體都還管用，所以不影響卵子受孕的機會。一開始由精子的觀點來看，也沒差別，因爲精子還是能找到未突變的單體而附著上去。但是，假如突變開始散布到其他單體，那麼，任何一個雄性如果能產出某版本的細胞溶素，可辨視出新單體，這個雄性就佔有繁殖的優勢。恐怕就是這種負面過程，驅使細胞溶素迅速演化，同時也是造成鮑魚分裂成新品種的原因。鮑魚的性愛與其說是戰爭，不如說是一場追逐戰。

這個結果並不會使「兩性戰爭是物種源起的成因」的想法因而失效。只是告訴我們，再取得更多數據之前，我們必須小心翼翼，千萬別驟下結論。至於海膽呢，我很抱歉，關於卵子這一邊，至今仍了解不多，所以我還無法判定你是性的戰士，還是在後苦苦追趕，或者是其他什麼之類的。假如我有新發現，我會告訴你的。

親愛的塔提安娜博士好：

我的海牛（Manatee）兒子模樣光彩奪目，我深深以他為榮。只是有一點很麻煩。他老是吻別的雄性。我該怎麼做才能矯正他？

佛羅里達珊瑚礁・不想看到同性戀的海牛媽媽　敬上

該要矯正的不是妳兒子，而是妳。所有動物裡，有同性戀是司空見慣的事情。請看侏儒黑猩猩（Bonobo）這種好色的生物（這個名字很奇怪，因爲他們的個頭兒又不比常見的黑猩猩小）。侏儒黑猩猩喜歡性愛，而母的侏儒黑猩猩也愛跟同性做愛。其中一隻母的侏儒黑猩猩抱著另一隻躺著，另一隻再爬到上頭，三隻一起摩擦生殖器。我們再看看生長於南極大陸、體型嬌小的阿德利企鵝（Adelie Penguins），公企鵝跟大部分鳥類一樣，是沒有陰莖的。然而，這完全不影響男同志的騙人勾當。有文獻記載，兩隻公企鵝彼此鞠躬，彷彿自己面對的是女性。接下來其中一隻企鵝趴下來，舉起鳥嘴跟尾巴，像是一隻風騷的母企鵝。另一隻公企鵝就跟他交配，在他的生殖腔裡射精。接下來角色對調。不然呢，我們看看海豚，瓶鼻海豚（Bottlenose Dolphin）選擇性伴侶的標準是很寬鬆的。人類經常瞧見公海豚跟海龜（他們把陰莖塞入被害龜殼背後的柔軟組織內）、跟鯊魚，甚至跟鰻魚做愛。鰻魚？沒錯，海豚的陰莖翹起來的時候，前端有個鉤子，許多海豚會用它來鉤住扭擰掙扎的鰻魚。所以，公海豚兩兩交配實在無足爲奇，他們把陰莖塞進對方的生殖器縫隙裡。亞河豚科的亞馬遜河海豚更過分，有時會把陰莖插入另一隻海豚的噴氣孔。所以，只是小小親吻一下，沒什麼好擔心的。

他們做這些幹麼？或許是喜歡吧。性喜群居的亞洲短尾獼猴（Stump-tailed Macaque）有粗短的尾巴，母猴騎在母猴身上也能達到高潮，就如同跟公猴交配一樣。或許，同性戀具備某種社交機能。例如在狒狒族群裡，公狒狒的同性戀行爲能促進團隊合作。互騎、撫弄彼此生殖器的公狒狒，更能合作對抗其他公狒狒。或者呢，同性之間的性交具有反社交機能。以小海鳩（Razorbill）爲例，這是一種貌似海鴨（Puffin）、居住在北方的藍黑色海鳥，公鳥騎公鳥是代表侵略。公的小海鳩可不喜歡被騎，也絕不要求被騎，有別的公鳥要騎他時，必定會全力反抗，他們不是打回去，就是跑開。被騎過很多次的公鳥會變得畏縮，不敢加入交配的競技場奮力搏鬥。

或許，同性戀活動是因爲自暴自棄。有人瞧見兩隻章魚在交配，他倆不僅性別相同（都是公的），而且來自不同種族，在這種情況下，自暴自棄是最合邏輯的解釋了。這些章魚居住在海面下二千五百公尺，而且照理來說，很難得會碰到其他章魚。人類對這些獨特的章魚幾乎一無所悉：那場交合是科學界頭一次知道世上有這兩種族群的章魚。不過，一般而言，公章魚的性器一旦發育成熟，通常也表示他活不了多久了。所以，假如配偶稀少，就不應該錯過任何可能成爲配偶的同類。有許多燕鷗族群，當公鷗數目稀少時，母鷗就可能相互成爲伴侶。多半是一對母燕鷗一起築巢，共同防禦巢穴，而且彼此協助孵化鳥蛋。不過，雖然這些母燕鷗也彼此互騎，就跟公鷗在一起時沒兩樣，但沒有一方會扮演「雄性」的角色。妳是不是覺得好奇，告訴妳好了，事實上，她們所孵的蛋，是當地公鷗跟別的母鷗交配受精而成的。如果全是雌性的伴侶，成功機率較低，孵出來的蛋比較少，比傳統正常的公母交配所養育出來的雛鳥也少得多。話雖如此，總是聊勝於無。如果沒有任何形式的伴侶，她們連一個後代也沒有。

在大多數的物種裡，同性戀無法繁殖後代，所以同性戀能持續下去，也眞是讓人費解。的確，這一點確實證明了同性戀無法遺傳。但事實上是可以的。由演化的觀點來看，假如符合下列三項條件中的任何一項，同性戀的行爲才眞的是令人費解。第一，這種行爲必定要有遺傳基礎。

假如沒有遺傳基礎，同性戀無法逃脫天擇的淘汰機制。第二，同性戀必定是排外的、非雙性戀的。換句話說，那些耽溺同性戀行爲的個人，必定是終生不想有後代的單身漢或老處女。如果他們有了後代，那麼同性戀的基因能存活在人群當中也就無足爲奇了。第三，喜好同性戀的人必須在整體族群當中佔有相當比例。假使同性戀行爲相當少見，就可以視爲偶發事件。但假設同性戀的情形很普遍，那麼就算具有同性戀基因的個體無法繁殖，一定有其他重要的原因，使得同性戀成爲常有的現象。

好了，這三項條件都符合嗎？我們先看第一個條件，我可以立即回答說，我們對任何生物的同性戀遺傳基礎實在所知不多，遑論是海牛了。至於人類，關於同性戀行爲的基因研究，迄今都還沒有結論。某些研究說，發現其中有所關連，有些則否。不過，在果蠅之中，某些基因突變確實會影響果蠅是否有同性戀的傾向。有些突變會使得公蠅求偶時不分公母。另有些突變則會使得公蠅只追求公蠅，若把幾隻公的放在一起，他們會排成圓圈彼此追求。更怪異的是，某個基因突變會使得公蠅在電燈點亮時，產生雙性戀行爲，但把電燈關掉，也就把他們的慾火給按熄了，因爲這些公蠅不喜歡在黑暗中做愛。當然，要由果蠅的證據推論到人類或海牛，實在很困難。但是，我敢打賭，哺乳類的同性戀傾向必定具有某種遺傳基礎。

至於條件二，同性戀者排斥異性戀到什麼樣的程度，我們知道的就更少了。在今日人類社會中，尤其在西方國家，某些人無疑是終生不沾染異性的同性戀者，然而這種情形有多少，沒有人知道。要求結婚或留下後代的社會壓力，使得許多同性戀傾向強烈的人最後還是生兒育女了。至於在別的動物裡，我們就更不敢說了。沒聽說過海牛只愛同性的。但是，在被抓來豢養的野生日本獼猴（這種猴子很會利用尾巴長的優點，母猴經常用尾巴來摩擦陰核）當中，有時公母猴會打架，只爲了跟某一位萬猴迷的母猴交配。以人類豢養的野生恆河猴爲例，有時公猴寧可跟同性肛交，也不跟母猴交配。然而，若有機會可以選擇，這些公猴是否仍會維持斷袖之癖，寧可不生養後代，則不得而知。

至於最後一個條件，就是同性戀行爲的普遍程度？我們對任何動物（同性戀頻率）的眞實情況都不清楚。即使在人類當中，要調查純粹同性戀的普遍情況，本身就是一個大問題。

只是，爲了提出合理的論述，我們假設至少有某些物種，完全符合這三項條件：同性戀會遺傳、不會成爲雙性戀、相當普遍。是什麼原因讓同性戀基因不會消失呢？不然，我們用更正式的口吻來說好了，同性戀基因如何在族群中保存下去？

傳統的解釋是說，假如同性戀者努力增加自己親戚的生殖成功率，自己的基因就能流傳下去。這是因爲有血緣關係的人有一定比例的基因是相同的。例如雙生子，基因全部相同。孩子則是繼承來自父母各半的基因。非孿生而父母相同的兄弟姊妹，則平均有半數基因相同。（我說「平均」，是因爲每個子女由父親及母親各得一半基因，然而此半數基因是隨機取得的。）堂兄弟姊妹，平均有八分之一的基因相同。以此類推。

這種情形說明了，你不必然得去生兒育女才能傳布你的基因。你可以全心全意協助你的親戚傳布他們的基因。這也可以解釋許多生物爲何表現出利他的行爲，比如螞蟻、蜜蜂及胡蜂，有些終生做牛做馬，爲全族的福利獻身，而自己卻從不生兒育女。然而，沒有證據指出，同性戀等同於間接散布基因的方式；在某些鳥類及哺乳類動物中，確實有兄姊協助父母照料弟妹的情形，但沒有證據顯示兄姊就會有同性戀傾向。相反地，他們一般會在下個繁殖季自行成家，生養後代。

有科學家稍微修正了上述的想法，他們觀察動物社交生活的另一個層面。生活於高度組織化群體中的動物，如白蟻、槍蝦（鼓蝦）、狼、無毛地鼠（Naked Mole Rat），只有少數成員才可傳宗接代。其他成員都是不生育的工人。至少在狼及無毛地鼠的案例當中，工人成員不生育的原因不是因爲他們生理上無法勝任，而是因爲主宰團隊的「國王及王后」壓制了他們的生殖衝動。原則上，在白蟻群落中，同性戀有可能是因爲生殖力遭到壓抑而演化出來的，同性戀的成員雖然跟貴族戰士同族同血源，但卻被貶爲無法生育的賤民。這種說法適用於那些必須合群生活以求生存的生物，因爲天擇的作用是施加於生物群體，而非群體中的個體。若以天擇的標準，如果擁有同性戀個體的群體，比起沒有同性戀個體的更有生存優勢，那麼同性戀的特性就會維持下去。舉例來說，同性戀成員從事的活動，諸如打獵或者爲保衛群體不遭鄰居侵略等活動，若是對整個族群有益的，這種論述就很有效。只是，沒有證據證明這種說法可以解釋任何一種族群裡的同性戀行爲。此外，這種說法在理論上有瑕疵。除非所有的群體成員同時也是同一家族的成員，例如白蟻、槍蝦（鼓蝦）、狼、無毛地鼠，不然壓抑生殖的權力基礎會相當薄弱。畢竟，與統治階層毫無親戚關係的個體，沒有理由任憑自己的生育受到壓抑。

另一種說法是，如果同性戀基因是天擇的結果，就會保存下去。這會出現兩種情形。第一種通稱爲異質優勢（Heterozygote Advantage）。假設某一基因有兩種可能的型態。你的基因都是成對的，父母各提供一個，你的成對基因可能都是第一型，或者第一型、第二型各一，或是二份都是第二型。遺傳學家表示，第一型、第二型各一，要比兩份都是第一型或第二型，更佔有異質優勢。教科書上以人體對瘧疾的抵抗力做爲範例。血液中的血紅素負責攜帶氧氣流向全身。血紅素的基因會出現變種，通稱鐮形細胞（Sickle Cell），血紅素分子一旦釋出氧氣之後，就會變形。假如你血紅素的基因一式兩份都是鐮形細胞，你就會嚴重貧血。此外，如果沒有接受徹底的治療，你將活不了多久。但是，假如你的血紅素基因裡僅有一份爲鐮形細胞，你對瘧疾就有抵抗力。唯一的缺點（蠻嚴重的），即使雙親都對瘧疾有抵抗力，但是生下來的小孩中，四分之一有可能因鐮形細胞貧血病而喪命。

我們把這個概念運用到同性戀行爲。假設某特定基因有兩種型式。若成對的基因皆爲第一型，你就是普通的異性戀者；兩個都是第二型，你就是同性戀，由遺傳觀點來看，即爲不孕。如果第一型第二型各一個，你有可能享有顯著的優勢，例如有可能是生育力很強的異性戀者。對我而言，這種理論不可能完全解釋同性戀行爲，理由有三。第一，異質優勢仍缺乏可資佐證的範例。第二，就以瘧疾爲例，擁有異質優勢可以讓你免於病死，但由演化觀點來看，如果你要生育，代價就是有四分之一的子女會病死。然而在同性戀的案例中，若考量到天擇因素，很難想像擁有異質優勢的人，可以因此彌補一定比例後代變成不孕所造成的損失。第三，同性戀根本不可能只由單一基因控制。

我設想出另一種說法，說明同性戀基因有可能因爲天擇的結果而得以保存，這是透過兩性之間陰險狡猾的衝突形式來解釋。挑明來說好了，假設有些基因能使某一性的成員產生同性戀行爲，卻賦與另一性別的成員強大的生殖力。理論上，這種說法言之成理。我們都知道，對某一性有利的基因可以傳布開來，即使它們對另一性有害。在某些環境下，就算此類基因對某一性的利益不大，對另一性的損傷卻很大，基因還是可以散布出去。所以，假設有枚基因如果出現在雄性身上，就會導致排他性的同性戀，若發生在雌性身上，卻會形成非凡的生育力。如果是這樣，基因就可能存活下去，甚至可能散布開來，儘管它對雄性的生殖不利。其中牽涉到的基因數目越多，這種機制聽來就越合理。接下來我們甚至可以認定，雄性及雌性的同性戀者，乃源自不同組別的基因。

然而，先別管理論，有無數據可以佐證？雖然結果與同性戀之間的關係並不顯著，不過有實驗證明某些組的基因對某一性有利，卻對另一性大有害處。同樣的，本實驗使用的動物是黃果蠅。科學家運用最新的基因科技，利用基因完全相同的公蠅的精子，讓採自不同母蠅的卵子受孕。受精卵孵化後，所有的果蠅不分公母，有一組基因是相同的，而有一組的基因不同。將這些果蠅拿來跟隨意選取的普通果蠅相比，科學家就能評比出擁有某一特定基因組別是否有利。第一點，先就蛆的角度考量（由能否長大成年來判定），接下來則由成蠅的觀點來看（由能擁有多少後代而定）。

科學家測試了四十組不同的基因。結果讓人吃驚。首先，能協助幼蟲成功長大為成蠅的各組基因，對於公母都有好處。這一點很容易解釋：幼蟲時代生活所需的條件不論性別都相同。然而對成年果蠅而言，有利公蠅的基因組別，與有利母蠅的基因組別，卻大大不同。的確，對某一性有利的基因，可能對另一性有所傷害；好處越多，相對的損傷也就越大。

這些結果顯示，我所提出的用來解釋同性戀行為的理論至少聽來合理。然而，除此之外，基因對某一性有利卻對另一性有害的說法，似乎意味著，不管你是果蠅、人類或海牛，兩性戰爭恐怕是一場無可避免、無法和解、無法停止的衝突。

女孩們，當妳要拋棄某個情郎，而跟下一個情郎上床時，先休息片刻，思量一下，因為妳的情慾有可能引發數不清的演化災害。在妳香夢沉酣於他的懷中時，想一想，此時正在運作的多種武器。而且，想像一下，那些武器會與時俱進，逐步改良。仔細考慮看看，妳跟妳的男人們是否不小心正參與了創造新物種的緩慢過程，而且，祈禱神保佑妳的基因有利於妳的性別。唯一可置身於這種戰爭之外的生物眞是少之又少，他們是眞正的一夫一妻制者。下一章我們將轉而描述他們的故事。

第10章　大限來時始分飛

眞正的終身廝守、
大限來時始分飛的愛情故事，
在自然界幾乎聞所未聞。
誰才會這樣？
而在怎樣的環境下才可能演化出這種制度？

親愛的塔提安娜博士：

我跟我先生結婚多年，向來忠貞不渝，所以妳專欄裡寫的內容，我們讀過之後甚為震驚。我們身為黑兀鷹（Black Vulture），從來沒犯過那些妳慣常鼓吹的令人嫌惡的作為，而且，我們認為別人也都應該這麼做。我們建議妳提倡忠貞，不然就住嘴吧！

（美國）路易斯安那州・家庭價值改革兀鷹

敬上

請謹記：會不會噁心，要看觀眾是誰而定。而且，恕我冒昧說一句，吃腐屍的行爲在某些圈子裡同樣被嫌惡。然而，妳抱怨我沒有提倡、甚或討論一夫一妻制，坦白說，眞正的一夫一妻制其實很罕見，罕見到幾乎成了生物界的異數。

告訴妳事實好了。直到一九八〇年代以前，人類相信九〇%以上的鳥類，至少在繁殖季維持一夫一妻制，而且認爲許多配偶是終生結伴。然而，基因技術的進步、父系鑑別術的發展，這種說法早就不攻自破。神聖的光環褪色，像是生鏽的鐵圈。而且不只鳥類如此，只要深入觀察其他著名的一夫一妻族群，諸如長臂猿（Gibbon），就會發現他們也一樣，根本不是外表所見的那般聖潔。直至今日，只要動物成對生活，就被視爲是採行一夫一妻制的社會了，但這與他們的性生活無關。如果眞的發現有基因遺傳的一夫一妻制，那可成了頭條新聞了。

所以，有誰上得了頭條呢？基因測試指出，有少數如你們兀鷹的物種，配偶似乎永保忠貞。我說「似乎」是因爲很少有報告的內容涵蓋超過一個生殖季，或者研究對象超出幾十個家庭。如果有更多資訊，恐怕一切將全然改觀。然而，儘管有這樣的風險，至今所收集的基因資料卻顯示，寒鴉（Jackdaw）這種看來像小型烏鴉、有灰色頭頂羽飾的鳥兒，是眞正的一夫一妻制。頷帶企鵝（Chinstrap Penguin）、長耳鴞（Long-eared Owl）都是動物界的模範。非洲最小羚羊之一的喀氏小羚（Kirk's Dik-dik）似乎也是。加州鼠（California Mouse）也有絕佳名聲。有些白蟻也是忠誠的好情人。然而，除了極不尋常的例子之外，他們沒有任何的共通點。所以，讓我們往後退一步，仔細思索，要到何時，男女廝守終生的一夫一妻制，才會演化成爲某群生物的成員所依循的不變策略？

我先簡短地回答一下，只有當一夫一妻制同時符合雄性與雌性的最大利益時，才有可能演化成某群生物成員的生殖策略。換句話說，只有當忠貞不渝的族群成員，比起花心大蘿蔔，能留下更多子孫，一夫一妻制才能屹立不搖。忠貞不渝的情形之所以少見，原因是它很難符合某一性的利益，遑論兩性了。

關於某些物種出現一夫一妻制，常見的說法乃是雌性無法單獨扶養後代。這種情形我稱爲賢妻理論（Good Wife Theory of Monogamy）：雌性都堅守美德，必定讓雄性沒有機會偷腥。想搞三捻四的傢伙找不到蕩婦淫娃，因爲每個女性都絕對忠於自己的配偶，害怕沒有他協助照料子女。換言之，一夫一妻制是雌性的陰謀，用來箝制雄性。

然而，這套理論無法適用全體。首先，它假設雄性如果有辦法就會去勾引雌性，而忠貞不貳事實上不符合他的利益。但我們很清楚，這種假設通常是錯的：性忠貞反而合乎雄性的利益。第二，即使雄性不幫助雌性養育子女，一夫一妻制也會演化出來。請看喀氏小羚的例子。公羚從來不幫忙自己的配偶，只是不管她去哪兒，都跟隨在後。但是，如果遇到可能危及自己後代的掠食者，他就束手無策。非洲獵鷹有能力抓起喀氏幼羚，而無法捕捉成羚，然而只有母羚才會對老鷹的唳鳴有所回應。

賢妻理論的第三個問題，在於雌性雖然需要雄性的協助，卻不保證她會忠貞。請看粗尾侏儒狐猴。這種小型夜行性靈長類動物的體格不比松鼠大，居住在非洲馬達加斯加島。在旱季來臨的七個月當中，粗尾侏儒狐猴會「冬眠」，蜷曲在樹洞裡。跟其他冬眠動物一樣，他們會先進食增胖後，再「熄燈睡覺」；他們把脂肪存放在尾巴的基部。在ＤＮＡ測試盛行之前，他們被視爲一夫一妻的模範。公猴母猴成對住在一起，夏日時分一起打盹兒，消磨時間。公猴會在母猴休息或去採集食物時，照料小猴，當起奶爸。母猴單靠自己是無法養大後代的。然而，基因測試顯示，不忠的狀況甚爲猖獗，公猴協助養大的小猴，經常不是自己的骨肉。當然，這並不意味著性忠貞跟夫妻合力撫養子女之間，完全沒有關連。然而，性忠貞與合作撫養後代兩種行爲之所以會同時出現，一夫一妻制通常是起因，而不是賢妻理論所說的是結果。

我們現在來看看其他聽來更合理的一夫一妻制演化方式。假設雌性數目不多，相隔又很遙遠，那麼雄性找到老婆之後，最好跟她廝守終生，讓競爭對手卻步。的確，假如雌性分散在各地，那麼下列兩項因素中的任何一項，都會使得長期的一夫一妻制對雄性格外有吸引力。第一是假如離去的風險很大，也就是說，假如要去找另個女伴，可能得長途跋涉，而且旅途危險重重。風險越大，維持一夫一妻的誘因就越大。我把這種情形稱爲危險理論（Danger Theory of Monogamy）。第二項因素是，假設雌性的生殖間隔很短。如果你的女人很快就能再生育，那麼出外遊逛實在毫無道理，不管風險多大多小，這便是除外理論（Pop-'Em-Out Theory of Monogamy）。

蘇卡達螳螂蝦（Lysiosquilla Sulcata）是很好的例子，他們通常會埋伏起來，用駭人的前螯刺穿路過的魚類。就他們的例子可以看出，危險確實會促成恆久的愛情。雖然這個案例的遺傳因素尚不得而知，但一夫一妻的環境因素卻極爲顯著。螳螂蝦自青春期開始配對，然後每對在多砂的海床上建立巢穴。因爲這些螳螂蝦是由巢穴隱匿的洞口往外刺捕獵物，所以不必現身洞外，螳螂蝦夫妻之一會藏身守候，只有眼珠連柄突出在外。事實上，離開巢穴不啻被宣判死刑。多數螳螂蝦身披甲冑，但是蘇卡達螳螂蝦卻沒有。他們身軀柔軟，便於穴居，但對掠食者毫無抵抗之力。而且，就算有隻蘇卡達螳螂蝦成功游過海床，沒被吃掉，還是沒有辦法成功蓋新巢。爲了防止自己的巢穴塌陷，蘇卡達螳螂蝦會用自己生產的凝膠來固定海砂。但到了成年期，他們就喪失生產凝膠的能力，所以，任何想脫離婚姻關係的蘇卡達螳螂蝦，都無法離開巢穴，另起爐灶。所以，不管家庭關係是否已由只羨鴛鴦不羨仙，轉變成相看兩相厭，還是留下來別走比較好。

現在，我們來看另個例子。女孩幹麼要容忍有個蠢蛋在身邊打轉？男孩們要想逢迎巴結的方法之一，就是幫助女性。假如雌性有個雄性在旁好處多多的話，她是不太可能把他甩掉的。例如說，他能幫她守護領土。不然呢，他可以幫助她照顧子女。短尾倉鼠（Djungarian Hamster）的公鼠就是用這種方法讓自己有用。短尾倉鼠住在蒙古乾燥地帶，靠吃草籽維生。他們會把草籽含進兩頰的嗉袋，回到巢穴後，再用前掌推開嗉袋，讓種籽掉出來。公鼠是非常體貼的父親，他們會親自替胎兒接生（目前唯一已知，會把這件事當例行事務來做的就只有他們了），幫忙幼鼠脫離母鼠產道，把幼鼠的鼻孔打開讓他們呼吸，還把他們全身舐乾淨。除此之外，他還會把胎盤吃掉（這件妙事通常是保留給雌性的）。母的短尾倉鼠奉行排外理論，彼此分開來生活，活動範圍不會重疊。而且她們很能生，每次生個一到九隻，一年之中可以生下十八隻幼鼠。相形之下，她們的表親西伯利亞倉鼠，每年當中只有少數幾個月能生育，而且公鼠完全沒有父愛，也不屑於一夫一妻。

要演化出一夫一妻制，還有沒有別的方法？當然有啦。一夫一妻制的生物對自己配偶以外的任何動物通常都很兇殘。一般人都認爲，因爲他們採行一夫一妻，所以性情兇殘。但有時情況是，他們因爲兇殘，所以才轉變成一夫一妻制。我們不妨假設，對待同性兇殘的個體，比起較爲和善的個體，能擁有更多後代繁衍下去。那麼一夫一妻制便是兇殘所導致的副作用。這叫做病態人格理論（Sociopath Theory of Monogamy）。有件事或許可資佐證，請看斑節蝦（Banded Shrimp）的例子。這種動物看來像糖果，觸鬚長長白白的，像拉長的糖絲，身體跟螯爲白色，但有大而紅色的圓條包圍著。基本上，他們成對生活，彼此餵食，而且在配偶蛻殼時會擔任看守警衛。但是不管夫或妻，對待別的同性蝦子都很兇殘，而且會跟他們打鬥到死。我知道有人倒是樂此不疲。

不然呢，要是配偶中不管是先生或是妻子背叛、遺棄對方，雙方都無法繁衍後代，此時也可能促使一夫一妻制興起。這叫做相互保證毀滅理論（Mutually Assured Destruction Theory of Monogamy〔譯注：Mutual Assured Destruction，這片語源自冷戰時代，美蘇互以大量核子彈道飛彈瞄準對方，恫嚇對方若先發動攻擊，必將反擊，而且保證雙方會兩敗俱傷，因此任一方要動手攻擊前必須謹慎三思。這片語縮寫成MAD，恰與英文字「瘋狂」不謀而合〕）。犀鳥情侶就是相互保證毀滅的例子。犀鳥在全亞洲及非洲都看得到，體型跟模樣各異，大約有四十五種。他們的鳥嘴大而彎，頂端有個角質硬盔，很容易便能跟別的鳥類區別開來。儘管目前並沒有遺傳證明，不過犀鳥採行一夫一妻制的證據非常明顯。公鳥及母鳥彼此仰賴，以確保成功生育後代。繁殖週期伊始，母鳥就爬進穴洞，接下來由她或公鳥把出入口封起來，只留缺口，讓她的鳥嘴可以伸出來。母鳥產卵及孵蛋時，由公鳥負責餵食；一旦雛鳥孵化了，他還得爲全家人覓食。這件工作必須要有極大耐心，比如花冠皺盔犀鳥（Wreathed Hornbill），母鳥可能停留在穴內達一百三十七天。她開始產卵後，身上的飛羽很快就會蛻褪下來，所以，假如公鳥不見了，整窩雛鳥跟母鳥都會餓死。這跟某些人預料的剛好相反，之所以會演化出這種安排，倒不是爲了預防母鳥紅杏出牆，而是保護巢穴跟雛鳥不被掠食者攻擊。

然而，並非所有奉行一夫一妻制的生物，每碰到同性成員就想把對方宰掉，或與配偶一起待在空樹幹內好幾週，或分散在窮山惡水之地，或撫育出車載斗量的後代。舉例來說，寒鴉通常形成群落共同生活，要勾引鄰居的配偶，機會多得是。然而他們似乎不佔這種便宜。其中的原因並不清楚，但我猜想，可能是相互保證毀滅理論在發酵。寒鴉雛鳥很難撫養；歹年冬裡，八○%的成鳥夫妻很難養大雛鳥，所以雙親必得投注全副心力在自己的家內事；不管是誰，浪費時間在外鬼混，肯定會見到自己的家庭破碎。經驗也是其中要素；某些可以活上好些年的物種（寒鴉亦然），如果跟自己熟稔的配偶合作，能大大提高繁殖的成功率。例如小天鵝（Bewick's Swan

〔譯注：又稱鵲鳥〕），與配偶結褵越久，養育後代的成績就越好。

黑兀鷹呢？黑兀鷹搭蓋巢穴時，的確傾向彼此離得遠遠的，而且面臨要保衛巢穴的危急時刻，領土意識更爲強烈。但是他們仍有充足的機會碰到外遇對象，所以領土意識並無法完全解釋他們的忠貞不貳。黑兀鷹夫妻之一在孵蛋時，另一半就會去覓食。黑兀鷹經常可以在動物腐屍畔碰到自己的同伴，甚至在憩居地也是如此。然而這些鳥兒似乎有著優良的社會傳統，促使每個成員保持忠貞。顯然黑兀鷹堅持做愛只能在巢穴私密處進行，不能容忍淫冶的行爲出現在大庭廣眾之下。假如年輕的黑兀鷹懵懂無知，居然想勾引別的鳥兒，這個可憐蟲就會遭到附近的其他黑兀鷹痛毆一頓。誰會想到，黑兀鷹竟是如此的貞烈？

親愛的塔提安娜博士：

唔，該怎麼說好呢？我是膚質光滑、體態婀娜的年輕加州鼠，而且目前正是春情盪漾的時候。但是住在隔壁的那個男的怎麼一點兒都沒留意到我呢？他老婆又老又醜！他絕不可能還愛著她。唉，他怎麼會那麼沒情趣呀？

加州柏克萊・很失望的母鼠
敬上

不管他們的老婆多老多醜，公的加州鼠是不會受到媚惑而丟下糟糠之妻的。一旦這些沒情調的（誠如妳對他們的稱呼）公的加州鼠有了伴侶之後，即使把他跟發情中的處女關在一起，仍不會對老婆不忠。所以，假如妳要男人的話，得去找單身的。妳的運氣眞背呀！

不過，妳可能想知道，妳的鄰居爲什麼會有聖人般的舉止。我猜想，他的本性中就沒有不忠兩個字，所以他是反羅薩利歐（調情聖手）的生物。他如何演化至此，其實不難想像。近代的加州鼠是眞正的一夫一妻配偶，忠貞廝守，直到配偶過世爲止。然而，假如妳仔細觀察一下他們的近親，就會瞧見各種好色放蕩的勾當。所以，如果妳認爲這些道德無瑕的齧齒動物的祖先輩其實性好雜交，是完全正確的；他們的祖先眞的是淫穢之輩，吱吱歡叫於不同床第之間。

假如妳一直讀我的專欄，妳一定曉得，某動物族群會由雜交成性，演化成一夫一妻，但先決條件是，忠貞的配偶永遠能比放蕩的成員傳下更多後代。一旦出現這種情形，而且假設一夫一妻制有遺傳基礎，那麼與一夫一妻相關的基因就會傳布開來，最後族群裡每個成員都會擁有那些基因（但是，請注意，影響雄性及雌性忠貞行爲的基因，不一定要相同）。所以，有可能（事實上我應該說極有可能）妳口中說的沒情調傢伙，具有偏向一夫一妻特性的遺傳基因。

有關你們加州鼠的情形，我能說的只有這麼多了。至於，有資格跟你們爭奪「超級美德齧齒動物」頭銜的大草原田鼠（Prairie Vole），科學家已著手釐清他們一夫一妻制的遺傳基礎。所以，我們簡短的說明科學家在公鼠身上所發現的事實。

當雄性田鼠碰見雌性田鼠，而且兩鼠決定廝守終生時，締結關係的方式是，二十四小時內在任何地方交配十五到三十次。此後愛侶相偎相依成長，摟抱而眠，相互梳洗，一副你儂我儂的恩愛景象。而且不止如此，公的大草原田鼠在喪失童貞之前，原本性好和平，不喜打鬥，然而在初夜激情之後，他的人格就有了轉變。現在只要他見著任何大草原田鼠，不分公母，凡是非其配偶的，一定會猛烈攻擊。到底是什麼原因讓他改變了模樣？

是性愛。公的大草原田鼠在性交時會釋放出血管加壓素（Vasopressin，又稱血管緊張素），這種荷爾蒙會跟腦中的特殊受體（即血管加壓素Via受體）結合，而改變他的行爲。我們之所以知道是血管加壓素在作用，是因爲假如把化學物質注射入已交配過的公大草原田鼠，阻止血管加壓素跟腦中受體結合，那麼他的舉止就跟嘗試性愛之前沒什麼兩樣。但如果顛倒過來，把血管加壓素注射入還是處男的大草原田鼠，他的舉止就會像已交配過的公鼠。

眞是好用的東西！然而，如果有女孩想用血管加壓素來施打在自己男友身上，我得先聲明，這種技倆並非對每個人都有效。雖然血管加壓素在所有哺乳類身上都找得到，但是它對不同物種卻有不同效應。爲證明此點，我們看看大草原田鼠的近親高山田鼠（Montane Vole）的例子好了。高山田鼠性好雜交，不組成固定配偶，愛人們很難得結伴坐著或者替對方梳洗，而他們的性行爲既沒有感情也不殘暴。若把血管加壓素注射進公的高山田鼠，他不會去打鬥，反而會把自己梳洗一番。

對血管加壓素反應不同，顯然是因血管加壓素Via受體在大腦中的分布方式不同，兩種不同的生物，分布方式差別很大。令人好奇的是，要製造出大草原田鼠的受體分布非常容易。只要拿隻老鼠胚胎，再拿出內含指令能建構出大草原田鼠受體版本的基因。兩項結合在一起，就會長成一隻帶有大草原田鼠基因的普通老鼠。當老鼠胚胎長爲成鼠之後，他的血管加壓素Via受體就會依大草原田鼠的型態來分布。如果爲那隻老鼠注一針血管加壓素，他的行爲就會像戀愛中的大草原田鼠。

上述結果給了我們一些線索，了解一夫一妻制的深層機制，最終的眞相也許更爲複雜。此外，一夫一妻制在不同物種中是獨立演化的，所以深層的機制很可能因物種而各自不同。同樣的，假如性行爲也會影響其他一夫一妻物種的荷爾蒙分泌，那麼這就可以解釋，何以許多此類物種，由印度冠豪豬（Indian Crested Porcupine）到細點音蟑螂等等，會定期做愛，即使不能受孕。（更讓人驚訝的是，豪豬做愛的次數遠超過繁殖所需；豪豬的性愛，想來必定很刺痛吧。）然而不論事實爲何，請記住：了解一夫一妻制的遺傳機制，跟了解生物爲什麼會演化爲一夫一妻制，完全是兩件事。

這些對人類有沒有什麼意義呢？到目前爲止，我們對於人類一夫一妻的遺傳因素一無所知，但我們不妨推想一下。

人類物種其實不算是完全的一夫一妻制。離婚率跟婚外情的普遍可證實這一點。此外，偶爾會有基因不相同的雙胞胎誕生，兩嬰的生父各異（然則這種情形頻率多高並不清楚，原因是除非兩個爸爸分屬不同種族，不然通常不會察覺出來）。但是人類不是耽溺於雜交的動物。有些人終生忠於配偶；很少人眞的有（或承認有）幾千位性伴侶。另外，可以依據一些指標來分析人類的一夫一妻制。第一，請看兩性體型上的差異。在一夫一妻生物裡，雄性跟雌性大致上體型相同。

有些物種是由少數巨大雄性控制一群妻妾，那麼雄性的體型就往往比雌性大得多。還記得南方象鼻海豹嗎？成年雄性的身材要比成年雌性長兩倍，而且重量可能超出十倍。在大猩猩族群中，成年公猩猩體重是母猩猩的兩倍。相形之下，男人只比女人壯一些，而且男女的體格特徵有許多重疊處，甚至某些女人要比某些男人體格來得壯。

接下來，我們來比較男人跟其他猿類雄性。誠如所知，睪丸的大小通常與精子大戰的風險有關。如果雄性遭逢精子大戰的風險很低，不管是因爲他們擅長看管後宮，或者他們與忠貞的雌性結褵，睪丸相對於體格而言比較小。而如果雄性面臨精子大戰的風險很高，不論是因爲雌性本來就好雜交，或者因爲雄性採用誘姦其他雄性配偶的生殖策略，相較於體型而言，睪丸就顯得巨大。公的大猩猩比較沒有精子大戰的風險，所以睪丸很小。公的黑猩猩因爲必須面臨高風險的精子大戰，所以睪丸很龐大。相形之下，男人的睪丸尺寸爲中等，這代表精子大戰的風險從溫和到很小。再加上男人女人體型相差不大，我們可以這麼說，人類大致上是一夫一妻的物種。

利用親子關係檢測得知的女性不貞比率又如何呢？常有人說，人類出軌比率極高，有三〇%甚或更多。但是關於這方面的研究卻是少之又少。我翻遍所有的科學文獻，只找到一些。大部分研究指稱人類不貞的比例很低，只有三%或更少；我發現最高的數值爲十一．八%。這些有關人類的數據，當然要更爲小心的處理；避孕以及人工流產讓人類可以發生婚外情而不生小孩。但是在過去，人工流產和避孕並不常見，而且我們可以採取巧妙的方式，了解人類過去的不貞情形。

例如在英格蘭，子女通常自父親取得姓氏。男孩呢，還自父親處得到另項東西：那就是他們的Y染色體。所以，假如所有現在冠有某一特殊姓氏的雄性，都是某一男人的直系後代，他們的Y染色體上應該都有相同的基因標記。如果沒有發生不貞（或收養）的情形，那麼姓氏與Y染色體應該是相符的。曾經有份研究，分析姓氏爲賽克斯（Sykes）的所有男人的Y染色體，該姓氏首度見諸文字記載是在大約七百年前。結果顯示，幾乎所有受訪的賽克斯姓氏的男子Y染色體上的確都有相同的標記，這顯示大部分現存的賽克斯先生們的遠祖都相同。在七百年這段時間內，嫁給賽克斯家族男性（或者養子）的女子不貞的比率，據估計每世代只有一．三％。

假設把人類視爲整體，人類大致上爲一夫一妻制的說法並無不妥。但是這有兩個問題：第一，導致大部分人類採行一夫一妻制的，到底是哪些力量？有好幾種可能，可能包括了文化壓力。除了下結論說：採行一夫一妻制的人，比起較不採取一夫一妻制的人，較容易繁殖成功，我們能講的實在不多。第二，每個人先天傾向一夫一妻的程度會不會不同，正如每隻蟋蟀、蝴蝶及果蠅？換種說法好了，先不管社會上大多數的人，是不是有些人比起其他人更容易信守結婚誓言？不妨想像一下，一旦我們對人類行爲的遺傳學有了更多的了解，不僅可以知道不同人對一夫一妻的先天傾向不同，還可以知道不同的傾向會有哪些人格特質，就好比加州唱歌魚以及糞蠅的例子。光是想到這點，眞是讓人感到興奮。例如，我們最後可能會證明，有大睪丸的男性（預期精子大戰的風險較高）容易有勾引別人老婆的癖好，而且不易堅守婚約；而睪丸小的男人（精子大戰風險低），性事方面較容易保持忠貞，但是愛吃醋，而且做愛結束後會使盡各種溫柔花招。不過現在，一切純屬臆測……。

對大部分男女而言，結婚戒指都是假金（Fool's Gold〔譯注：黃鐵礦，貌似黃金〕）。做成的，眞正、眞實的愛既昂貴又罕見，是由多股古怪的生物力量匯聚的成果。造就一夫一妻制的原因很多，然而妳會發現，只有在絕對的相互保證毀滅，才有眞正的一夫一妻的眞愛。

第三部

我們需要男人嗎

雄性與雌性是根本而永恆的二元辯證，有如一枚硬幣的正面反面，她陰而他陽。

眞是這樣嗎？

事實上，他的重要程度不如她。沒錯，物種裡可以沒有他，但不能沒有她。某些物種把雄性數目減到最少。有些物種乾脆把雄性除掉，完全不想爲性事煩惱。猶有甚者，兩性之間不是不可變，性的角色也非天生注定。某些物種甚至超越了陰陽；他們當然有性愛，但不像其他物種只有雌性和雄性那麼單調。到底是誰？什麼時候？爲什麼？怎麼做到的？請繼續讀下去……。

第11章　諸王的通姦

人類社會裡，亂倫向來是皇室特有的權利。

然而，其他會發生亂倫的生物社會，可不這麼講究菁英派頭。

猜猜看是什麼生物呢？

基本上，會近親相姦的生物，幾乎完全不需要雄性。

所以，什麼時候大家可以接受（甚至是必要的）性只限於同一家族？

親愛的塔提安娜博士：

發生可怕的事了！我是一種學名為Acarophenax Mahunkai的公蟎，是枯葉甲蟲（Lesser Mealworm Beetle）的天敵。今天早晨，我一如往常地跟我的姊妹之一做愛時，媽媽的肚子爆開了，我的姊妹們都四處跑開，只剩下我孤孤單單地留在媽媽屍體裡。這是我跟姊妹們亂來的刑罰嗎？接下來我會有什麼樣的遭遇？

（美國）阿肯色州・驚駭莫名的公蟎

敬上

大事不妙，你完了。你能做的，只有用你那八根粗短腿蹣跚行走，看看能否發現有停留未走的姊妹，然後在你死之前，再交配一次。

生命並不公平。不僅因爲你已經快死了，更重要的是，你根本稱不上是枯葉甲蟲的天敵。你的姊妹們才是。你只是她們的從犯而已。我來解釋一下。你們家族裡，女性會吸吮蛋蛋，說得更精確點，其實是咂食枯葉甲蟲的卵。母蟎吮咂甲蟲卵的時候，她的肚子會膨脹起來，比平常大上二十倍，就像是有細小腦袋跟肢體的巨大氣球，活脫縮小版的蟎類大胖子。她多達五十名的子女就在她腹內成長、交配，接下來她的腹部會爆開。新出生的母蟎就去找成功孵化的枯葉甲蟲，然後攀在她的下腹部，像是許多細小的疥癬，隨著偷渡到各地。母甲蟲不智又不幸，要產卵時還得帶著母蟎這批要命的貨物（母蟎分得出甲蟲是公是母嗎？我猜她們有辦法，但沒人敢打包票）。同一時間呢，你們公蟎很難得能離開你媽媽的身體，而且幾乎在你出生之前就死了。

你會不會因爲與自己的姊妹亂倫而下地獄呢？不用擔心。不管地獄是否存在，近親相姦並非是骨子裡壞透的惡事。假如你能迅速瀏覽《自然界名人錄》（*Who's Who in Nature*），你會發現許多生物跟你一樣，即使近親相姦，也沒有不良後果。沒錯，近親相姦並非對各種生物都有利：比方在人類當中，兄弟姊妹相姦或父女相姦而生下的後代，容易體弱多病，不然就是畸型殘缺。然而這不是神明對醜惡罪行而施降的刑罰，單純是遺傳學的後果而已。

亂倫的問題在於隱性基因。隱性基因是什麼？親愛的蟎，這已是小學問題了。人類跟大多數有性繁殖生物一樣，都是「雙倍數染色體」；每一枚基因都是成對的，由父親及母親處各得其中一個基因。假如這兩個基因不同，它們會彼此產生不同的交互作用，影響比如眼珠顏色等生理特性。結果很簡單，某一個基因會蓋過另一個基因。覆蓋在上的通稱爲顯性基因，而被覆蓋的則稱隱性。所以，除非某個生物繼承而來的兩個基因都是隱性的，否則就不會顯現隱性基因的特性。

如果遺傳到隱性基因，很可能會致命。隱性基因的機能比較容易出問題，所以如果兩個基因都是隱性的，很可能造成災難，也許是一出生就夭折，或者天生體弱多病。

然而，如果隱性基因數目稀少，就很有可能持續不被人察覺，原因是大部分潛存有隱性基因的個體都只有一個隱性基因。亂倫的危險就在於此。因爲同一家族成員基因成分彼此相近的程度，遠大於跟陌生人，所以家人之間發生性關係，就會提高兩個有害的隱性基因結合的機率。愛人的血緣越近，相同的基因就越多——有害的隱性基因在其子女身上顯現出來的風險就越大。舉個例子好了。若每一百人中有一人帶有一枚隱性基因，堂兄弟姊妹結婚生下來的子女，兩個基因都是隱性的機率，要比在人群裡隨意配對的男女所生下的後代，高出七倍。若同胞兄弟姊妹亂倫生下後代，其危險機率更高達二十五倍。這還是隱性基因相當常見時的機率。假設隱性基因非常罕見，例如每一千萬人中只有一人擁有隱性基因，那麼兄弟姊妹亂倫生下的子女，比陌生男女生下來的子女，危險機率高出二百五十萬倍。

若近親交配衰退（Inbreeding Depression）的情況相當嚴重，也就是近親交配而生下來的子女，要比非近親交配生下來的，精力削弱的程度要嚴重，那麼近親相姦就無法持續長久。理由很簡單。任何人只要偏好跟外人而不跟家人發生性行爲，就能擁有數目更多而更健康的子女。倘若這種偏好能遺傳，那麼跟外人交配的基因就會散布開來。舉例來說，人類跟某些哺乳類動物一樣，會避免跟小時候的異性玩伴結婚。在以色列「集體農場」（Kibbutz）成長的小孩便是絕佳範例；在集體農場的黃金時代，兒童是集體在兒童之家長大，而不是在小家庭裡。到了成年，他們都很感嘆地表示，面對從小到大的玩伴，完全沒有情慾。集體農場的兒童長大後，一共有二千七百六十九人結婚，但沒有人是跟自己兒時玩伴結婚。

現在，你可能會懷疑，爲什麼有生物會跟自己的兄弟姊妹、子女或父母發生肉體關係？這是怎麼一回事？有幾個因素會降低近親交配衰退的嚴重程度，或是讓亂倫成爲有利的行爲。簡單來說，慣常近親相姦的可分爲兩類。第一組就是你所稱的雌雄同體的生物，其中最親密的近親相姦，就是自我受精（自交〔Selfing〕似乎不如聽起來那麼有趣。這並不是自我交配，而是卵子與精子就在你體內草草了事。不過仍有例外。比如一種名爲Dendrobaena Rubida的蚯蚓就會自己彎曲起來，用雄性部位去碰觸雌性部位）。另一組就是諸如你們蟎類的生物，固定跟最親近者交配。會加入你們這種近親相姦狂歡派對的，還有（人類）夏威夷王室、古埃及法老王室及祕魯印加王室，以及其他許多種蟎、蟯蟲等昆蟲。此外，反覆近親相姦的行爲是很少有的。所以，是什麼原因使得這些族群是如此不比尋常？

先看雌雄同體生物。據估計，開花植物當中，約八〇％是雌雄同體，不是造出「完美」的花朵（有雄蕊跟雌蕊），不然就是同時造出雄花跟雌花。其中可能有四分之三會自體授粉，但很少是只能自己授粉的。至於雌雄同體動物，很少聽說有自行受精的情形，而且可以確定的是，很多不會（坦白說，是不能）那麼做。仔細思考之後，你就會明白：再沒有別人比自己更親的了，所以，自體受精（授粉）的雌雄同體後代，甚至比兄弟姊妹互姦而生下來的後代，更容易遭到近親交配衰退所害。但是，有孩子總比沒有來得好，所以雌雄同體生物若無法找到配偶，就算了解近親交配衰退的後果，最後仍會轉向自體受精。這種生殖策略，我稱做「緊急自交」（Emergency Selfing）。例如白唇陸地蝸牛（White-lipped Land Snail）偏好跟其他同類搞，但是，假如大約一年後仍找不到配偶，寂寞的蝸牛就會放棄等待，開始自體受精。對雌雄同體生物而言，自我受精的傾向程度，要看近親交配衰退以及有沒有機會跟其他個體交配兩者之間的平衡狀態而定。

我們再看看非雌雄同體的生物。夏威夷人、古埃及人與印加人，都認爲兄弟姊妹交配是神聖的標記。根據埃及神話，地神（Geb）就是跟自己姊妹天神（Nut）結婚的；而印加人呢，也崇祀亂倫的神祇，他們相信太陽神娶了他的妹妹月亮。古埃及跟印加社會的王室都宣稱自己是神的後嗣，所以應仿效祖先的行爲。古時夏威夷人認爲，若階級最高的首領與姊或妹結婚，生下來的兒子就是神明，任何人出現在他跟前都得伏在地上。（那個不幸的傢伙顯然白天得關在自己屋內，以免百姓見到他就得丟下所有東西，五體投地來表示崇敬。）然而，假如首領只跟堂表姊妹結婚，那麼生下來的兒子就不會如此讓人敬畏；百姓只消坐在他跟前就行了。

雖然只是神話，但是讓人好奇的是：爲什麼會出現這種行爲，而且有可能發生智障及殘廢者登上王座的情形，爲什麼又無法完全滅絕？史籍的記載對於後者並未有所著墨，我們並不清楚人類對於近親交配衰弱的感受是如何。然而，在前述的三個社會，國王還有其他的姬妾。倘若兄弟姊妹媾合造成不孕，或是生下來的小孩不適合擔任統治者，可想而知，還可以選擇別的繼承子嗣。至於這種風俗的起源，有種說法認爲，在階級制度嚴明的社會，同胞手足相配對是很自然的情形。在階層僵化的社會裡，很少有男人配得上最高階層的婦女。至少在歐洲王室中，堂表兄弟姊妹結婚是很常見的事（雖然這種近親交配衰退的程度較弱，但仍可察覺得出，比方容易患血友病及兔唇）。假如社會嚴禁女性嫁給階層比自己低的男人，那麼最高階層的女性可選擇的配偶就只有她們的兄弟了。

然而，神性的妄想對於昆蟲、蟯蟲及蟎類等動物之間的近親相姦，完全沒有任何影響。那麼，他們那麼熱情地接受近親相姦到底是爲了什麼呢？最爲關鍵的因素是，許多昆蟲及蝨子，還有所有的蟯蟲，身上的隱性基因都很少，所以近親交配衰退的因素可以視而不見。然而，爲什麼這些小蟲子的隱性基因比我等大多數動物稀少呢？答案就在他們的神奇遺傳系統上。

有兩種特殊的遺傳系統，可以有效的去除隱性基因，每一種系統都已各自演化過數次。第一種較爲常見，稱爲單雙倍遺傳（Haplodiploidy）。本系統之中，雌性就像人類一樣，細胞基因是雙倍體：每個基因都是成對的，父母親各提供一個。但是雄性卻是單倍體：雄性孵化自未受精的卵，所以每個基因只有一個，承襲自母親。換句話說，雄性沒有父親，而雌性不必交配就能生下兒子。沒錯：男孩的媽媽有可能是處女。

這種情形下，各種形式的尋歡狎遊都成了可能。就以棗核小蠹（Coccotrypes Dactyliperda）

爲例。這是一種鈕釦甲蟲（Button Beetle），居住在自己由棗椰果實上挖出來的洞穴（不然呢，眞的，就住在鈕釦裡；不騙你，我指的是衣服上的鈕釦）。鈕釦甲蟲孵化後，兄弟姊妹就彼此交配，然而這只是開頭。母甲蟲若未能在自己誕生的棗椰上跟兄弟之一交配，一旦抵達新的落腳處，她就會挖個洞，接下來生一小窩未受精的卵。未受精卵會孵化成公甲蟲。她就跟第一隻孵化出來的交配，然後把他跟他的兄弟們吃掉，再生下一大群女兒——或許會再生一、兩隻公甲蟲，讓她的女兒們去交配。

還有更糟糕的：請看硬皮同胞種胡蜂（Scleroderma Immigrans）。母蜂會一直叮甲蟲的幼蟲，等它麻痺後，再飲其血。接下來，她會在甲蟲幼蟲身上生滿蛋，以便子女們孵化後也可以享用甲蟲鮮血大餐。母蜂不僅跟兒子交配，還進一步跟女兒生出來的孫子交配。連人類的伊底帕斯王也感到汗顏！

第二種遺傳系統較不常見，功能較單純，但是更爲怪異，稱爲父系基因體移除（Paternal Genome Elimination），常見於各種蝨子，少數幾種昆蟲也具有這種遺傳系統。這些生物的雄性產自受精卵，例如人類。然而，接下來就是最怪異的地方：在胚胎發展初期，細胞結構會讓得自父親的基因停止作用或是直接破壞基因。最後的結果也一樣，雄性只有一個基因。

就如同你所看到的，在兩種遺傳系統中，有害的隱性基因都沒有機會累聚起來。因爲雄性只有一個基因，隱性基因無法藏身在健康的基因之下：只要有任何的瑕疵缺陷，馬上就會曝露出來，所以立即會遭到天擇機制的淘汰。這就表示，帶有有害隱性基因的雄性可能會死。換個角度，近親交配衰退就不再成爲亂倫行爲必須考量的危險。你們蟎類的祖先第一次找自己子女尋歡作樂時，隱性基因根本不構成威脅。

親愛的塔提安娜博士：

我是夜盜蛾（Armyworm Moth）：我有一邊耳朵聾掉了。書中曾提到，這種情形是因為縱慾過度。問題是，我還是（嗚嗚嗚）處女呀！所以，我到底是怎麼了嘛？

達里恩・真嘔的母盜蛾　敬上

放心，沒什麼好擔憂的。原因只是妳的內耳裡頭正在舉辦狂熱的亂倫派對罷了。還記得妳在毛毛蟲時代學的歌謠嗎？

蛾若耳聾
單邊失聰
原因或在
蟎巢其中

蛾在就寢
蟎蝨入侵
極其倒楣
不付租金

一旦安身
彼等守分
天擇令曉
完美最好
或由神諭
單耳入居

蛾若全聾
超音不懂
定遭蝙蝠
吞食入肚
切記切記
勿疑勿疑

事情的眞相是：一天晚上，妳駐足下來吸吮花蜜時，有隻蟎像是爬梯般由妳的舌頭匍匐潛上。當她抵達妳臉上，就在鱗跟鬚的面部爬行，到妳兩邊耳朵的外耳室觀看一番；兩邊都看過之後，她就挑中意的一邊爬進去。接下來，她會爬到區分內耳外耳的纖細薄膜（鼓膜），然後把它刺穿。她一這麼做，就永遠毀掉妳的聽力了。

落腳完成，再吸妳的血液（恐怕眞是如此），然後就開始下蛋，總數大約八十顆。幾天之後，幼蟲孵化了，由卵殼後方掙扎現身。同一窩蛋之中，先脫殼而出的是公蟎，接下來才是他的姊妹。公蟎長得比母蟎快，他們會把妳耳道最深處的凹室打理成新房，再把姊妹新娘搬到那裡，甚至幫助她們最後一次脫殼，變爲成蟎。

妳的耳朵遭入侵感染了，妳並不自覺。這在自然界裡，是很稀鬆平常的事。橫行雨林，凡擋路者必殺的兵蟻（Army Ant），在他們的觸鬚上也有某種蟎寄住，另一種則住在其腳上。蜂鳥在啜飲花蜜時，鼻孔也會遭蟎入侵。那些蟎不會讓鳥兒喪失味覺，因爲他們不過搭個便車，在花朵間轉來轉去罷了。但是這些搗蛋鬼，專偷花蜜，可以把花兒產出的蜜汁牛飲掉一半。人類也會成爲蟎蟲的宿主，住在睫毛囊裡的叫毛囊蟎（Demodex Folliculorum），而住在皮脂腺內的叫短蟎（Demodex Brevis），幸好大多無害。專吃水果的果蝠（Fruit Bat）眼球上也有。鳥類翅膀羽毛的莖管內，也會有蟎寄居。

回到妳耳朵內的狂歡派對，有件事我希望妳能留意。這場派對在某些人的眼裡可是快樂天堂。母蟎生下大約八十顆蛋，其中只有一到兩隻孵化爲雄性，其餘孵出來都是雌性。

這一點値得注意，某一性別的比例異常高的情形很少見。大多數生物生下來的子孫，雌雄數目約略相等。首次針對雌雄平衡提出解釋的是隆納德·費雪，也就是那位認爲，雌性只願意跟有魅力的雄性交配以便產下性感兒子的人。基本上，費雪的理論是供需原則。假設女孩數目比男孩爲多，那麼，先天上傾向生育兒子的父母，會比先天上傾向生育女兒的，能擁有更多孫輩，原因是男孩數目較少，更容易找到配偶。這樣一來，生男基因就會散布開來，自此之後，性別比例差異就會逐漸縮小。同樣的，如果一開始男生較多，最後男女比例仍會趨於平衡。所以唯一穩定的情況是雌雄比例爲一比一，只要出現任何異常情形，必然會迅速自動地矯正過來。

人類就是一個顯著的例子。戰爭時節，大量男性喪生；總人口性別比例就倒向女性。因此，大家可以想像，性別比例會因戰爭而出現變化。循此道理，每次世界大戰之後，生男的比例，要比戰爭爆發之前大得多（我得強調，是否有這種機制仍不得而知，而人類發現的證據有可能只是巧合，並不能證明費雪的理論是對的。不過，仍值得進一步深思）。

所以，若明顯出現有性別比例偏差的情形，就表示一定有非比尋常的「重大事件」發生。「重大事件」有可能是邪惡的：數量龐大的寄生蟲玩弄宿主的性別，以便增加自己傳遞的活力。例如寄住在潮蟲（Wood Louse）裡、只能靠卵來傳布的微生物，會將雄性轉變成雌性。林棲旅鼠（Wood Lemming）這種小而圓胖的齧齒動物有條毛茸茸的尾巴，住在北歐、西伯利亞及蒙古的沼澤地及森林裡，身上有著特立獨行的染色體，會把性別比例一面倒向雌性。結果呢，標準的旅鼠群落裡，有七〇%以上是母的。

近親相姦的特色之一，就在性別比例大幅倒向某一邊。例如住在麻雀翅膀莖管內的脊管小蟎（Sryingophiloidus Minor），雌性每產下十二顆蛋，孵化時其中只有一隻會是雄性。與此類似的是我們住在阿肯色州、嚇呆了的蟎筆友Acarophenax Mahunkai，這個男生極其可能有五十個姊妹。簡言之，對亂倫行爲一點也不介意的生物，是吝於產出雄性的。

看穿他們祕密的是比爾・漢米爾頓（Bill Hamilton），這是二十世紀最有原創力而且最重要的演化生物學家。他指出，近親交配的生物裡，雌性找到的新家，不管是咖啡豆、棗椰、妳的耳朵或我的睫毛毛囊，都是別人不會想來屯墾的地方。在這樣的情況下，性別比例平衡的理論就不適用了。如果雌性被孤立，她要成功生育，就得看她能有多少女兒；因爲她是不可能靠兒子成功誘惑別的雌性而取得更多的孫輩（理由是又沒有別的雌性可供誘惑）。所以，獨自成家的雌性族長只要製造出足夠讓自己女兒受孕的兒子就好了；多出任何一隻都是浪費時間跟精力。

所以，近親相姦的行爲，使得與雄性機能相關的生理結構，可以盡可能的簡化。對雌雄同體的生物而言，不需要花費太大心力改善雄性生理結構。例如有一種學名爲Utterbackia Imbecillis的雌雄同體圓蚌，寄生在淡水魚類的魚鰓，隨著近親相姦的增加（自交），他的身體資源投入在生產精子的比例日益減少。自交的植物根本就捨棄炫目的花朵，因爲它們根本不必利用奢華裝飾來吸引傳遞花粉的媒介。與此相似，近親相姦的雌性生物也不會因生育體格魁梧的兒子而獲利，眞正重要的是，兒子們能存活到讓其姊妹們懷孕就好了。可以確定的是，近親交配的物種裡，兒子通常早熟、身材短小，而且壽命很短。他們的生命如驚鴻一瞥，而且常常不必進食，很多甚至連嘴巴都沒有。他們在參加性狂歡派對不久之後就死了，通常不留下生命的痕跡，如羽莖、耳朵之類。親愛的蛾兒，一旦妳的房客們鳥獸散，落在芳香的花朵上，等待新的宿主經過時，她們兄弟腐爛的屍身就會留在妳受損的內耳裡，原來的棲息地頹敗，唯餘孤魂守野鬼。

話雖如此，妳還是得謝謝她們。第一隻顯然留下了某種痕跡，所以假使有第二或第三隻來到妳的身體建立新的家，新來的會到已經住過的耳朵去。沒錯，就算妳已聾掉的那邊耳朵住民已滿，相同物種的也不會入侵另一邊還完好的耳朵，就如同上述的歌謠所描述的。她們會「下飛機」（離開妳），等待新的蛾，不會讓妳全聾，無法感知蝙蝠的超音波。這很合理，因爲假如妳死了，她們也不能活。然而，因爲她們已演化出可以做出正確回應的機制，所以好幾隻同時寄住是很常見的。由此可以推知，近親相姦並非是她們唯一的選擇。

假如別的母蟎也出現在妳的耳朵內，母蟎的兒子就有機會跟自己姊妹以外的異性交配了。那麼，生出更多雄性的雌性就眞正的具有優勢。所以，某一特定地點有越多雌性來墾居，每隻雌性應會產出越多兒子，而讓性別比例更接近平衡。請看麗蠅金小蜂（Nasonia Vitripennis）的例子，這種小胡蜂把卵產在綠頭蒼蠅蛆蟲上。當母蜂發現一條蛆，就會鑽開蛆的外表，注入毒液，讓蛆蟲喪命，但屍身保留下來。她會下蛋，其中可能一〇%是雄性，然後再出發去找別條蛆。然而，假如她找到的蛆已是別的母蜂用過了，她就會改變自己下的蛋，讓自己有更多兒子。

她是怎麼辦到的？麗蠅金小蜂的雄性是由未受精的卵所孵化的。這種遺傳系統可以準確的控制性別比例：每隻母蜂可以控制讓多少卵受孕，而決定自己要有多少個兒子女兒。然而，妳耳中的卻是另一種遺傳系統，促使近親相姦的形成。雄性是由受精卵發育而成的，但父親的基因很快就會被幼胚胎丟棄。乍看之下，這種遺傳系統下的雌性應該沒有能力依照環境來調節後代性別比例。只是，讓人吃驚的是，她們似乎有這種能力。曾有一項實驗，研究的是一種名爲Typhlodromus Occidentalis的雄蟎的基因體移除機制，研究結果指出，雌性在碰到別的雌出現時，會生出更多兒子。妳的耳朵內也會發生這種轉變嗎？沒人知道，但我想應該是的。

親愛的塔提安娜博士：

就和每一隻有教養、操守良好的紅樹林魚（Mangrove Fish），也就是妳所稱的斑點將魚（Rivulus Marmoratus），我是自體受精。但今天傍晚，我回到自己跟某隻友善的大陸蟹（Great Land Crab）共居的巢穴，卻發現有個陌生人住進來了。他自稱也是紅樹林魚，但他可是真正的男人，跟我完全不一樣。他說要和我一起幹盡所有的壞事。聽起來很好玩。但是那會不會對我有害？

（美國）佛羅里達州・緘口未許的紅樹林魚　敬上

通常我會說，上吧。然而就你的情況，我們必須三思而後行。你們紅樹林魚有些古怪的習慣，其中之一就是躍離水面，到陸地消磨時光，你們會用鰭來行動、蠕動、跳躍。這正是爲什麼你能進入陸蟹巢穴的原因，陸蟹家的入口通常只能由陸地進入。更神奇的是，你們可以離水而活達兩個月以上，對魚類而言這已經是壯舉了。

然而對遺傳學家來說，最特別的是，你們是唯一目前已知會自體受精的脊椎動物（背部有骨幹的動物）。沒錯，雌雄同體的紅樹林魚是無法相互受精的，只能跟純然爲雄性的受精。當雄性數目稀少，比如在佛羅里達的公紅樹林魚就不多，雌雄同體的紅樹林魚就會自交，以便傳宗接代。

既然你都清楚了，我們現在來看看，假如你跟雄性交配會碰到什麼風險。想來你聽過近親交配衰退吧？諷刺的是，居然也有遠親交配衰退（Outbreeding Depression）這種事情。這是說，有時候身爲遠親的不同個體結合，生下來的後代要存活或者要再繁殖，機率反而比近親個體交配生下來的後代要低得多。

基本上，遠親交配衰退有兩種理由。第一，交配雙方的基因無法協調合作。最明顯、最普遍而又最乏味的例子，就是某生物想和不同種類的生物交配。這種野蠻的交配通常會造成不孕；畢竟，界定不同的物種，核心概念是能否相互交配而生育。然而，如果物種分裂的時間不久，還是有可能跨物種交配而生下後代。公驢跟母馬交配生下來的便是大家都知道的騾子，然而還是出現了遠親交配衰退的後果：騾子無法生育。

如果遠親交配衰弱的現象不明顯，就代表某些族群正處於分化爲不同物種的階段。例如鮭魚，每隻都有固定的壽命，以兩年爲週期。所以，某些特定溪流會隨著時間的不同出現不同種的鮭魚，即奇數年鮭魚跟偶數年鮭魚。正常情況下，兩種族群絕不會碰頭。然而要是他們眞碰面了，猶如精子與卵子在實驗室的試管中結合，他們生下來的後代仍可以存活，但生存的情形卻不如同年鮭魚交配所生的後代那麼好。

造成遠親交配衰退的第二個可能原因在於外部環境。假設某些個體演化出能協助他們克服當地環境條件的特徵，那麼，如果他們和來自於其他地方、無法適應本地環境的異性交配，很可能會破壞掉原本有利的基因組合。請看無患子蟲（Soapberry Bug），這種生物靠無患子樹的種子維生，所以被視爲害蟲。爲了吃種子，他會用鳥嘴狀的口器刺穿果子，他的口器長度完美，剛剛好可以吃到種子。然而，近來無患子蟲開始改吃圓莢欒樹（金雨樹）。圓莢欒樹的種子埋在果實中更深的地方，所以無患子蟲的喙必須更長。結果便是，無患子蟲開始分化，不同的無患子蟲專吃特定樹種的種子。短喙的靠無患子樹生活，長喙的無患子蟲則依圓莢欒樹維生。兩大族群的成員若相互交配，蟲喙的長度就會改變，如此混交生下來的子孫有可能無法攝食。

你到底會因近親交配或遠親交配而受害？在你下結論之前，先告訴你一個事實，依據研究文件記載，遠親交配衰退的案例，要遠低於近親交配衰退。沒錯，遠親交配衰退的研究確實比較少，但是這不是造成兩者差異的唯一原因。許多物種因爲近親交配衰退，迫使生物演化出更精密的機制，阻擋有親戚關係的個體交配。相形之下，至今仍未發現有預防遠親交配的生理機制。所以，就遠親交配出現衰退的程度而言，它可能不是影響交配型態的成因，而是結果，而且是很細微的結果。舉例來說，遠親交配衰退最可能發生在配偶雙方分屬平時不互動的族群。畢竟，不同年生的鮭魚不交配，是因爲他們不會相逢。而在某些植物的案例中，之所以會出現遠親交配衰退，是授粉者活動的結果。蜜蜂在花朵之間飛行的距離通常是固定的，若距離超過蜜蜂「航程」的植物交叉授粉，就很容易出現遠親交配衰退的情形。所以，依我的推論，對我們大部分生物而言，不必太擔心遠親交配的問題。

然而，紅樹林魚不屬於「大部分生物」中的一員。對於長久以來有自交習慣的生物而言（就像你，我親愛的紅樹林魚朋友），遠親交配衰退卻有顯著的影響力。所以我們必須先考慮，你的後代會不會因爲你背離傳統，跟純雄性交配而受苦。我無法給你肯定的答案，然而就我們目前所知，假如你有意願的話，大可跟你的新朋友去搞無妨。以下即是證據。

斑點將魚生長於熱帶美洲大西洋沿岸附近的紅樹林沼澤區。眞正的公魚很少，在大部分族群裡，他們多半是零星出現。在宏都拉斯，純公魚佔約二%，然而在貝里斯，不知爲什麼卻相當常見（佔約二五%）。上述兩地的雌雄同體斑點將魚，都會接受純公魚的調情。雖然無法確知他們所生育的後代的繁殖力，但遠親交配倒沒有出現明顯有害的效應。遠親交配產出的魚，體型跟體態與近親交配（即自交）所產下的後代都一樣，也沒有察覺出有怪異的體態或變形。所以，假如你已厭倦自交，那麼就積極擁抱性愛吧！

總而言之，近親相姦可不是國王、法老王及部落酋長的特權；更常見的情形是，亂倫對於居住在國王睫毛毛囊裡下賤的寄生蟲的好處，要遠大於陛下本人。不管你的血液是帝王般藍色，抑或是常人般殷紅，我建議，假如身上帶有有害隱性基因，最好別跟家人亂搞。不過遺憾的是，至今仍無法預先查知你是否帶有那種基因。所以，我只能提供一些經驗法則。

給平民的近親相姦指南

一、假如你厭惡跟親人做愛，或者你雖是雌雄同體，但因為種種生理特性，讓自交變得困難，那麼近親相姦眞的不適合你。不過，即使身上帶有隱性基因，雌雄同體動物仍必須有所準備，狀況緊急時得自交——假如有此可能的話。

二、假如你不是雌雄同體生物，而且在你所屬的物種裡，雄性只有單一一個基因，近親相姦才是最有利的。若你不屬於此類物種，我強力建議你別跟身邊最親近的個體做愛。萬不得已，你可以親親堂表兄弟姊妹，但請遠離同胞兄弟姊妹、父母及祖父母。

三、最後，假如你決定靠近親相姦來成家，你一定要把花費在雄性生理結構的精力降到最低。浪費精力生育出體格強壯的兒子，假如他們只跟自己姊妹或母親交配，然後就死了，未免太不划算了。沒錯，體格嬌小瘦弱的兒子，才是母親的好兒子。

第12章　夏娃的睪丸

雌性與雄性是如何演化出來的？

在此之前呢？

爲什麼大多數生物都只有兩種性別？

什麼時候身兼雌雄兩性最明智？

而何時你該變性？

還有，是什麼東西讓男孩成爲男孩，

當然啦，還有女孩成爲女孩？

討論這些議題便是在做性別研究了——

但是與你過去所認知的大不相同。

親愛的塔提安娜博士：

我是黏菌，學名叫多頭絨泡菌（Physarum Polycephalum）。我不了解應該怎樣才能結婚生子。我只能一路上慢慢爬，所以要找到配偶真的好難，到現在都還沒碰到半個。更糟糕的是，我聽說其他物種只有兩種性別，相形下我們物種裡有十三種性別！我想也許得把十三種性別都集合齊全了才能生兒育女。我怎麼看也看不出有此可能，而且我很擔心自己到死都恐怕得終老孤獨。黏菌的性別怎麼會這麼多呀？

羅馬尼亞森林裡・尋找「一打十三個」的黏菌

敬上

有十三種性別？可憐啊，親愛的，你被騙得好慘：貴物種裡，性別超過五百種！但是別驚惶，你不必完整集合。坦白講，我認爲你應該盡快去上課，了解黏菌生命的事實。

當務之急乃是先知道黏菌到底是什麼？大多數人若湊巧在腐爛的木頭上遇著你，會認爲你是一種有條紋的黃色蕈類（眞菌）。但是事實絕非如此。黏菌自成一格，與動物、植物及眞菌只有遠親關係。黏菌有幾種不同型態；你湊巧屬於眞黏菌那一種。成熟的眞黏菌是單一巨大細胞，人類裸目輕易可見。然而，標準的細胞是由一枚細胞核環以細胞質而組成，成熟的黏菌細胞卻是一大團細胞質，含有幾百萬個細胞核。黏菌單體一路往前爬，吞噬掉路上每一隻微生物。黏菌不交配，所以沒有找配偶的必要。此外，當時機來臨，眞得做愛，他的身軀會長成水果形狀，連著長柄，看來像一支長了水泡的小棒棒糖。此一結構體會把孢子釋放入空氣中，就像花釋放花粉一樣，而且孢子群會成長爲性細胞（Sex Cell）。

性細胞是什麼？其實很簡單。一枚性細胞帶有一組完整的基因。它有三重任務：尋找、辨認，再跟來自相同物種、而且合適的性細胞融合。什麼是「合適」的？就是性別不同的性細胞。你可以了解，性別決定了誰能跟誰合作繁殖。不然呢，更精準的說法，性別界定了哪些性細胞可以彼此融合。動物當中有兩型的性細胞，即大（卵子）跟小（精子）。雌性跟雄性分別製造一種；雌雄同體生物則兩種都製造。眾所周知，兩個精子無法融合而形成胚胎，兩個卵子也不成。唯一可能結合的是一個卵子加一個精子。

然而在黏菌當中，情況有所不同。黏菌與諸如綠藻（Green Algas）、海草及矽藻（Diatom，硅藻，呈金黃色，會分泌出美麗而勻稱的外殼）等自然界較低等的生物一樣，製造出來的性細胞只有單一尺寸，這種情況叫同形配子（Isogamy）。一旦大小變得無關緊要，性細胞的性別便是由其他特性來決定。原則上，任何的特性都有可能，性細胞表面有無某種特殊化學物質，也可能成爲決定性別的因素。然而在你的案例中，難過的是，事情沒那麼簡單。

黏菌的性別取決於三種基因，通稱爲matA、matB、matC。每種基因都有不同的變體，目前已知，matA跟matB各有十三種變型（我想這便是你會有錯誤印象，以爲你們有十三種性別的原因），而matC則有三種。現在，請記好了，身爲成年黏菌的你，每種基因都是成對的。假設你有matA的第一、三變型，有matB的二、四變型及matC的一、三變型。當你變成水泡棒棒糖形狀，要生產性細胞時，每個性細胞會各自接收到完整基因的其中一個，各有一份matA、matB、及matC。所以，每個性細胞有可能接受到這三個基因不同變型的不同組合；比如某個性細胞的基因組合爲matA1、matB2、matC1，而另一個性細胞的組合則是matA3、matB2、matC1。這樣你懂了吧。你既身爲黏菌，就有辦法造出八種不同的性細胞，也就是你的ＡＢＣ三種基因各型的組合總數。如果你想讓人印象深刻，大可自稱八性人。當然，在樹林其他的地方，其他的黏菌可能有這些基因變型的不同組合。你算算看，從matA1到matA13，matB1到matB13，還有matC1到matC3，各種排列組合法就超過五百種（當然啦，因爲這些基因可能還有更多變型等待發掘，黏菌的性別總數有可能更多）。

你的性細胞開始出發。黏菌的性細胞通常很獨立，甚至有辦法自行進食（想像一下，精子停下來吃點心的光景）。它們的任務呢，則如我先前說過的，是去找合適的配偶並融合在一塊兒。就你的情況而言，「合適」意味著配偶所擁有的三種基因的變型與你不同。所以，擁有matA1、matB2、matC1基因組合的性細胞可以跟matA12、matB13、matC3性細胞融合，但無法跟matA12、matB2、matC3的融合，夠複雜吧？

同樣的，像你們這種生理系統也不是畸形怪胎，而且事實正好相反。理論早就預示，生產同形配子的生物本就應該有各種不同的性別，相形之下，眞正奇怪的反而是只有兩種性別。我簡單說明原因好了。你想像一下，由性細胞的觀點來看世界。再想像一下，你身處的族群性別爲零，每個性細胞都可以和其他的性細胞融合。在這樣的族群中，要找配偶眞是再容易不過的了。但是呢，這種情況有個缺點：性別爲零，無法防止近親交配。假如你碰到同一親體產出的性細胞，你還是能跟他融合在一起。

現在想像一下，你身處有多重性別的族群。性別數目越大，性細胞就越容易找到合適的配偶來融合。同時，你比較不會犯下亂倫的罪行：由相同親體製造出來的性細胞是不可能獲准融合的。（以黏菌爲例，某一特定型態的性細胞，可以跟相同親體產出的其他性細胞融合的機率，只有八分之一。）換句話說，多重性別既可增加找到配偶的機率，同時還可減少近親交配的風險。

要怎樣才能由零性別變成上百種性別呢？第一步，由零性別變成兩種性別——可能相當困難，事實上，事情是怎麼發生的也是眾說紛紜（顯然這樣的轉變並非難事，因爲我們看到它一而再、再而三地發生了）。不管怎樣，一開頭的障礙跨越了，要進化成兩種性別以上，只在一瞬之間。因爲假如有個體開始生產第三種性別的性細胞，那麼這種性細胞就有能力跟其他兩種性別的性細胞融合（不過，當然是不能自己跟自己融合）。一開始，這種新的性別會佔優勢，因爲相較於其他兩性，新的性別可以跟族群更多種的性細胞融合，新性別的基因就會散布開來，直到三種性別出現的頻率相同，全族群處於平衡的狀態爲止。接下來假如第四種性別出現了，同樣的情況又再度發生。因爲，只要是新的性別，就可佔便宜，那麼性別的數目就會逐漸上升。

你觀察得沒錯，大部分生產同形配子的生物都只有兩種性別，就找尋配偶而言，這是最不方便的情況了。不然，換種說法好了，演化出兩種以上的性別並不困難，而且可以擁有顯著的優勢，然而大多數生產同形配子的生物卻固守兩種性別（然則不見得一定是雄性與雌性）。這一點暗示著有別股力量在運作，強力限制同形配子生物能擁有的性別數目。只是，那是什麼力量？而黏菌又爲何能排除在外？

沒人可以確定限制的因子是什麼。然而最可能的原因是，爲了控制細胞質內難以駕馭的遺傳元素的遺傳機制。沒錯，除了細胞核內標準的基因之外，大部分生物都還含有其他遺傳元素，例如粒線體或葉綠素（葉綠素可以在植物細胞及綠藻當中找得到，負責把陽光轉化爲能源；除了細菌細胞之外，幾乎各種細胞都有粒線體，功能是讓碳分子新陳代謝）。這些遺傳元素存在細胞的細胞質內，通常數目龐大。一般認爲它們是細菌的殘留物，過去有一段時間甚至認爲它們是獨立的生物。在遙遠的某一個時刻，細菌開始與太古的細胞打交道，用能源來換取庇護，長時間下來，他們變得不再能自主運作。到現在，他們只含有少數基因，也就是殘餘的基因體。只是，大家都知道，殘餘物會造成麻煩。

假如粒線體及葉綠素是遺傳自雙親，就很可能出現麻煩。舉例來說，雙親的粒線體會彼此競爭，因而彼此傷害有機體。例如來自父親親體的粒線體有可能會想把來自母親親體的逐出性細胞；此類舉動將導致粒線體的功能（即新陳代謝）變差。要預防這種問題發生，最容易的方法就是，確保粒線體以及葉綠素（假如你有的話）都遺傳自唯一親體。

爲什麼這樣可以把性別數目限制爲二？目的是嚴格控制這些元素的遺傳，這是非常重要的，而迄今最簡單的方式，就是禁止某一性別提供，而由另一性別完全提供。不少同形配子的生物都具有這種機制，確保只有單一親體會把那些遺傳元素傳下去。例如衣藻（Chlamydomonas Reinhardtii）這種綠藻有兩種性細胞，通常爲加型及減型。加型傳遞葉綠素，而減型遺傳粒線體。

還有另一項間接證據指出，控制遺傳元素就會限制性別的數目。有兩種單細胞生物，即香菇與纖毛蟲（Ciliate），他們做愛時不是經由產出性細胞，而是由兩個個體互換半數細胞核（這種生殖系統非常古怪，就是讓你的基因變得與某一陌生人完全相同，你們兩個突然變成相同的孿生子）。最爲重要的是，細胞質不必交換，所以這些生物沒有必要調整繼承而來的粒線體。可以確定的是，這些生物的性別數目必定相當可觀。比如裂褶菌（Schizophyllum Commune）這種泛粉紅色、毛茸茸、長在樹幹上的香菇，就有多達兩千種不同的性別。

所以，你可以了解到，真正讓你們黏菌顯得與眾不同的，倒不是在於有那麼多性別，而是你們既然有那麼多性別，還能把來自雙親的細胞質都融合在一起。你們是怎麼辦到的？你們的粒線體表現得比別的物種都要優秀嗎？非也非也。關鍵在於，你們的粒線體遺傳自單一親體。matA基因會監督該把哪一親體提供的粒線體給毀掉。matA基因的變種有層級高下，所以假如攜有matA12跟matA2的兩個細胞融合了，隨著matA12細胞而來的粒線體都會被毀掉；而如果帶有matA12的細胞跟matA1融合了，伴隨matA1而來的粒線體將會被砍掉。我認爲這種系統的演化並不常見，原因是這種系統的運作很困難，但是各地的黏菌竟然能讓這套系統成功運作，在此致上十二萬分的敬意。

親愛的塔提安娜博士：

我想，在我們綠藻（學名為Chlamydomonas Moewusii）當中，我是唯一的男人：我製造的性細胞小而典雅，不像其他製造出來的那麼大而粗野。然而，身為唯一的男人並不代表就此安枕無憂。那些粗野的大型性細胞能彼此融合，所以我不是那麼特別搶手：事實上我懷疑我的性細胞受到了歧視。這真是不公平。這到底是怎麼搞的？

塔拉荷西・準備打官司的綠藻　敬上

我懷疑你是個生不逢時的男人；你的時代還沒來臨。你死而無子的機率，要比成爲某大綠藻部族共同始祖要來得高。爲什麼?你們的物種屬於同形配子，而你是變種，製造出來的性細胞比他人的來得小。你的性細胞跟標準的性細胞融合，所形成的細胞稱爲合子（Zygote），比正常的細胞來得小。這樣肯定會降低它的生存機率。

你眞的是運氣不好。擁有雄性（生殖細胞小）與雌性（生殖細胞大）的物種都是由同形配子的生物演化出來。的確，雖然動植物早已不再使用同形配子了，但是一般相信，這兩大生物群的遠祖應該都是同形配子。所以，從擁有兩種性別的同形配子生物，轉變到有雌有雄，兩者之間的神祕動力究竟是什麼？我現在只能回答說有好多種說法，但沒有肯定答案。

要解決演化出雌雄兩性的棘手難題，必須假設存在某些力量，有利於那些製造大型或小型性細胞的個體，卻不利於中等大小的。乍看之下，要解釋爲何製造小型性細胞的個體有利，其實並不困難：性細胞小，可以大量生產，而性細胞數目比對手多，與異性性細胞融合的機率就會大增。話雖如此，就如同你所看到的，如果小型性細胞會傷害合子的生存機率，其實佔不到什麼便宜。沒錯，倘若我們合理假設，合子如果要能存活，其大小至少要跟兩個同形配子融合後所產出的合子相同。所以，只有在同一時間，某些個體開始製造較小的性細胞，而其他個體製造大型性細胞，才有可能演化出雄性與雌性。

然而是什麼力量有利於製造數目較少、體格較大的性細胞的個體？這一點則更難以理解了。最合理的推測認爲，在汪洋大海中（第一代雄性及雌性必定悠遊其中），大點兒的細胞比較好找，也許是比較容易碰到，或是因爲散布化學吸引素時較有效，就好比大聲喊叫：「我在這兒，我在這兒！」

然而，假如你讀過我與黏菌的通信內容，你可能會好奇，演化出大小性細胞，與控制粒線體或葉綠素遺傳是否有關連。你很容易會這麼想。畢竟，卵子帶有許多細胞質，而精子沒有。所以，有可能因爲她已帶有大量基因元素，所以他可以省事偷懶了。

只是，我再說一次，答案也可能不是。沒錯，在大部分有雌有雄的物種裡，那些基因元素只遺傳自單一親體。然而，該親體不見得必然是母親。而且控制基因元素與卵子精子的演化，並沒有證據顯示兩者之間有關連。先生，恐怕粒線體是最不值得你憂慮的。假如你需要的話，去找個律師吧，但別指望能打贏官司。

親愛的塔提安娜博士好：

我們是隸屬加州海兔（Aplysia Californica）物種。我們經常舉辦樂翻天的性狂歡派對，同時扮雄又扮雌。沒錯，面對前面的海兔我們是雄性，面對後面的海兔我們變成了雌兔，而且這樣的派對可以連續瘋狂好幾天！這種系統實在是太棒了，比起只有雌性或雄性要好得太多。我們都無法理解，為什麼不是全部的生物都效法我們？

為什麼世上生物並非全部是雌雄同體呢？

聖塔卡塔利那・提倡性愛群交海兔　敬上

浪濤下的性狂歡！哇，我可以想見：你們這種美麗的生物，像是失去了殼的蝸牛，爲了掩藏此一事實，所以用精緻多彩的薄膜褶覆蓋了起來，安閒地組成交配鍊。你們海兔顯然是太心無旁騖於你們的性狂歡了，以致於無視別的雌雄同體生物。倒也不是所有雌雄同體生物都有性狂歡——他們另有各式各樣的姦淫法。我舉九個例子給你聽。

範例一：黑色小村魚（Black Hamlet Fish），這是一種住在熱帶海域的小型肉食魚類。日落前一或兩小時，發情的魚會在珊瑚礁邊緣游來游去尋找配偶。接下來每對情侶會輪流扮演雄性或雌性角色，每回合噴精噴卵之後，再互換角色。

範例二：細雙身蟲（Diplozoon Gracile），這是一種住在魚鰓上的寄生血吸蟲。每對交配的細雙身蟲會變成連體嬰：事實上最後也永久融合在一起，生殖器永遠扣在一塊兒。希望他們不會彼此憎厭。

範例三：歐洲大蛞蝓（Limax Maximus）。要雲雨一番之前，兩隻蛞蝓會一起坐在樹的枝幹吐膠塊約半小時，這相當古怪。接下來，他們把身體包在一起，頭朝下躍離樹幹。他們不會栽到地面，而是掛在空中，用膠塊做的繩索懸吊著。在他們頭下腳上吊著晃來晃去之際，就由頭部側面舒展開雪白、如彩帶般的陰莖。陰莖也在空中晃來晃去（位置在愛侶下方約三公分），相互交纏著，頂端壓在一起，以便交換精子。事實上，兩隻蛞蝓都沒進入彼此的身體，交合過程持續好幾個小時。而歐洲大蛞蝓的近親紅點蛞蝓（Limax Redii），一樣是陰莖長在頭上，做愛時是顛倒掛在空中的，陰莖在空中晃來晃去，長達八十五公分，相當於三個香檳瓶的長度。說到這裡眞叫人腦充血。

不過，你問了一個有趣的問題：爲什麼不是所有的生物都是雌雄同體？或者，換種說法，在什麼時機下，雌雄同體要比只是男是女要好？很抱歉，答案跟性狂歡無關。

用最簡單的說法來解釋，當雌雄同體的報酬（依天擇常用的貨幣來測量，便是子孫）高於單一性別的個體，就會進化出雌雄同體生物。什麼時候會出現這種狀況呢？假如個體數目稀少，在這種情況下很難找到配偶，那麼雌雄同體便佔有優勢。雌雄同體生物通常有能力自體受精，就算不行（或者不願意），原則上他也會有能力跟碰見的每個同類交配。如果身兼雙性不會有其他的麻煩，日子就會好過些。要經由蜜蜂或其他生物授粉的植物，不管屬於哪種性別，都得製造出漂亮炫目的花朵。所以，假如植物能身兼雙性，必須付出的額外成本較低。的確，假如授粉者主要是受到花粉吸引，那麼全是雌性的花朵（也就是不生產花粉）必定無法招蜂引蝶。相形之下，由風授粉（風媒）的植物就不會受限於他們能吸引到多少授粉者，而是他們能把花粉傳得多廣，或者是他們能產出多少水果。在這種狀況下，個體若專長一項特性，比如花粉或水果，會更有效果。

理論上如此，但是證據吻合嗎？風媒的開花植物的確傾向非雌即雄，而由動物媒合的植物則偏向雌雄同體。然而除此之外，要歸納出通則就極爲困難了。雌雄同體生物的性行爲更多變。大部分主要的動物群體當中，都可以找到雌雄同體，從扁蟲到魚類不等。而且在許多動物群體中，雌雄同體才是正常。然而在某些群體當中，雌雄同體就很罕見，甚至已絕跡了。例如，數十萬的昆蟲物種當中，目前只知道有一或兩種是雌雄同體。而在哺乳類、鳥類及爬蟲、兩棲動物裡，根本沒聽過有雌雄同體。更讓人不解的是，在觀察雌雄同體動物的分布狀況時，並沒有發現存在有顯著的生態關係（比方低密度）。例如魚類當中，大部分魚種都有雌有雄。然而，生長在環境大不相同的某些魚種仍演化出雌雄同體。你或許還記得，住在紅樹林裡的將魚朋友。接下來呢，還有稍早前提到的黑色小村魚以及熱帶珊瑚礁魚類（淺水）的親戚們。此外，還有深海的雌雄同體生物。相形之下，櫛水母全部都是雌雄同體，除了某些住在最深海域的族群是例外。更糟糕的是，拿雙殼貝類（Bivalve，有兩扇殼可以絞合起來的，比如蛤、蚶、貽貝之類）和藤壺類（Barnacle）相比。雙殼貝生物當中，性好寄居其他宿主的偏向雌雄同體，而獨立生活的物種則偏向非雌即雄。然而在藤壺類生物中，情形卻顛倒過來，獨立生活的通常是雌雄同體，寄居宿主的才有性別之分。這世界到底是怎麼了？

情形會如此混亂，有三點原因。第一，要從個別的性別演化成雌雄同體，或者顛倒過來，可不簡單。我們的了解有限。但可以確定的是，要從單一性別演化到雌雄同體，生物必須演化出第二個有用的生殖腔道。要達到這一點是很困難的，需要數次的基因突變，但這是不可能發生的。不過，這種性別轉換，某些族群確實比起其他物種要容易。而且，就算在基因上不成問題，還有別的考量因素在作梗。舉例來說，雌雄同體生物的某些行爲會阻止個別性別的形成。雌雄同體社群當中，比如黑色小村魚好了，交配是基於互惠原則，雙方交換精子及卵子。單一性別的個體會遭到歧視，不被當成夥伴，原因在於他或她無法參加性遊戲。

第二點原因是，對雌雄同體生物有利的環境，情況各異；雌雄同體生物的生活方式沒有一定的標準。最後，就在你以爲有利於雌雄同體形成的環境，比如群體密度很低，也可能出現其他同樣成功的解決方式。舉例來說，要解決配偶稀少、距離遙遠的困境，雌雄同體並不是唯一方式。取而代之的方式有：想求偶的可以在固定時間、地點集合在一起。有許多海洋生物會大規模的噴精，七月月圓（信號湊巧是什麼都成）時，數百萬生物會不約而同的聚集到潟湖。而且我推測，雌雄同體的昆蟲會這麼少，原因正是他們也演化出同樣可以開花結果的替代方式。

最後，道別之前我再告訴你一件事。並非全部物種不是分雌雄就是雌雄同體。某些物種裡雌雄同體跟雄性並存，另有些則是雌雄同體與雌性兼有。還有一些更大膽的物種，比如生長於墨西哥、靠蝙蝠授粉的武倫柱（Pachycereus Pringlei）仙人掌，雄性、雌性及雌雄同體都各有一些。有鑒如此，請給「三人行、三人家庭」來記「愛的鼓勵」吧！

親愛的塔提安娜博士好：

發生意外了，嚇死人了！我一如往常坐在海底的老地方，突然覺得鼻子癢。我是綠匙蟲（Spoon Worm），沒有手，無法搔癢，只好大力吸口氣。結果我竟把我老公給吸進身體了。我試著一直打噴嚏，但他卻沒再出現。我該怎麼辦才能重新得回老公呢？

馬爾他・呼吸太過沉重的母綠匙蟲　敬上

唉，老公被妳吸進去了，哭是沒用的。他倒是心甘情願被妳吸進去，而且他也永遠不會再回來了。現在呢，他應該已經在妳的「雄蕊群」定居了，以字面意義來說，也就是「小男人之房」。這是妳生殖腔道裡的特殊房間，他可以坐在裡頭，讓過往的卵子受孕。他怎麼容得下身？小男人只有妳的二十萬分之一：妳和他比起來，就好比人類男性跟鉛筆末端的橡皮擦相比一樣。妳可以貯藏二十個丈夫也不會有問題。

但是，妳絕對不可以輕視尺寸比妳小的情郎。妳只是運氣好，才有辦法逃離他那種命運。綠匙蟲的幼蟲剛孵化出來時是無性的，它的性別決定於剛出生頭幾天所發生的事情。假如這段期間內，幼蟲碰到雌性，它就變成雄性的。假如大約三週它都沒碰到雌性，那麼它就會在某個舒適的罅隙安身下來，自己變成雌性。

這聽來可能有點不可思議，在許多方面的確如此。只是，進一步探討妳古怪的性生活之前，不妨留意一下更爲奇特的現象。若說「雌性」或「雄性」是生物最基本的特性之一，相信妳應該不會反對，畢竟雄性和雌性在數百萬種生物裡確實存在。所以妳可能會認定：某些生物會變成雄性或雌性的方式，與其他生物大同小異，而你們的情況是獨一無二的。但是妳都錯了。令人驚訝的是，決定生物性別的方式，差別非常大。你們綠匙蟲絕非唯一由周遭環境決定性別的生物。

廣義言之，決定性別的因素，不是基因就是環境；然而，在這兩大因素當中，卻可能出現各種變異，其中還經過了數次的演化。舉例來說，最常見的判定性別的方法之一是特殊染色體。哺乳類動物之中，雄性有ＸＹ染色體各一條，雌性則有兩條Ｘ染色體。鳥類的情況正好相反，公鳥有兩條Ｚ染色體，而母鳥則有一條Ｚ以及一條Ｗ染色體。果蠅呢，有ＸＹ染色體的爲公蠅，而蝴蝶則是有ＺＷ染色體的則爲母蝶。蜥蜴則屬於兩者之間：有些族群有ＺＷ染色體的爲雌性，另有些則是有ＸＹ染色體的爲雄性。都快被搞糊塗了。這只是以染色體而言。我還沒提到那些雄性由未受精卵孵化的生物，一般認爲這系統至少演化過十七次。更甭提有些物種的性別是由多種不同基因的複雜互動而決定的。

環境因素又如何呢？對許多爬蟲類而言，重要的是他們的卵孵化時的溫度。所以，短吻鱷（還有更多爬蟲類）的卵是埋在涼砂裡，孵出來就是母的；若在暖砂裡就是公的。海龜的情形剛好顛倒。鱷龜及鱷魚甚至更古怪，埋蛋的砂坑若清涼（大約攝氏二十度或華氏六十八度）或是炎熱（攝氏四十度或華氏一〇四度）都會孵出母的；而介於中間的溫度則會孵出公的。更叫人疑惑的是，吸食可可亞樹汁的熱帶昆蟲斯氏同翅目蟲（Stictococcus Sjoestedti），蟲卵若感染某種特殊的共生眞菌，孵出來爲雌性，若未感染的則爲雄性。有鑒於此，他們都跟妳一般，性別是由社群環境取決的。

對許多生物個體而言，這牽涉到變性。有一種多毛小頭蟲（Capitella），雄性若在特定時間內無法碰到雌性，就會轉變成雌雄同體。牡蠣養殖場裡惡名昭彰的拖鞋賦螺（學名爲Crepidula Fornicata），每隻成蟲一開始都是雄性。然而，要是某公螺發現自己落單了，就會很快變成母的，再吸引別的公螺。其他的拖鞋賦螺會疊上去，逐漸形成曖昧的賦螺堆。拖鞋賦螺性交時，公的在最上面：雖然個頭小，但公螺有壯觀的長陰莖，可以和最底層的母螺交配。但越堆越高，一度在上的公螺發現自己落在中層，就開始變性，過程中把自己的陰莖收回來，變成母的。更怪異的還有一種名爲Ophryotrocha Puerilis的海蟲。假如兩隻母海蟲發現攪和在一塊兒，體格較小的就改變自己成公蟲。然而，因爲母蟲發育比公蟲來得慢，所以公蟲很快就變成同一對配偶裡個頭較大的。就在那個時候，像是變魔法一般，兩隻海蟲的性別都改變了！如此一再循環，到最後，已經在一起很久的配偶，乾脆同時變成雌雄共同體。這樣的生活眞是令人羨慕呀。

只有在個體不管身爲雌性、雄性或雌雄同體，生殖成功機率會因爲環境而差異很大時，才會演化出可任意變換性別的生物；這是通則。社會環境不會是唯一有影響的力量。舉例來說，假如雄性體格不夠大，就無法成功繁衍下一代，所以生命開始時先當雌性，等到成長到體格相宜時，再變成雄性，這樣可能較爲有利。然而，如果身爲某一性的風險高於另一性，那麼擁有選擇性別的能力，就非常便利。

這一點讓我想到了妳。母綠匙蟲的風險要比公蟲來得大。她要兩年才能發育成熟，期間可能會被魔鬼魟吃掉，而且就算長大成年，也可能始終找不到配偶。所以，幼蟲碰見母蟲就變成公的是很明智的做法，這樣不僅可以確保找到配偶，而且一旦準備好就可以開始繁殖。妳身上到底具備什麼特性，使得幼蟲想要成爲公蟲。妳那可愛圓球狀的身軀，尤其是妳那長而痙攣的口鼻部，會分泌通稱爲波乃林（Bonellin）的氯化物（那種物質是依妳們的學名「綠色波乃利亞」Bonellia Viridis而命名的）。只要有一絲波乃林氣味，就足以叫任何一隻幼蟲聳然警覺，聞風而至。

但我猜想，妳最想知道的，應該是爲什麼妳的情郎們體型會如此渺小吧。是什麼樣怪異的環境，可以促使天擇把男人變成睪丸大小？可能有兩個因素。第一是假設雌性安居不遷徙，第二是假設她們零散分布於各地。那麼雄性最大的挑戰就是找到配偶。他的體格越小，就能越快成熟

（不必浪費時間在長大），而且越早開始覓偶。

體格大小的問題，不僅只是綠匙蟲的怪癖；許多居住地分散的物種，情郎長得像是從小人國跑出來的。我們看看琵琶魚這種住在最冷、最深海域的怪物。母琵琶魚不太游動，只在黝暗的海水中漂浮著，準備伏襲獵物。就像古代洗劫遇難船的海盜，這些可怕的母魚擁有特殊的懸吊物和燈籠，專門吸引好奇的獵物前來，以便「送他們上路」。獵物是整個被吞掉的，母琵琶魚用滿是尖牙的血盆大口以及可膨脹到很大的胃袋吞噬獵物。公的琵琶魚跟妳先生一樣，體格很嬌小。然而他們可以因此贏得全體物種的「大鼻子情聖」獎（Cyrano de Bergerac Award），因爲就身體比例而言，他們擁有最大的鼻子。可想而知，公魚是用巨鼻在遼闊的大洋深處尋找雌伴的。要是他們能找到一隻母魚，就會咬進她皮革般的黑色底腹，與她的身子融合，而變成永恆的附掛品，跟一對生殖腺差不多大小。然則他們的下場，比起被判處無期徒刑住在妳的小男人之房裡，要光彩些吧！

親愛的塔提安娜博士：

我是斑點鬣狗（Spotted Hyena），是母的。唯一的困擾是，我居然有條很大的陽具。我真的覺得這實在是太不淑女啦。我到底是出了什麼錯？能設法補救嗎？

波札那・不想當男人婆的母斑點鬣狗　敬上

沒人指望鬣狗能有淑女氣質的，更遑論當中體格最大、行徑最壞的斑點鬣狗。棕鬣狗與條紋鬣狗會跟兀鷹爭奪動物死屍，而且有時雙方能共享戰果。土狼（Aardwolf，黑白色、外表俊美的鬣狗）會利用帶刺的舌頭吞食收穫者白蟻（Harvester Termite），一個晚上就能幹掉二十萬隻以上。然而斑點鬣狗卻是令人生畏的掠食者。單單一頭鬣狗就能獵殺體重比他重三倍的成年公黑尾牛羚（Wildebeest）。獅子跟鬣狗雖各有優點，然而獅子揀食鬣狗的情形，通常多於鬣狗獵食獅子。至少，如果獅子能及時趕到的話。一頭斑點鬣狗可以在不到兩分鐘內就吞掉未成年的（重二點五公斤）湯氏瞪羚（Thomson’s Gazelle Fawn）。二十一隻鬣狗有辦法在十三分鐘內吃掉一頭剛活一年的黑尾牛羚（重一百公斤），而且殘跡無多。鬣狗的顎部強健發達，可以咬碎骨頭，連犀牛的骨頭也不例外；而且不只吃掉骨髓而已，鬣狗與別的食肉動物不同，在於他們有辦法消化骨骼。鬣狗的糞便呈白色，原因就在於此，幾乎都是骨粉。鬣狗殺死獵物的方法，通常是第一口吃掉柔軟部位，如生殖器或乳房，不然就是胎兒（假如有的話）。

所以妳可以了解，你們的族群可不是飲茶品嘗糕點、講究紳士派頭的社群；淑女顯然無容身之地，而且不僅考量餐桌禮儀是如此。基本上，斑點鬣狗成群生活，每一群由母的首領當家作主。然而，除了有時會成群打獵（尤其在獵斑馬時）之外，幾乎沒有其他的合作形式。除此之外，鬣狗群還會瘋狂搶食。鬣狗進食會這麼快的原因之一，目的是趁別的鬣狗趕到之前盡可能狼吞虎嚥。唯一能起制衡作用的是嚴格的社群階層劃分，母首領跟她的子女比誰都有優先權——其他母鬣狗比所有公狗都優先。不像其他的鬣狗公母大小約略相等，斑點鬣狗倒像是食肉猛禽，母鬣狗比公的要大而重。而陽具呢？至少沒人能譏笑妳會有「陽具欽羨」的心理情結了。

由外表來看，公母斑點鬣狗的生殖器看來非常相像，以致於多年來一直被視爲雌雄同體生物。然而母斑點鬣狗身上看似陽具的器官，其實是極度放大的陰核，能夠完全勃起。陰唇閉合起來，形成假似陰囊的東西。所以，排尿、交配及生產必定得經由陰核才行。

該怎麼辦呢？假如妳眞想知道的話……告訴妳好了。到了青春期，陰核的口部就會變得有彈性，能打開大約直徑兩公分。爲了交配，母鬣狗會把陰核縮起來，摺成六角風琴的形狀，由此形成孔狀物，讓公狗能插入。然而斑點鬣狗的生產過程才是最古怪的。初次分娩的母狗產道形狀很滑稽，不像大多數哺乳類呈直線通道狀，而是有銳角、彎道。更糟糕的是它有六十公分長，比體型類似的哺乳類要長上兩倍。但是臍帶管卻很短，只有十八公分長。一旦胎盤剝離，鬣狗狗崽子若不馬上生下來，就會窒息而死。但是鬣狗嬰兒的頭太大了，很難通過陰核，所以母鬣狗第一次生產時，陰核會裂開，好讓崽子能出來。這不僅僅是錐心之痛，經常還有喪命之虞。科學家計算過，母鬣狗頭一次分娩，其中有一〇%因難產而死，半數以上頭胎的鬣狗崽子死產。（諷刺的是，因爲陰核自此無法復元，母鬣狗接下來要生產就沒有生命危險。）

所以我們得到一組古怪的事實，其中最主要的便是母斑點鬣狗的生殖器官會讓她付出慘痛代價。這眞是令人費解。這樣的器官要不是能帶來某些顯著的好處，不然它就是其他可帶來顯著好處的特性所衍生的悲慘副產品。

我們由器官本身談起好了。有人指出兩個優點。第一說乃是雌性擁有類似陽具的結構，才能參與入群歡迎典禮，扮演要角：因爲斑點鬣狗集會時，會頭朝尾站立，檢查彼此翹起來的傢伙是陰是陽。雌性如果能參與儀式，就能伸張對雄性的支配權。這種想法也許可以吸引佛洛伊德信徒，然而這似乎不足以解釋爲何要有這麼一個會致命的器官。

第二種說法就更難以採信了：斑點鬣狗的做愛機械學如此巧妙，這樣母狗就可以拒絕自己不想要的公狗攻勢：交合必須雙方充分合作，強暴是不可能的。然而從來沒聽過公鬣狗強姦的事實。此外，母鬣狗的體型比公狗要大上那麼多，而且犬牙如此之大，求偶時公狗可說異乎尋常地有禮貌，卑躬曲膝，匐匍而前。母鬣狗根本不必有陽具就能自衛。

這兩種說法沒一個有說服力，我這麼說，相信妳應該不會反對才是。那麼，如果母鬣狗身上陽具般的東西，是因爲天擇選取「別的東西」而產生的副產品，情況又是如何？乍聽之下這似乎較令人信服。「別的東西」極可能就是：侵略性。我們都知道鬣狗社群侵略成性，因此好侵略的母鬣狗比起柔弱的更佔有優勢，這樣的推論是順理成章的。此外，鬣狗胎兒所在的子宮內，有極高量值的睪丸黑酮及其他雄激素（即「雄性」的荷爾蒙）。生物在子宮內接觸到這些荷爾蒙會形塑出侵略個性：例如母的老鼠若在胎兒時期夾處在兄弟之間，所接觸的雄激素分量，要比在姊妹之間來得高，長大之後侵略性較強。而且最重要的是，在子宮內接觸到高劑量的雄激素會導致嚴重的生殖器畸形。在人類的例子當中，若女嬰在母體子宮內接觸到過多的雄激素，陰核會長得超大，而陰道部分則會閉合起來。所以問題在於：雌性斑點鬣狗的侵略性格獲得強化的天擇優勢，能彌補必須由陰核來交配及分娩的代價嗎？

或許可能。斑點鬣狗生命伊始，就猙猙露牙，往後的生命過程皆如此。大部分鬣狗出生時一窩兩隻，而先出生的不管是公是母，幾分鐘內就會攻擊第二隻出生的，結果經常是死亡。殺死同窩兄弟姊妹可以讓存活下來的鬣狗崽子獨佔母親的乳汁；因爲小鬣狗要吸母乳達一年以上，所以成功殺死同胎手足可增加自己長大成年的機率。所以有個看法是：子宮內雄激素濃度高，是天擇的優勢，因爲可以強化胎兒出生之後的暴力傾向。然而這種說法仍無法解釋：爲什麼手足相殘的情形，在同性鬣狗身上要比異性來得頻繁；另外，爲什麼都是雌性的一對，又比都是雄性的一對，來得更常見。假如手足相殘是合理的解釋，那麼鬣狗崽子是希望有兄弟姊妹的，不管性別是什麼。

有種更具有說服力的說法是，侵略性之所以有利，是因爲支配關係可以因侵略性而得到調和，居主宰地位當然有很多可觀的好處。高階層的母斑點鬣狗比起地位較低下的同胞，可以在更年輕時便懷孕，每胎間隔也較短，而且子孫存活到成年的數目要多兩倍。這一點差異很大，而且有可能抵消陰核變成假陽具而得付出的代價。

然而，令人遺憾的是，以上的解釋仍無法完全解開這個謎團。某項針對斑點母鬣狗陰核的研究顯示，阻止雄激素流入母鬣狗子宮，也無法倒轉出現「標準」的雌性生殖器官。之所以生成陽具般的陰核，其實有大部分原因與荷爾蒙無關。過去認爲，發育出陽具般的陰核是天擇作用的副產品，目的是爲了增強侵略性，這種想法因此站不住腳。所以，恐怕在人類對該結構的發展有更多的了解之前，妳爲何會有獨一無二、代價不菲的陽具狀陰莖，仍是一個謎。

然而妳的處境卻顯示了一個普遍的現象，那便是除了最基本的「雄性造精子、雌性造卵子」這一點事實以外，別無通則，即使是最典型的與性別有關的領域亦然。我給妳兩個例子好了，那便是生殖器外觀以及養育子女。

在數不清的動物族群當中，雌性已演化出體內受孕，我們假設這是爲了可以確保卵子能與精子相遇。體內受精可以由雌性蹲坐到精子包上來達成，例如某些類及兩棲動物的情形。只是，體內受精演化，經常伴隨著陰莖的演化，也就是輸送精子的結構。陰莖被改造的頻率，比輪子還頻繁。這一點卻可解釋爲何在不同族群當中，雄性象徵是由身體不同部位所形成，比如頭部、口部、腳、觸鬚、鰭等等。有些陰莖的改造相當古怪。例如蜘蛛的陰莖像是輪子扭成三角形的模樣。妳可能還記得，公蜘蛛是利用由口部改造而成的鬚肢傳送精子。只是鬚肢很不方便，跟身體生產精子的地方毫無關係，所以在交配之前，公蜘蛛會先織張小小的網，把精子滴在上面，再把精子弄進鬚肢裡，就好比把墨水吸進鋼筆墨水夾當中。海馬當中，有「陰莖」的是雌性，她們把卵子產進雄性的育兒袋當中。有一種生長於紅海、學名爲Sapha Amicorum的海蛞蝓，是一種小型的雌雄同體生物。他們把自己的雄性性器藏在口中，所以他們的交配動作是來一個超級吻（Extraspecial Kiss）。還好他們不必去看牙醫。然而，我碰過最奇怪的乃是章魚遠親的做法。這三種生物全部離棄海床，搬到開闊水域。其中最出名的乃是紙鸚鵡螺（Paper Nautilus）這種輕靈、美麗如仙的生物。母的紙鸚鵡螺體色白得發亮，有紫、藍、紅三色的斑點，有漂亮的白殼，在海水中浮游。幾乎沒人瞧見過公螺，連他的配偶也一樣。事實上，他只把陰莖（改良過的觸手）發射出去，然後陰莖就能獨立在母螺體內過生活，而母螺似乎一次能招待好幾位入幕之賓。

這種情形眞是詭異，無怪乎早期的博物學家會把該陰莖當成寄生蟲了。想像一下，若芳心難耐的母鸚鵡螺登求偶廣告，內容只需寫：「射後不理。只須把您的器官送到可愛的窩！」就可以了。

照料子女是「大自然之母」另一項最中意的發明，而且在各生物之間的演化程度不一。並非是母親獨佔這項活動：依物種不同，照料子女的可以是雌雄同體、雄性或雌性。舉水蛭爲例好了。這種吸血的雌雄同體生物展現出最基本的父愛，保護卵子囊不被掠食者吃掉。有些水蛭則是更進一步。一種名爲Marsupiobdella Africana的非洲水蛭，就採用袋鼠的方法，把下一代放在育兒囊之內。另一種名爲Helobdella Striata的水蛭不但把下一代黏在親體的腹部，還捕獵小蟲給他們吃。不然，我們看看蛙類好了。大多數蛙類用噴精產卵來繁殖，就只這樣。但有某些蛙類，育兒是很細心的。綠箭毒蛙（Green Poison Arrow Grog）就會用很長的時間來照顧蝌蚪。這種體型小、優雅的生物住在中美洲森林的樹葉堆上。一如其名，他們最負盛名的原因乃是皮膚有毒。住在林中的人類利用箭鏃刮過箭毒蛙的背部，收集毒液，打獵時射中的獵物就會因此麻痺。然而這些蛙類似有値得尊敬的地方，足以當成父親楷模。公蛙母蛙交配之後，母蛙就會在樹葉堆上產下一小撮卵。公蛙負責照顧卵，他會坐到水窪當中，再回來趴到蛋上，以保持蛋的濕潤。他會由自己的水窪往外跋踄，尋找水池，這樣當蝌蚪成熟時就可以投進去。水池有可能是鳳梨或樹幹裂隙上堆積的雨水。幾週之後，蝌蚪孵育出來，他會一次帶一隻到已經選好的水池去，把蝌蚪投進去。

各種不同的育兒方式變化多端，迷人、閃幻有如龐大萬花筒裡的碎玻璃，經常會讓預言家跌破眼睛。我自己最喜愛的例子是噴沫脂鯉（Spraying Characid）。這種小魚住在圭亞那黝暗的河流裡。就魚類而言，最讓人驚訝的是，他們在河水以外的地方產卵。公魚母魚要噴精產卵時，會一起躍離水面，暫時黏附在由河岸懸垂到河面的草葉或植物葉片背後。每一跳，母魚就會產下一些卵，然後由公魚受精。如此一再反覆，直到母魚生下大約三百枚卵爲止。接下來爲期三天，公魚會用尾巴在魚卵上灑水，以免它們乾掉。如果下雨了，當天下午他就休息。不然，再舉個和鬣狗比較接近的例子好了，我們看看住在馬來半島的達亞克水果蝙蝠。這種生物的雌雄兩性都會分泌乳汁，共同分擔餵食給下一代的責任。雌性有陰莖，這樣會比魚離水產卵或是雄性哺乳類分泌乳汁，來得更奇怪嗎？

性別可以錯置。下次假使有人說些陳腔濫調，發表什麼「女人做這，男人做那」的言論，你就可以用下列的詩句來回敬他：

瞻彼夫婦兮猶疑
何爲夫兮何爲妻？
愼乎子其易誤，

謬兮鐵口直卜！

有物易性於午憩；
他物陰陽兮倦疲，
雄魚青春而無暇，
安子孫兮無寧宇。

論彼性之主題，
造物狡兮愚迷；
毋必乎謹記，
無法乎齊一！

第13章

完全的處子

想必各位當中一定有很多人這些年來一直寫信給我，因爲你們一直在收看我的熱門電視節目「顯微鏡下：離經叛道的生活秀」。你們都曉得，節目裡不少來賓就算不能斥責爲徹頭徹尾的怙惡不悛，也算得上怪異。當然啦，觀眾們已經習慣各類詭異的性行爲。然而幾個星期之前，節目的來賓實在太煽情刺激了。我不曉得你們有沒有收看當天的節目，現場爆發了最駭人的打鬥，事實上應該稱爲暴動。我很遺憾必須承認，自己幾乎完全無法控制當天節目的內容。

大家會這麼反胃，我並不驚訝。那位謎一般的來賓甚至連最詭異的性行爲都沒有，實際上該說根本無性。更糟糕的是，她家族的成員八千五百萬年以來，沒一個曾經做過愛。這眞是令人憤慨；科學家對性的目的是什麼並無共識，但他們都同意：基本上沒有性是不可能的。所以，假如我們的來賓眞能無性，或者不需要男人，就能成功存活下去，那我們其他生物又有何不可？性有什麼好處？它眞的過時老套了嗎？男人是否有絕種之虞？此類問題牽涉到生物學當中最基本、最有爭議的課題：性是爲了什麼？因爲這個話題的大部分層面在節目中都已被熱烈的討論過，所以以下的篇章，容我針對那場騷動解釋一番。

當天的觀眾人數是有史以來最多的一次。常客都來了：好戰的公羊跟他妄自尊大的犰狳朋友都坐在他們慣常的前排座位上。迷你鼠蜷縮在小型動物包廂裡；信鴿也蹲在他們習慣的架位上。來自剛果河、讓人人印象深刻的吹氣河豚魚「莫比」也一如往常在淡水魚箱裡上下翻騰。然而，觀眾當中有很多都是第一次前來的。我注意到鹹水水槽一隅有「一烤箱」（不知這個集合詞對不對）的蛤蜊。好幾隻巴西蜥蜴看起來面有病容，神情抑鬱，掛在左半邊牆壁一半高之處。後排座位擠滿了激進的女性主義者，身上的T恤寫著：「男人?鬼才要！」「妓女才要搞！」攝影棚內，興奮與仇恨的氣氛沸騰。會這麼紊亂，原因何在?為了我們的來賓，那就是獨一無二的「玫瑰色輪蟲屬旋輪蟲」（Philodina Roseola），即蛭形輪蟲（Bdelloid Rotifer）。

若只觀看蛭形輪蟲小姐，你猜不出她就是演化過程中最大的醜聞之一的核心人物。她的體型修長，全身呈半透明，與其說看來像動物，倒不如說像由威尼斯淡粉紅玻璃吹捻出來的口袋型望遠鏡。在正常情況下，你不會看到望遠鏡吃海藻，上節目前蛭形輪蟲小姐顯然還在吃。整個晚上節目進行當中，還可以隱約從她玻璃狀的身軀瞧出來，剛剛吃過綠藻大餐沒消化完的東西。（這是我的失職；我通常會建議身子半透明的來賓上節目當天別進午餐，但當天我忘了。）只是，她全身最受矚目的特色在頭頂上，那兒長了一對碟形物，上頭滿是上下鼓動的纖毛，那些微小的毛鬚機械般的動作讓人產生幻覺，好像碟子像輪子般轉個不停。當然，她的身高不到半釐米，所以我們得把她舒舒服服地安頓在苔蘚葉片上，再打開顯微鏡，把她放大的形影投射在我髮梢之後的螢幕上，大家才能細細看到她。我倆看來很搭調；我穿著鮮紅套裝，一如往常般迷人。她看來一副純眞無辜模樣。就是因爲看來純眞無辜，才讓引發了種種的麻煩……。

節目的開始跟往常大致相同。我先歡迎觀眾，向大家介紹蛭形輪蟲小姐，先提一些無關緊要的細節，比如她最愛的棲息地點（潮濕的青苔），還解釋了「輪蟲」一詞，事實上是指「背輪子的生物」。然而就在我開始談到她性生活的離奇之處，騷亂就開始了。

我說：輪蟲小姐，請跟大家談談妳們家族裡最後一次有人做愛大約是什麼時候？

輪蟲小姐說：嗯，我想，我們家上次有人去約會，大概是八千五百萬年前吧。

我（朝向觀眾）說：大家大概以爲自己聽錯了，是吧。（轉頭跟輪蟲小姐說）沒有性愛，連接吻一下也沒有，早自恐龍絕種之前便是如此。爲什麼呢？

輪蟲小姐：我們祖先禁絕雄性；她們說，沒有男人比較好。

攝影棚內頓時冷笑及口哨聲大作，但是從激進女性主義者座位席傳來響亮的喝彩。

我說：那麼，妳們怎麼傳宗接代呢？

輪蟲小姐：我們自我複製。

接下來眞是鬧得不可開交了。迷你鼠甚至昏了過去。然而，從前我瞧過這種反應；好多動物，尤其是哺乳類，對複製感到驚恐莫名。他們似乎認定複製會產出一堆怪物之類的東西。所以我有必要提醒大家，複製不過是不用性而生殖的一種方法罷了，數十億可敬的生物每天都幹這回事。接下來我排列出標準範例：草莓會長出橫生枝兼新芽；酵母菌等一干生物自己會冒芽；海綿、海葵及各式各樣蟲子身體斷掉了會再生，每一斷片都會長出全新的生物來；每一種雌性動物（含蛭形輪蟲）都會產下無性生殖的卵子。同時，冒著可能讓不少來賓感到狼狽困窘的危險，我指出甚至哺乳類偶爾也會複製，也就是在胚胎開始分裂發展的早期階段，話雖如此，產生的個體通常不叫做複製，「孿生」是較有禮貌的用詞。這眞是典型的哺乳類政治正確。

奇怪的是，大家老是一次又一次忘記，複製本身沒什麼不好，有複製，再加上適當次數的做愛，才能眞正擁有健康快樂的生活方式。我跟觀眾們解釋，只有徹頭徹尾放棄性愛，才會有麻煩。

然而，至少乍看之下棄絕性愛是有利的，由遺傳觀點來看尤其如此。做愛可能很有樂趣，但複製的效能相形之下卻大得多。若其他特性都相同，那麼同一族群中，無性生殖的雌性能擁有的後代，比起有性愛的同伴要多一倍。要了解原因的話，不妨這樣思考。有性繁殖的生物，比如人類，每個雌性都必須有兩個子女，族群才能維持原有大小。若雌性的子女數少於兩個，那麼族群總數會減少；若多於兩個，會增加。然而，在無性生殖族群裡，雌性只要有一個後代，就能讓族群維持原來大小；若多於一個，族群就會擴大。

雖然無性生殖行爲經常會演化出現，從水母到蒲公英、蜥蜴到地衣之類的族群裡，都非常盛行無性生殖，卻很少能維持長久。在偉大的生命之樹，無性生殖族群是最邊陲的旁生枝節；雖然迸出許多嫩芽，但少有長成枝椏。短暫而耀眼的繁盛之後，無性生殖生物就消失了。科學家因此歸結認定：無性生殖是演化之路的死胡同，很快就導向滅絕。他們堅信，性是基本元素。古代的無性生殖生物（歷經數百萬年，與蛭形輪蟲一樣沒有性生活）現在都應該不復存在。根據這些理論，蛭形輪蟲早應該在放棄性愛不久之後就消失了。

然而，雖然犯下了違背科學預言的醜聞行徑，蛭形輪蟲卻安處在青苔葉片上，舞動她的輪子嘲笑我們。爲什麼其他生物失敗了，而蛭形輪蟲可以成功存活？不然，回到中心問題好了：假如她們能做到完全棄絕性愛，我們其他生物爲何不能？

說完這段前言，我開放棚內空間供大家發問，也如往常提醒觀眾裡體型最小的站到走道上的顯微鏡。一開始的問題多半是挑戰蛭形輪蟲小姐先前的談話內容，這是可以理解的。比如問她家族裡沒一個有做愛是什麼意思？是指蛭形輪蟲親密接觸時有碰到皮膚，但避開生殖器接觸嗎？非也非也，那些都不是她眞正的意思。但在她繼續說下去之前，卻發生讓人尷尬的插曲。有兩隻細菌試著在電視現場轉播下做愛。

牆壁上的螢幕點亮了；觀眾席裡有人已就定位，站在顯微鏡下。影像逐漸聚焦，呈現出來的不是一隻，而是兩隻菱形的生物。他們眞實的尺寸大約只有一公尺的一百萬分之一，只有蛭形輪蟲小姐的四十分之一。

其中之一開始吱吱尖叫說：「大家晚安。我們是一對細菌，屬於大腸桿菌（Escherichia Coli）家族。好多科學家把我們當寵物，所以我們經常在實驗室裡過奢豪安適的生活。在野外呢，我們都是住在哺乳類動物腸道裡，幫助消化。」

「對我們細菌而言，生殖就是生殖，性愛就是性愛。跟你們『較高等』生物不同，我們不會噁心到兩者一起做。我們細菌的生殖是無性的：我們純然分裂爲兩個基因完全相同的細胞。在這種情況下，性——我用這個詞意思是指取得額外的基因——是在生命過程中得到的一種福利。倘若人類能這麼做（他們當然沒辦法啦），那就像突然多出好些基因，可以讓腿更長、眼睛變得藍。」

聽到這裡，家鴿挖苦地抱怨說：「細菌眞走運。取得新基因來克服啤酒肚，以度過中年危機！我多希望自己也能取得一些新基因呀！」

我還來不及把討論焦點轉回蛭形輪蟲小姐之前，細菌又說了：「那麼，我們是怎麼辦到的呢？有好幾種方式。我們可以揀拾丟棄在大自然當中的去氧核醣核酸；可以由來來往往的濾過性病毒收集去氧核醣核酸，甚至可以奪取死掉的細菌的基因，行家稱此爲戀屍癖。」

一想到戀屍癖，即使是細菌，都令觀眾心生寒意，有人大喊：「變態！」

細菌快活地繼續說：「我們也會逞獸慾，由別種族的細菌取得基因。但最重要的是：我們心情對了，就可以兩兩做愛。我們會表演給輪蟲看看是怎麼一回事。在此我準備給我朋友一組抵抗生素的基因，很實用。瞧好了，蛭形輪蟲姑娘，看看我們怎麼搞的！」

就在觀眾群吼叫之際，細菌之一開始把一條管狀物伸向另一個細菌。

還好在這個時候，節目的技術人員把顯微鏡開關切掉，螢幕再次一片黑暗。大家都知道，真是千鈞一髮。談論性愛是一回事；但可想而知，性愛表演可會叫我與電視網的關係猶如置身刀山油鍋、水深火熱，而且可是會激怒我的廣告贊助商（只有《花花禽獸》雜誌會高興得發抖）。真的那麼做的話，我的節目就毀了。

然而，那兩個下賤的小細菌倒是幫了我一個忙。他們叫大家回想起性是什麼東西，還有性跟生殖並不全然相同。只要能把不同個體的基因融合在一起，這個過程都可以稱爲性愛。

令我吃驚的是，蛭形輪蟲小姐接續了這個話題。她就像思春期的男孩，懂得一大堆性愛理論；然而跟思春期男孩不同的是，她顯然認定性的想法很噁心。我想，假如在你之前的祖先獨身不婚的歷史已長達八千五百萬年，那麼這種情況就無足爲奇了。

她嘆息著說：「細菌呀，老是把他們的性生活誇大了。」

當然，她說得沒錯。雖然剛剛發言的細菌試圖塑造他們很淫蕩的印象，然而在自然界他們還不夠格稱作淫棍。

她繼續說：「大部分細菌很難得有任何形式的性愛，而且，大腸桿菌還名列最禁慾的生物咧！」她憤怒地轉動輪子說：「誠盼各位勿把我們輪蟲當成細菌的一種，甚至更離譜，把我們當做病毒！」

她顯然擔心許多觀眾搞不清楚病毒、細菌等其他大自然之母的子孫們有什麼差別。而且，假如大家不懂其間的差別，那麼就無法眞正理解她是多麼獨一無二的。

她哼了一聲說：「病毒自己根本無法繁殖。而且，事實上他們侵入細胞，破壞細胞的機制來生產更多病毒。病毒甚至不夠格稱作生物。他們充其量不過是一小群流氓基因，坐在微小的膠囊裡四處亂逛罷了。」

我指出，病毒之所以出名，主要原因是他會致病，從流行性小兒痲痺症到愛滋病。然而，他們當中卻有些値得在《愛經》（*Kama Sutra*〔編按：古印度說明性愛技巧的一部作品〕）中佔有一席之地。舉例來說，人類每年都得發明新的流行感冒疫苗，原因就是感冒病毒有時會做愛，取得新基因，從而幫助他們破壞人類的免疫系統。同樣的，如果蛭形輪蟲小姐是病毒或細菌，那麼沒人會因爲她沒有性愛而大驚小怪。問題點乃是，蛭形輪蟲小姐跟任何一種哺乳類或鳥類一樣，屬於眞核細胞（Eukaryote）生物。

眞核細胞生物跟細菌不同，他們的基因是保存在特殊地點，也就是細胞核當中。眞核細胞生物有不同的體型與體格，有些只有一顆細胞，其他的呢，則像蛭形輪蟲及人類，有許許多多細胞。然而不管有多少的變化，眞核細胞生物一談到性，就像是清教徒一般。細菌跟病毒隨興之所至，有好多種混合基因的方法。眞核細胞生物卻只有一種。科學家談到性是基本，其實指的是眞核細胞的性愛。

眞核細胞生物的性愛當中，子女由母親、父親各取得半數基因。然而是哪一半呢？這就得由通稱「減數分裂」的樂透彩遊戲決定了。好比玩兩副各五十二張撲克牌組成的遊戲。每張牌代表一條染色體，也就是一串基因。唯一的規則是，你的子女都得到完整的一副牌。至於是由父親得到黑桃十二，由母親得到方塊十一，其實無關緊要。甚至你把兩副牌裡的黑桃A切碎，再黏回去，當成原品的混合物，也不打緊。的確，這種基因的切割補貼正是眞核細胞生物性愛的核心，每條染色體內部可以洗牌重組，稱作重組修復（Recombination）。因此，減數分裂結束時，每隻精子和每個卵子都有一套完整、但獨一無二的基因混合，好比是完整但重組過的一副牌。當來自兩個個體的精子與卵子融合之際，他們就產出全新的基因組合。而蛭形輪蟲沒瞧見新的基因組合有好多年了，應該有八千五百萬年了吧。

蛭形輪蟲小姐說：「八千五百萬年沒有減數分裂、沒有互換基因、沒有男人。八千五百萬年來，我們沒幹別的，只有複製，而且我們感到非常驕傲。甚至，我們認爲大家都該以我們爲榜樣。」

她看來老神在在，準備繼續提倡禁慾了，但前排的好戰公羊氣得跳腳。他在羊毛上綁了一條大帶子，鼓吹眾人「保護我們的性愛」。他壓根兒不相信蛭形輪蟲自古以來是純然無性生殖的；換句話說，即遠古時代的無性生殖生物今日根本不存在。

公羊用自己滿是羊毛的腦袋重重點頓，強化自己的說詞，他咩咩叫道：「呵呵呵，蛭形輪蟲小姐，妳宣稱自己是好戰的處女的後代，幾百萬年以來除掉男人，棄絕性愛。假如妳說的果真屬實，」他頓了一下，以加強自己的懷疑。「那還眞是駭人聽聞。呵呵呵，妳可能不曉得別的生物也做過類似的聲稱，然而卻站不住腳，無法通過檢驗。」

公羊很清楚什麼事情岌岌可危了。假如古代無性生殖生物迄今仍能在本星球行走，那麼物種的分歧就更爲顯著（在此我得恭敬的哀叫）。我們再次點明：若蛭形輪蟲能夠沒有性愛或者不需要男人，那或許我們其他的生物也能那麼做。所以你可以想見他爲何要這麼努力把她抹黑成騙子了。

公羊說：「我們當中有人還記得黏管目腹毛綱蟲（Chaetonotid Gastrotrichs）吧，像極了蛭形輪蟲小姐，他們也住在水漥及青苔裡。他們跟妳一樣，自稱是遠古以來就無性愛。然而在科學家更仔細觀察他們之後，卻發現他們有製造精子，我想妳也會同意，製造精子與無性生殖不盡然吻合吧。

「我想，大家也不會忘記特拉迷你族（Tramini Tribe）的蚜蟲吧？呵呵呵，大騙子！那些肥肥的小蟲子也宣稱她們自古以來就無性生殖。又是一樁哄人的笑話！基因測試證明她們可不如表面般的貞潔。而且很肯定地，科學家發現她們是把男人藏在自己居住的雜草根部。

公羊戲劇性的停了下來，又說：「我們由此可以學到什麼?除了蛭形輪蟲之外，還有更多的生物僞稱她們自古以來無性愛。介形亞綱達爾文科生物（Darwinulid Ostracod）中約有二十種小型的淡水甲殼水族，也自稱有一億年沒做愛了。疥亞目（Oribatid）裡，有些類也堅稱自古以來就不需要雄性了。另外呢，還有其他自吹自擂的超級獨身主義者：住在舊大陸鹹水沼地的蝦子、兩種北美洲的羊齒植物，還有一種蛤類。然而這些自誇自讚，完全缺乏證據。

公羊咆哮說：「我明白的說，那些宣稱自古以來就無性生殖的說法，都是騙人的，那些自命獨身者早被趕出聖壇啦！蛭形輪蟲小姐，妳的貞操根本是騙人的，就和之前的那些傢伙一樣，妳們把男人藏了起來，早晚妳會原形畢露的！」

公羊坐下來之後，觀眾席叫好聲如雷。

我必須承認，公羊講到重點了。多年以來，許多不同生物自稱自古以來無性生殖；而她們當中許多最後被揭穿爲騙子。直到今天，所有宣稱自古以來無性生殖的都只能仰賴反向證據，主要是從來沒人在該種生物裡找到雄性。反向證據很薄弱，而且容易被拆穿。畢竟，在生物界，許多物種的雌性雄性看來相同，以致於幾十年來沒有人察覺出她們彼此是對方的另一半。

我本以爲觀眾們準備離席而去了。我必須向蛭形輪蟲小姐致敬。她從容冷靜，而且她提出了強而有利的證據，指出蛭形輪蟲可不是掛羊頭賣狗肉，眞的是自古以來無性愛，讓觀眾大爲震驚。讓人沮喪的是：她眞的提出可信例證，證明自己跟歷代先妣眞的不需要男人或減數分裂，就能成功活上數百萬年。她們是完全的處女，純潔中的純潔，修女中的修女，終極處女，禁慾的子女。

她的證據基於此一事實：千百萬年的複製，對基因的演化方式早就產生了劇烈影響。她自滿地說：「歷世累代的無性生殖留下了明顯的印記，基因上會留有分子的『紋身』。如果一直複製，那麼基因要有新奇變化，只有一種途徑，只有一件事能讓我的基因跟我媽媽、祖母或高曾祖母的不一樣：那便是基因突變。」

我跟大家提醒說，基因突變不過是細胞基因複製機制出了差錯。

蛭形輪蟲小姐繼續說：「我們追溯至八千五百萬年前的祖先好了；她是我們家族裡，最後一個因原罪（性交）而誕生的女兒。換言之，她是……我眞不知該怎麼講，繼承了一對決定輪子數目的基因。一份來自乃父，另一份得自其母。爲了清楚說明，我們假設兩個都一樣好了。然而，現在已是八千五百萬年以後。因爲蛭形輪蟲壽命約三個星期，也就是已經傳衍了十五億的輪蟲世代。所以，你們可以料想而知，我身上決定輪子數目的成對基因，跟其他的輪蟲一定是完全不同。每隻輪蟲都累積了不同的基因突變。」

要了解此一過程，最好的辦法是透過類比。我們想像一下，有份古老抄本分別存放在孤絕偏遠的兩座修道院中，由修道士們傳抄。假若每一份新的抄本都是由前一本複寫下來的，那麼可想而知會出現越來越多的錯誤。而且，除非不同的繕寫室的僧侶們有心電感應，不然他們犯下的錯誤會各自有異。逐年累月之下，兩修道院擁有的抄本歧異會越來越多。相形之下，若有了性愛，就好比兩修道院的修士們定期相互複寫，另外經常由其他地方的修道院取得不同版本的抄本，加以補充。修道士們之間的溝通，可以確保不同抄本彼此更爲一致。

蛭形輪蟲小姐解釋說，任何特定基因之間的極大差異，正是自古以來無性生殖的分子印記。

家鴿的翅膀激動地曲撲拍打著，有時甚至會飛起來，他由棲息地上方的空中叫喊道：「然而，古抄本歷經兩個相互隔絕的團體複寫十五億次，肯定變得面目全非、無法辨識。我就不相信還能看得出基因的型式。」

蛭形輪蟲小姐說：「要辨別成對基因中的個別基因確實很困難，所幸在我們一族的案例，卻還未演化到難以辨認的程度。」接下來她使出王牌。她勝利地朝公羊方向轉動自己的輪子，顯示遺傳測試已證明，蛭形輪蟲基因變異的類型的確可以預知，使得那些指控她造假不實的批評者爲之語塞。她揮舞著一本《科學》（*Science*）雜誌，聲音拔高地說：「證據已有結論。我們蛭形輪蟲確實獨身。公的蛭形輪蟲並不存在。」

後排觀眾席的激進女性主義者對此新聞報以大聲的歡呼，幾乎穿破攝影棚頂：「沒錯，很好，沒人要男人來搞！」

然而，現場其他的觀眾看來一點也不高興。我環顧攝影棚，看到一張張臉都拉長了，整個房間裡憤怒的竊竊私語聲嗡嗡作響。大家不再能質疑蛭形輪蟲小姐自古以來就無性生殖的誠信，於是大夥兒開始咒罵起來，指桑罵槐地說蛭形輪蟲的成功只是一時偏離正軌，而且她們必然會像其他無性生物般，走向滅種。有隻盤曲在角落的蝮蛇舉起大塊紙板，上頭寫著：「蛭形輪蟲注定窒息而亡。」同時他惡毒地吐舌說：「妳們會絕種，妳們這些沒脊椎的老處女，妳們會絕種。」

蛭形輪蟲小姐刻薄地說：「長久來說，你我都會絕種的。性事無法拯救爾等免於絕種。恐龍性交如此激烈，請看他們怎麼樣了！你們可以做愛到臉露青筋，然而假如你們的棲息地消失了，你們和渡鳥一樣都會滅絕。無性生物……」

迷你鼠很勇敢地插嘴說：「然而可以肯定的是：假如妳們不做愛，就無法自我調適以應付未來的變化。若妳們不改變自己來適應未來，當然就沒有未來啦！」

蛭形輪蟲小姐口沫四濺地說：「誰說無性生物無法調適了？我會讓你們知道，蛭形輪蟲可是地球上最靈活多變的物種之一。我們姊妹淘廣達三百六十種以上。我們在苔蘚、濕泥土、骨灰甕、生物腸道，還有全世界七大洲的水窪裡都能生活。你可以在南極洲的荒地跟蘇門答臘的叢林裡找到我們。我們可以生活在滾燙的硫磺泉水裡，也能活在最純淨的露水中。相形之下我們的遠親搖輪目（Seisonid）輪蟲，他們一直在做愛，做愛對他們真是好處多多啦！瞧，他們只有兩種，而且只能住在某種蝦子的身體上。這叫演化的成功？我呸。我說他們是徹底的失敗。」

我趕緊出面制止這些人的叫囂謾罵。我說：「我們討論的焦點在於蛭形輪蟲有多麼不尋常。她們是唯一無性生殖，而且存在許多種族的生物。她們已經度過八千五百萬年了，理智的人也不會認定她們就快要絕種。然而大多數無性生物的確沒有存活下來。一旦了解他們爲什麼活不下去，還有蛭形輪蟲爲什麼能活下來，就可以得到重要線索，明白我們爲什麼需要性愛。」

哈利路亞！我終於成功讓現場觀眾回神注意接下來要討論的重點。我解釋說，有不下二十種理論試圖解釋性的角色，而我簡略地歸結最常見的三種，通稱爲穆勒氏棘輪（Muller's Ratchet）、孔德拉秀夫的手斧（Kondrashov's Hatchet）及紅后原則（The Red Queen）。根據棘輪及手斧兩種理論，無性生物會因爲長期有害的基因突變而逼向滅絕，換句話說，無性生物最後會因遺傳疾病而喪生。相形之下，紅后原則認爲性的角色好比啓示錄當中的天命騎士：即瘟疫，也稱傳染病。

河豚莫比直接切入有害基因突變此一主題：「蛭形輪蟲小姐，沒有性愛，無性生殖生物該如何免除掉有害的基因突變？我失禮地說了吧，誠盼妳見諒：妳的輪子看來有點兒歪歪斜斜。我的視力不太好，也有可能是燈光的關係。但左邊那個看起來眞的像是『四方形』。我猜想，這就是妳所說的基因突變累積的關係吧。」

蛭形輪蟲小姐馬上反擊回去說：「我人可能像是四方形，但我的輪子可不。」她聽來非常有自信，但我眞的瞧見她在轉動雙輪，好像是在檢查。她繼續說：「『親愛』的河豚，抱歉我得這麼說，將基因突變視爲演化的動力，這也未免太過誇大了。遺傳學家認爲基因突變不好，是因爲他們的方法太粗糙了。他們能瞧見的只有不好的基因突變。顯然，沒有腦袋對你而言是不好的。假如你是蒼蠅，沒有了翅膀就不太妙。至少一開始，你可能被稱作『無頭騎士』。然而，事實上，大部分基因突變是中性的，沒有好壞之分。他們肯定會改變基因的去氧核醣核酸排序，但不影響資訊本身。就好像改變某個字的拼法，由英國式變成美國式，如 p-l-o-u-g-h 變成 p-l-o-w，字面上看來不同，但實際所指涉的東西相同，而且大聲讀出來，聽起來都一樣。」

啊，啊，啊！聽了蛭形輪蟲的論證，我猜我已曉得她是「中性主義者」了，她援引的思想學派有爭議，甚至很激進，認定大部分基因突變既無害也無益，純然只是毫不相干。然而，我可不能讓她就這麼說了算。首先，大多數基因突變是否爲中性仍有爭議。第二點，原則上大家一致認爲，如果基因突變會產生影響，通常是不好的：小規模而隨機的基因改變更可能造成傷害，而非有益。說得更直接一點兒好了，許多不同的基因突變會讓你喪命，不然就是生病，無法保證生命的成功。關於這一點，我們有必要討論「棘輪」以及「手斧」兩種理論。

根據穆勒棘輪理論（這個名字是紀念其發明人赫曼．穆勒而取的，穆勒因爲證明X射線會導致基因突變而榮獲諾貝爾獎），無性生殖生物在演化上之所以如此短命，是因爲日積月累之下，他們所攜帶的有害基因突變會無可避免、無以逆轉地讓「棘輪」往上升。試想某個剛剛變成無性生殖的族群。爲了方便說明，我們假定該族群所有成員都沒有有害基因突變。隨著時間過去，基因複寫出現錯誤，導致他們的後代當中出現基因突變。逐漸地，整個族群會存在帶有數種基因突變的個體。直到有一天，最後一個沒有基因突變的個體不再能留下子女，那麼棘輪就會往前轉一齒。這個流程一直進行下去，直到所有成員都變得衰弱多病而亡，整個族群就會滅絕。有性生物可以擺脫這種命運的原因，在於每個世代都會重組基因，製造出來的成員發生基因突變的情形寥寥可數。

穆勒的棘輪是很完整的概念。然而，必須具備某些前提，其中最重要的是，無性生殖生物族群數目並不龐大。換句話說，在龐大的族群裡，總是會有些個體帶有新的基因突變。而「孔德拉秀夫的手斧」則不同，不管族群大小，這個理論都站得住腳。

假設每個個體都帶有一定數量的有害基因突變，超過這個數量，手斧就會落下來，你就死定了。有性的族群裡，基因會重組，因此可以產出某些幸運兒，有害基因很少；然而，也會產出某些倒楣的傢伙，帶有很多有害基因。倒楣的傢伙會被手斧所斬，帶著他們的基因突變靜躺在墳墓裡。這種情形可以清除掉帶有有害突變基因的族群，又快又有效。然而無性生殖生物呢，並沒有此類「救生索」，相形之下高出突變基因門檻值的個體數目就會多得多。據此理論，假如基因突變率夠高，那麼想不做愛而活下去，根本不可能。

我歸結說：「有害的基因突變很可能是大部分無性生殖生物走向滅絕的原因。現在我們還無法直接測度基因突變率，所以我們還無法解決此一爭執。假如經過證實，無性生殖生物的基因突變率相當低，那麼基因突變根本就不是原因。但假如經證實基因突變率相當高，那麼蛭形輪蟲能克服萬難存活下來，必定是因爲她們已經演化出某種方式，從而降低其他的無性生物在劫難逃的基因突變率。很可能——」

突然之間，發生一陣嗚咽含悲的聲音：「噯，蛭形輪蟲小姐，碰到傳染病該怎麼辦才好呢？」壁上的螢幕又點亮了，上頭出現一張臉。好古怪的臉，上下顎有如長鐮刀，看來就像夢魘。那個生物繼續說道：「我是『哥倫比亞蟻』（Atta Columbica）一族裡的無名工蟻，出身自巴拿馬運河附近相當興盛的蟻穴，我們總數超過兩百萬。很久很久之前，遠在人類出現以前，在大自然之母眼中不過一眨眼的以前，我的祖先就發明了農業，自此以來以務農爲傲。其他種族的螞蟻養牲口如蚜蟲之類，然而我們卻種蕈類。爲什麼呢？理由跟人類種麥子或稻米一樣。我們種蕈來吃，沒有蕈我們就活不下去。所以我們由各種不同的植物上切花割葉，製造堆肥來種植蕈類；我們用自己的糞尿來爲蕈類施肥；替蕈類生長的園子刈除雜草；修剪蕈體讓它更豐饒多產；還想辦法保護蕈類不受害蟲所噬。然而我們無時無刻不活在恐懼當中，生怕有件事會讓整個蟻穴全部陷入災難：那便是長出一種名爲Escovopsis的病菌。」

該螞蟻連觸鬚的尖端都發抖了。她繼續說：「Escovopsis是對蕈類有害的病菌，假如發作了，會毀掉整個園子。這讓我想到問題了。我們種的蕈也是自古以來就無性生殖的。不像您蛭形輪蟲小姐那麼古老，但也算是很老了，有二千三百萬年之久。我們也是用複製來散播蕈類，新的蟻后離開故居，去建立自己蟻穴時，會攜帶一些蕈的孢子，收藏在她喉頭的特殊夾袋裡。我們的蕈園跟現在人類的莊稼作物很像，都是單一耕作（Monoculture），田野裡的農作物的基因都一樣。我們認爲，這可能是蕈類對傳染病特別脆弱的原因。我們聽說容易罹患疾病，是因爲遺傳的關係，所以，單一耕作的農田若發病，請恕我一語雙關，一天之內就會摧毀田裡的一切。性愛佔有優勢的其中一個理由，就是基因可以重新洗牌，能在對抗疾病的永恆戰爭當中佔上風。所以呢，蛭形輪蟲小姐，您要如何克服此一難題呢？」

嗯，這隻螞蟻的論點棒極了，而且直指了何以我們需要性事的第三個理論：紅后原則。

誠如螞蟻所述，容易染患流行病，或更廣而言之，容易遭病原寄生，不管是病毒、細菌、眞菌或其他致病原，基本上都有遺傳因素。因爲，沒有了性愛，相同的基因（加減一或兩個基因突變）就會由上一代傳到下一代，病原很容易就能演化而突破他們的防衛，消滅掉基因複製物。相形之下，藉由混合基因，能避免病原調適得太好，有辦法抵禦宿主。性愛之所以佔有優勢，原因在於它打破基因的組合：好比製造基因版的移動靶。性每次有所舉動，病原就必須回到原點，重頭開始。這項理論命名爲「紅后原則」，是取材自《愛麗絲鏡中奇遇記》（*Through the Looking-Glass*），你還記得嗎？紅色皇后對愛麗絲說：「現在，喏，妳看，妳必須盡可能的奔跑，才能保持在原地。」換句話說，你得改變，才能停留在原來的地方。

蛭形輪蟲小姐還沒來得及開口替自己的說詞辯護之前，妄自尊大的犰狳就站了起來。燈光打在他油亮的背上，閃閃發光，他說：「我是九節犰狳，我相信自己的立場很不尋常。犰狳在哺乳類動物中本就不尋常，而我呢，沒錯，還敢大聲說自己是獨一無二的；我們慣常進行有性及無性生殖。當公犰狳碰見母犰狳之際，」他暗自竊笑起來，繼續說道：「我還是省掉無關緊要的細節好了，但我想妳應該知道，犰狳特別的地方，在於那話兒的長度，而且還用特殊的纖維予以強化，所以妳可以叫我『大大先生』。總之，卵子與精子結合，受精卵會分裂再分裂，變成四個遺傳完全相同的胚胎。所以，我跟父母的基因不同，但沒錯，跟我的兄弟一樣，都是基因複製。」

「我扯太遠了。『紅后原則』的眞正意旨在：性因爲能夠讓你稀少罕見，才成其爲優點。單一耕作之所以會難以抵擋疾病，原因乃在所有個體都產自相同的基因複製。若田裡滿滿是不同的基因複製，竟無法抗病，有這回事嗎？疾病自然無法橫掃一切，讓每個個體都染病。」

「基因複製之成功，正是他們滅亡的成因，這眞是諷刺。複製物隨著頻率增加，會越來越無法抗病，沒錯，原因有二：首先，病原可以輕易在產自相同複製原的個體之間傳布；第二，病原散布得越普遍時，就有越多機會，進化出侵入標的物的能力。」

現場觀眾開始竊竊私語起來。犰狳跺跺腳，要求肅敬。嘈雜聲止息下來之後，他繼續說：「如果妳是基因複製品，那麼妳該如何顯得與眾不同？很簡單，到別的地方去就是了。妳可想而知，當基因複製物抵達新的區域，沒錯，她可以因爲獨一無二而佔盡便宜。假如她身上沒有帶病原，而且假設新地方的病原，要比她成功離開的老地方的還弱，那只要她能保持移動，就能不須做愛而存活下去。」

螞蟻說：「啊，我們的蕈類當然會移居。」

犰狳說：「沒錯，假設環境條件不同，會削弱Escovopsis這種病菌發威的機率；這我不敢打包票啦，只是我猜想，蟻后帶在身上的蕈類孢子，一定經過精挑細選，而且，沒錯，甚至先消毒過了。」

「啊，Escovopsis不會跟蟻后一起遷徙。這個我們敢肯定。」

犰狳傲慢地說：「那麼，接下來問題交給蛭形輪蟲小姐了，妳會移動嗎？它是不是妳們智取紅心皇后的方法？」我開始覺得囉嗦了，但我猜想這個主題大家都有興趣知道。至於蛭形輪蟲小姐呢，嗯，她看來被激怒了。她像罵人似地回答說：「這個答案已經寫在我前一本著作《成功無性生物的七大習性》了，我跟爾等講了吧，那本書被查禁了。然而，既然你好膽說出這個祕密，那我乾脆打開天窗說亮話好了。」

「我相信，四處移動的確是我們成功的祕方。我們蛭形輪蟲可以穿透時空。當然啦，我們無法回到過去；有誰做得到呢？但我們可以前躍，跳進未來。我們有個技巧，叫『冷凍乾燥法』（Anhydrobiosis）。就是讓生命能量中止活動的狀態。基本上，我們是脫水，隨風而飛。」

有人在觀眾席上冷笑說，老女人早已經乾癟掉了。

蛭形輪蟲小姐裝作沒聽到，繼續說：「冷凍乾燥法很困難，有風險。許多蛭形輪蟲從來未曾回到世間。然而，假如你活了下來，還陽時面臨新的時空，遠比之前健康得多。」

我做最後掙扎，想取回節目主導權。我指出，脫水而隨風四散並不足以促使無性生殖能夠成功。畢竟，別的生物也會冷凍乾燥法，但他們不是自古以來就是無性的生物。話雖如此，我推測此一古怪能力能跨越時空，而且確實是蛭形輪蟲能成功的重要因素。長期無性而想成功，眞的很困難，而且幾乎可以肯定，需要無數次命運的巧妙安排。

此時，我已筋疲力竭了。然而節目已達成關鍵的結論：那便是雖然我們無法肯定下結論，但看來我們是需要性事，才能保持健康。重組基因，可以讓我們得以免除病魔，同時減低有害基因突變的打擊。簡而言之，性愛讓我們能夠存活下來。

我用雙重警語做爲節目的結論：大多數物種裡，雌性要完全擺脫雄性而過日子，仍是不明智的做法（這一點激進女性主義者饗我以噓聲），另外呢，雄性——尤其是哺乳類動物——切忌自滿。「公的哺乳類動物，你們先別急著慶幸。所有動物當中，哺乳類動物是目前唯一成年時沒有無性生殖情形的。公的哺乳類動物已然進化至讓自己變得不可或缺——至少就遺傳而言如此。要複製成年的哺乳類動物雖然絕非沒有可能，但就此時此刻而言，這項科技毋寧代價太沉重、很不牢靠，幾近巫術。」

「故此，男人們，你們現在是安全了。但是，假如你們不想遭淘汰的話，我得給你們一些建議。那些雄性懶惰，從不插手照料子女的物種當中，雌性特別會喜愛無性生殖。若雄性肯出力幫忙，無性生殖的好處就大大減少了。」

呼，我終於在沒出現暴動之前，也在電源開關沒被切掉之前，做完節目了。我向大家致謝，謝謝各位的發問，結尾時呼籲大家爲玫瑰色輪蟲屬旋輪蟲小姐大力鼓掌。「蛭形輪蟲小姐萬歲！」現場觀眾爆出歡呼聲的同時，我大喊著落幕詞：「掠食生物，請記住，禁止在來賓離去之際加以捕食。歡迎大家下週再度光臨，參加另一回合『顯微鏡下：離經叛道生活秀』！」

後記

還有時間問最後一個問題，換句話說，問完就走了。我謹對自己未能作答的所有問題致歉，然而，我這次想提出某個經常浮現我心中的問題。我們已經了解，性愛是演化的核心，創造了令人驚奇的多樣變化；儘管它造成很大的麻煩，但卻是我們大多數生物不能或缺的；禁慾幾乎必定會導致滅絕。但是，性是怎麼開始的？

唉，我們可能永遠無法確定是怎麼開始的。畢竟，大約四十億年前生命出現後不久，某種形式的基因交換可能就已經展開了，然而要追溯那麼久遠的年代，根本是無法可想的事。只是，荒唐的推論卻也不少。我們很快的瀏覽其中一些好了。

大約是生命起源後沒多久，與現今細菌相當類似的微生物就已經演化出來了，我們不禁認爲，那些遠古生物基因交流的方式，跟今日大概相去不多。然而，首先遠古生物爲什麼要開始交換基因呢？有種理論是說，基因交換可以方便修補受損的去氧核醣核酸：由配偶得來的完整去氧核醣核酸股束，也許可以用來修補損壞的基因。第二種想法更是異想天開，說性愛本來就會傳染。換句話說，之所以會有性愛，原因是去氧核醣核酸的其中一個區段促成了基因交換，目的是為了讓本身能傳散至所有生物。做個比擬好了，就好比說常見的流行性感冒會使人類變得好雜交，這樣就能增加病毒的傳布。這種理論聽起來有些瘋狂，但事實不然。現代細菌之所以被迫交配，去做愛，原因之一是它被一種通稱作F質粒的特殊去氧核醣核酸區段所感染。只要被F質粒搞上，某個體就會被迫去跟另一個沒有F質粒的交配，就這樣，性愛傳布四方，成了習慣。

然而，雖然細菌性愛起源的諸般推想聽來都只是在揣測，但相形之下，我們對人類、鳥類、蜂類、跳蚤、綠藻之類的真核細胞動物的性愛起源，所知實在少得可憐，所以相形之下，關於細菌性愛的推論看起來比較完整。請記住：真核細胞生物的性愛過程很複雜，必須父母親各貢獻自己成對基因裡完整的一份。這種性愛有可能只演化過一次。然而，事實上整個過程及原因至今仍是難解的謎。有人說這種性愛會出現，是同類相食的結果：一枚細胞吞掉另一枚，以便收集對方的去氧核醣核酸。另有某些人則支持修補去氧核醣核酸的想法。還有人則認為，這一種性愛的起源類似疾病；有傳染力的基因元素為了要讓自己能傳布開來。

我把這些想法告訴大家。誠盼大家看過這麼多種做愛的方式之後，可以對別種生物的偏好抱持更為寬容的態度。就我個人而言，身為性愛顧問多年，視野變得寬廣許多；我現在認為，很多事情都是正常的。事實上，我必須承認，我甚至嫉妒你們某些人（至於是哪些呢？抱歉，恕不奉告）。無論如何，我希望自己真的可以幫忙各位，讓你們能用全面的角度來思考自己的問題；而且最最重要的是：放輕鬆，開心點兒。

祝福大家——當然，自成一體而活力充沛的輪蟲小姐是例外——在未來的歲月裡，擁有美妙的性愛。

再會了！

參考書目

Abele, L. G., and S. Gilchrist, 1977. Homosexual rape and sexual selection in Acanthocephalan worms. *Science* 197: 81–83.

Adamson, M. L., 1989. Evolutionary biology of the oxyurida (Nematoda): Biofacies of a haplodiploid taxon. *Advances in Parasitology* 28: 175–228.

Afzelius, B. A., B. Baccetti, and R. Dallai, 1976. The giant spermatozoon of *Notonecta*. *Journal of Submicroscopic Cytology* 8: 149–61.

Afzelius, B. A., and R. Dallai, 1983. The paired spermatozoa of the marine snail, *Turritella communis* Lamarck (Mollusca, Mesogastropoda). *Journal of Ultrastructure Research* 85: 311–19.

Aguadé, M., 1999. Positive selection drives the evolution of the *Acp29AB* accessory gland protein in *Drosophila*. *Genetics* 152: 543–51.

Ahlgren, M., 1975. Sperm transport to and survival in the human fallopian tube. *Gynecologic Investigation* 6: 206–14.

Alatalo, R. V., J. Höglund, A. Lundberg, and W. J. Sutherland, 1992. Evolution of black grouse leks: Female preferences benefit males in larger leks. *Behavioral Ecology* 3: 53–59.

Alcock, J., 1996. The relation between male body size, fighting, and mating success in Dawson's burrowing bee, *Amegilla dawsoni* (Apidae, Apinae, Anthophorini). *Journal of Zoology* 239: 663–74.

Alcock, J., G. C. Eickwort, and K. R. Eickwort, 1977. The reproductive behavior of *Anthidium maculosum* (Hymenoptera: Megachilidae) and the evolutionary significance of multiple copulations by females. *Behavioral Ecology and Sociobiology* 2: 385–96.

Aldrich, J. M., and L. A. Turley, 1899. A balloon-making fly. *American Naturalist* 33: 809–12.

Anderson, P. K., and A. Birtles, 1978. Behaviour and ecology of the dugong, *Dugong dugon* (Sirenia): Observations in Shoalwater and Cleveland Bays, Queensland. *Australian Wildlife Research* 5: 1–23.

Andersson, M., 1994. *Sexual Selection.* Princeton University Press.

Andrade, M. C. B., 1996. Sexual selection for male sacrifice in the Australian redback spider. *Science* 271: 70–72.

———, 1998. Female hunger can explain variation in cannibalistic behavior despite male sacrifice in redback spiders. *Behavioral Ecology* 9: 33–42.

André, F., and N. Davant, 1972. L'autofécondation chez les lombriciens. Observation d'un cas d'autoinsémination chez *Dendrobaena rubida* f. *subrubicunda Eisen. Bulletin de la Société Zoologique de France* 97: 725–28.

Andrés, J. A., and G. Arnqvist, 2001. Genetic divergence of the seminal signal-receptor system in houseflies: The footprints of sexually antagonistic coevolution? *Proceedings of the Royal Society of London, B* 268: 399–405.

Anstett, M. C., M. Hossaert-McKey, and F. Kjellberg, 1997. Figs and fig pollinators: Evolutionary conflicts in a coevolved mutualism. *Trends in Ecology and Evolution* 12: 94–99.

Arnold, S. J., 1976. Sexual behavior, sexual interference, and sexual defense in the salamanders *Ambystoma maculatum, Ambystoma tigrinum,* and *Plethodon jordani. Zeitschrift für Tierpsychologie* 42: 247–300.

Arnqvist, G., 1992. Pre-copulatory fighting in a water strider: Inter-sexual conflict or mate assessment? *Animal Behaviour* 43: 559–67.

———, 1998. Comparative evidence for the evolution of genitalia by sexual selection. *Nature* 393: 784–86.

Arnqvist, G., M. Edvardsson, U. Friberg, and T. Nilsson, 2000. Sexual conflict promotes speciation in insects. *Proceedings of the National Academy of Sciences, USA* 97: 10460–64.

Ashton, G. C., 1980. Mismatches in genetic markers in a large family study. *American Journal of Human Genetics* 32: 601–13.

Atkinson, W. D., 1979. A comparison of the reproductive strategies of domestic species of *Drosophila. Journal of Animal Ecology* 48: 53–64.

Austad, S. N., and R. Thornhill, 1986. Female reproductive variation in a nuptial-feeding spider, *Pisaura mirabilis. Bulletin/British Arachnological Society* 7: 48–52.

Bacci, G., 1965. *Sex Determination.* Pergamon Press.

Bagemihl, B., 1999. *Biological Exuberance.* St. Martin's Press.

Bailey, J., 1997. Building a plasmodium: Development in the acellular slime mould *Physarum polycephalum. BioEssays* 19: 985–92.

Banta, A. M., 1914. Sex recognition and the mating behavior of the wood frog, *Rana sylvatica. Biological Bulletin* 26: 171–83.

Barker, D. M., 1992. Evolution of sperm shortage in a selfing hermaphrodite. *Evolution* 46: 1951–55.

———, 1994. Copulatory plugs and paternity assurance in the nematode *Caenorhabditis elegans. Animal Behaviour* 48: 147–56.

Barratt, C. L. R., A. E. Bolton, and I. D. Cooke, 1990. Functional significance of white blood cells in the male and female reproductive tract. *Human Reproduction* 5: 639–48.
Bass, A., 1992. Dimorphic male brains and alternative reproductive tactics in a vocalizing fish. *Trends in Neuroscience* 15: 139–45.
Bass, A., and K. Andersen, 1991. Inter- and intrasexual dimorphisms in the vocal control system of a teleost fish: Motor axon number and size. *Brain, Behavior and Evolution* 37: 204–14.
Bateman, A. J., 1948. Intra-sexual selection in *Drosophila*. *Heredity* 2: 349–68.
Baur, B., 1998. Sperm competition in molluscs. In *Sperm Competition and Sexual Selection*, ed. T. R. Birkhead and A. P. Møller. Academic Press.
Baylis, J. R., 1981. The evolution of parental care in fishes, with reference to Darwin's rule of male sexual selection. *Environmental Biology of Fishes* 6: 223–51.
Beatty, R. A., 1960. Fertility of mixed semen from different rabbits. *Journal of Reproduction and Fertility* 1: 52–60.
Beauchamp, G. K., K. Yamazaki, and E. A. Boyse, 1985. The chemosensory recognition of genetic individuality. *Scientific American* 253 (July): 66–72.
Beer, A. E., J. F. Quebbeman, and J. W. T. Ayers, 1982. The immunobiology of abortion. In *Immunological Factors in Human Reproduction*, ed. S. Shulman, F. Dondero, and M. Nicotra. Academic Press.
Bell, G., 1982. *The Masterpiece of Nature: The Evolution and Genetics of Sexuality.* University of California Press.
Bell, P. D., 1979. Acoustic attraction of herons by crickets. *New York Entomological Society* 87: 126–27.
Berggren, M., 1993. *Spongiocaris hexactinellicola*, a new species of stenopodidean shrimp (Decapoda: Stenopodidae) associated with hexactinellid sponges from Tartar Bank, Bahamas. *Journal of Crustacean Biology* 13: 784–92.
Berglund, A., 1986. Sex change by a polychaete: Effects of social and reproductive costs. *Ecology* 67: 837–45.
Bernstein, H., F. A. Hopf, and R. E. Michod, 1988. Is meiotic recombination an adaptation for repairing DNA, producing genetic variation, or both? In *The Evolution of Sex: An Examination of Current Ideas*, ed. R. E. Michod and B. R. Levin. Sinauer.
Berry, J. F., and R. Shine, 1980. Sexual size dimorphism and sexual selection in turtles (Order Testudines). *Oecologia* 44: 185–91.
Bertelsen, E., 1951. *The Ceratioid Fishes: Ontogeny, Taxonomy, Distribution and Biology.* DANA-Report 39. Carlsberg Foundation.
Best, R. C., and V. M. F. da Silva, 1989. Amazon river dolphin, Boto *Inia geoffrensis* (de Blainville, 1817). In *Handbook of Marine Mammals.* Vol. 4: *River Dolphins and the Larger Toothed Whales*, ed. S. H. Ridgway and R. Harrison. Academic Press.
Bierzychudek, P., 1981. Pollinator limitation of plant reproductive effort. *American Naturalist* 117: 838–40.

———, 1987. Pollinators increase the cost of sex by avoiding female flowers. *Ecology* 68: 444–47.

Birkhead, T. R., 1998. Cryptic female choice: Criteria for establishing female sperm choice. *Evolution* 52: 1212–18.

Birkhead, T. R., F. Fletcher, E. J. Pellatt, and A. Staples, 1995. Ejaculate quality and the success of extra-pair copulations in the zebra finch. *Nature* 377: 422–23.

Birkhead, T. R., A. P. Møller, and W. J. Sutherland, 1993. Why do females make it so difficult for males to fertilize their eggs? *Journal of Theoretical Biology* 161: 51–60.

Birky, C. W., Jr., 1996. Heterozygosity, heteromorphy, and phylogenetic trees in asexual eukaryotes. *Genetics* 144: 427–37.

Blumer, L. S., 1979. Male parental care in the bony fishes. *Quarterly Review of Biology* 54: 149–61.

Boarder, A., 1968. Coldwater queries. *Aquarist and Pondkeeper* 33: 430–31.

Borgia, G., 1980. Sexual competition in *Scatophaga stercoraria*: Size- and density-related changes in male ability to capture females. *Behaviour* 75: 185–206.

———, 1981. Mate selection in the fly *Scatophaga stercoraria*: Female choice in a male-controlled system. *Animal Behaviour* 29: 71–80.

———, 1985a. Bower destruction and sexual competition in the satin bower-bird (*Ptilonorhynchus violaceus*). *Behavioral Ecology and Sociobiology* 18: 91–100.

———, 1985b. Bower quality, number of decorations, and mating success of male satin bowerbirds (*Ptilonorhynchus violaceus*): An experimental analysis. *Animal Behaviour* 33: 266–71.

Borgia, G., and M. A. Gore, 1986. Feather stealing in the satin bowerbird (*Ptilonorhynchus violaceus*): Male competition and the quality of display. *Animal Behaviour* 34: 727–38.

Bourgeron, T., 2000. Mitochondrial function and male infertility. *Results and Problems in Cell Differentiation* 28: 187–210.

Bradbury, J. W., 1977. Lek mating behavior in the hammer-headed bat. *Zeitschrift für Tierpsychologie* 45: 225–55.

Branch, G., and M. Branch, 1998. *The Living Shores of Southern Africa*. Struik.

Brandtmann, G., M. Scandura, and F. Trillmich, 1999. Female-female conflict in the harem of a snail cichlid (*Lamprologus ocellatus*): Behavioural interactions and fitness consequences. *Behaviour* 136: 1123–44.

Brantley, R. K., and A. H. Bass, 1994. Alternative male spawning tactics and acoustic signals in the plainfin midshipman fish *Porichthys notatus* Girard (Teleostei, Batrachoididae). *Ethology* 96: 213–32.

Bremermann, H. J., 1980. Sex and polymorphism as strategies in host-pathogen interactions. *Journal of Theoretical Biology* 87: 671–702.

Bressac, C., A. Fleury, and D. Lachaise, 1994. Another way of being anisogamous in *Drosophila* subgenus species: Giant sperm, one-to-one gamete ratio,

and high zygote provisioning. *Proceedings of the National Academy of Sciences, USA* 91: 10399–402.
Bristowe, W. S., 1958. *The World of Spiders.* Collins.
Brockmann, H. J., and D. Penn, 1992. Male mating tactics in the horseshoe crab, *Limulus polyphemus. Animal Behaviour* 44: 653–65.
Brooker, M. G., I. Rowley, M. Adams, and P. R. Baverstock, 1990. Promiscuity: An inbreeding avoidance mechanism in a socially monogamous species? *Behavorial Ecology and Sociobiology* 26: 191–99.
Brooks, W. R., and C. L. Gwaltney, 1993. Protection of symbiotic cnidarians by their hermit crab hosts: Evidence for mutualism. *Symbiosis* 15: 1–13.
Brotherton, P. N. M., J. M. Pemberton, P. E. Komers, and G. Malarky, 1997. Genetic and behavioural evidence of monogamy in a mammal, Kirk's dik-dik (*Madoqua kirkii*). *Proceedings of the Royal Society of London, B* 264: 675–81.
Brotherton, P. N. M., and A. Rhodes, 1996. Monogamy without biparental care in a dwarf antelope. *Proceedings of the Royal Society of London, B* 263: 23–29.
Brown, D. H., and K. S. Norris, 1956. Observations of captive and wild cetaceans. *Journal of Mammalogy* 37: 311–26.
Bull, J. J., 1983. *Evolution of Sex Determining Mechanisms.* Benjamin/Cummings.
Bulmer, M. S., E. S. Adams, and J. F. A. Traniello, 2001. Variation in colony structure in the subterranean termite *Reticulitermes flavipes. Behavioral Ecology and Sociobiology* 49: 236–43.
Burd, M., 1994. Bateman's Principle and plant reproduction: The role of pollen limitation in fruit and seed set. *Botanical Review* 60: 83–139.
Bürgin, U. F., 1965. The color pattern of *Hermissenda crassicornis* (Eschscholtz, 1831) (Gastropoda: Opisthobranchia: Nudibranchia). *Veliger* 7: 205–15.
Burk, T., 1982. Evolutionary significance of predation on sexually signalling males. *Florida Entomologist* 65: 90–104.
Burley, N., G. Krantzberg, and P. Radman, 1982. Influence of colour-banding on the conspecific preferences of zebra finches. *Animal Behaviour* 30: 444–55.
Bush, S. L., and D. J. Bell, 1997. Courtship and female competition in the Majorcan midwife toad, *Alytes muletensis. Ethology* 103: 292–303.
Buskirk, R. E., C. Frohlich, and K. G. Ross, 1984. The natural selection of sexual cannibalism. *American Naturalist* 123: 612–25.
Butchart, S. H. M., N. Seddon, and J. M. M. Ekstrom, 1999. Yelling for sex: Harem males compete for female access in bronze-winged jacanas. *Animal Behaviour* 57: 637–46.
Butlin, R. K., I. Schön, and K. Martens, 1999. Origin, age, and diversity of clones. *Journal of Evolutionary Biology* 12: 1020–22.
Butlin, R. K., C. W. Woodhatch, and G. M. Hewitt, 1987. Male spermatophore investment increases female fecundity in a grasshopper. *Evolution* 41: 221–25.
Bygott, J. D., B. C. R. Bertram, and J. P. Hanby, 1979. Male lions in large coalitions gain reproductive advantages. *Nature* 282: 839–41.

Byrne, P. G., and J. D. Roberts, 1999. Simultaneous mating with multiple males reduces fertilization success in the myobatrachid frog *Crinia georgiana. Proceedings of the Royal Society of London, B* 266: 717–21.

Cade, W., 1975. Acoustically orienting parasitoids: Fly phonotaxis to cricket song. *Science* 190: 1312–13.

———, 1979. The evolution of alternative male reproductive strategies in field crickets. In *Sexual Selection and Reproductive Competition in Insects,* ed. M. S. Blum and N. A. Blum. Academic Press.

———, 1981. Alternative male strategies: Genetic differences in crickets. *Science* 212: 563–64.

Caldwell, R. L., 1991. Variation in reproductive behavior in stomatopod crustacea. In *Crustacean Sexual Biology,* ed. R. T. Bauer and J. W. Martin. Columbia University Press.

Campagna, C., B. J. Le Boeuf, and H. L. Cappozzo, 1988. Group raids: A mating strategy of male southern sea lions. *Behaviour* 105: 224–49.

Campbell, R. D., 1974. Cnidaria. In *Reproduction of Marine Invertebrates.* Vol. 1: *Acoelomate and Pseudocoelomate Metazoans,* ed. A. C. Giese and J. S. Pearse. Academic Press.

Carayon, J., 1959. Insémination par "spermalège" et cordon conducteur de spermatozoïdes chez *Stricticimex brevispinosus* Usinger (Heteroptera, Cimicidae). *Revue de zoologie et de botanique africaines* 60: 81–104.

———, 1974. Insémination traumatique hétérosexuelle et homosexuelle chez *Xylocoris maculipennis* (Hem. Anthocoridae). *Comptes rendus de l'Académie des Sciences D, Paris* 278: 2803–06.

Caro, T. M., 1994. *Cheetahs of the Serengeti Plains.* University of Chicago Press.

Carré, D., C. Rouvière, and C. Sardet, 1991. *In vitro* fertilization in ctenophores: Sperm entry, mitosis, and the establishment of bilateral symmetry in *Beroe ovata. Developmental Biology* 147: 381–91.

Carré, D., and C. Sardet, 1984. Fertilization and early development in *Beroe ovata. Developmental Biology* 105: 188–95.

Carrick, R, and S. E. Ingham, 1962. Studies on the southern elephant seal, *Mirounga leonina* (L.). V. Population dynamics and utilization. *CSIRO Wildlife Research* 7: 198–206.

Carroll, L., 1871. *Through the Looking-Glass, and What Alice Found There.* Macmillan.

Carroll, S. P., and C. Boyd, 1992. Host race radiation in the soapberry bug: Natural history with the history. *Evolution* 46: 1052–69.

Cei, J. M., 1962. *Batracios de Chile.* Ediciones de la Universidad de Chile.

Cerda-Flores, R. M., S. A. Barton, L. F. Marty-Gonzalez, F. Rivas, and R. Chakraborty, 1999. Estimation of nonpaternity in the Mexican population of Nuevo Leon: A validation study with blood group markers. *American Journal of Physical Anthropology* 109: 281–93.

Chao, L., 1992. Evolution of sex in RNA viruses. *Trends in Ecology and Evolution* 7: 147–51.

Chapela, I. H., S. A. Rehner, T. R. Schultz, and U. G. Mueller, 1994. Evolutionary history of the symbiosis between fungus-growing ants and their fungi. *Science* 266: 1691–94.

Chapman, T., 2001. Seminal fluid–mediated fitness traits in *Drosophila. Heredity* 87: 511–21.

Charlesworth, D., and B. Charlesworth, 1987. Inbreeding depression and its evolutionary consequences. *Annual Review of Ecology and Systematics* 18: 237–68.

Charnov, E. L., 1982. *The Theory of Sex Allocation.* Princeton University Press.

Charnov, E. L., J. Maynard Smith, and J. J. Bull, 1976. Why be an hermaphrodite? *Nature* 263: 125–26.

Chen, P. S., 1984. The functional morphology and biochemistry of insect male accessory glands and their secretions. *Annual Review of Entomology* 29: 233–55.

Chippindale, A. K., J. R. Gibson, and W. R. Rice, 2001. Negative genetic correlation for adult fitness between sexes reveals ontogenetic conflict in *Drosophila. Proceedings of the National Academy of Sciences, USA* 98: 1671–75.

Clutton-Brock, T. H., S. D. Albon, and F. E. Guinness, 1988. Reproductive success in male and female red deer. In *Reproductive Success: Studies of Individual Variation in Contrasting Breeding Systems*, ed. Clutton-Brock. University of Chicago Press.

Cohen, J., 1971. The comparative physiology of gamete populations. *Advances in Comparative Physiology and Biochemistry* 4: 267–380.

Cohen, J., and K. R. Tyler, 1980. Sperm populations in the female genital tract of the rabbit. *Journal of Reproduction and Fertility* 60: 213–18.

Conner, W. E., R. Boada, F. C. Schroeder, A. González, J. Meinwald, and T. Eisner, 2000. Chemical defense: Bestowal of a nuptial alkaloidal garment by a male moth on its mate. *Proceedings of the National Academy of Sciences, USA* 97: 14406–11.

Conover, M. R., and G. L. Hunt, Jr., 1984. Experimental evidence that female-female pairs in gulls result from a shortage of breeding males. *Condor* 86: 472–76.

Cook, D. F., 1990. Differences in courtship, mating, and postcopulatory behaviour between male morphs of the dung beetle *Onthophagus binodis* Thunberg (Coleoptera: Scarabaeidae). *Animal Behaviour* 40: 428–36.

Cook, J. M., S. G. Compton, E. A. Herre, and S. A. West, 1997. Alternative mating tactics and extreme male dimorphism in fig wasps. *Proceedings of the Royal Society of London, B* 264: 747–54.

Córdoba-Aguilar, A., 1999. Male copulatory sensory stimulation induces female ejection of rival sperm in a damselfly. *Proceedings of the Royal Society of London, B* 266: 779–84.

Cosmides, L. M., and J. Tooby, 1981. Cytoplasmic inheritance and intragenomic conflict. *Journal of Theoretical Biology* 89: 83–129.
Cox, C. R., and B. J. Le Boeuf, 1977. Female incitation of male competition: A mechanism in sexual selection. *American Naturalist* 111: 317–35.
Crespi, B. J., 1992. Behavioural ecology of Australian gall thrips (Insecta, Thysanoptera). *Journal of Natural History* 26: 769–809.
Creus, M., J. Balasch, F. Fábregues, J. Martorell, M. Boada, J. Peñarrubia, P. N. Barri, and J. A. Vanrell, 1998. Parental human leukocyte antigens and implantation failure after in-vitro fertilization. *Human Reproduction* 13: 39–43.
Cronin, E. W., Jr., and P. W. Sherman, 1976. A resource-based mating system: The orange-rumped honeyguide. *Living Bird* 15: 5–32.
Cunningham, E. J. A., and K. M. Cheng, 1999. Biases in sperm use in the mallard: No evidence for selection by females based on sperm genotype. *Proceedings of the Royal Society of London, B* 266: 905–10.
Cunningham, E. J. A., and A. F. Russell, 2000. Egg investment is influenced by male attractiveness in the mallard. *Nature* 404: 74–77.
Currie, C. R., U. G. Mueller, and D. Malloch, 1999. The agricultural pathology of ant fungus gardens. *Proceedings of the National Academy of Sciences, USA* 96: 7998–8002.
Curtsinger, J. W., 1991. Sperm competition and the evolution of multiple mating. *American Naturalist* 138: 93–102.
Dallai, R., and B. A. Afzelius, 1984. Paired spermatozoa in *Thermobia* (Insecta, Thysanura). *Journal of Ultrastructure Research* 86: 67–74.
Daly, M., 1978. The cost of mating. *American Naturalist* 112: 771–74.
Darling, F. F., 1963. *A Herd of Red Deer.* Oxford University Press.
Darling, J. D. S., M. L. Noble, and E. Shaw, 1980. Reproductive strategies in the surfperches. I. Multiple insemination in natural populations of the shiner perch, *Cymatogaster aggregata*. *Evolution* 34: 271–77.
Darwin, C., 1871 (1981). *The Descent of Man, and Selection in Relation to Sex.* (Facsimile). Princeton University Press.
David, P., T. Bjorksten, K. Fowler, and A. Pomiankowski, 2000. Condition-dependent signalling of genetic variation in stalk-eyed flies. *Nature* 406: 186–88.
Davies, J., 1994. Inactivation of antibiotics and the dissemination of resistance genes. *Science* 264: 375–82.
Davies, N. B., 1983. Polyandry, cloaca-pecking, and sperm competition in dunnocks. *Nature* 302: 334–36.
Davis, L. S., F. M. Hunter, R. G. Harcourt, and S. M. Heath, 1998. Reciprocal homosexual mounting in Adélie penguins *Pygoscelis adeliae*. *Emu* 98: 136–37.
de la Motte, I., and D. Burkhardt, 1983. Portrait of an Asian stalk-eyed fly. *Naturwissenschaften* 70: 451–61.

de Waal, F., 1989. *Peacemaking among Primates.* Harvard University Press.
Decker, M. D., P. G. Parker, D. J. Minchella, and K. N. Rabenold, 1993. Monogamy in black vultures: Genetic evidence from DNA fingerprinting. *Behavioral Ecology* 4: 29–35.
Devine, M. C., 1975. Copulatory plugs in snakes: Enforced chastity. *Science* 187: 844–45.
Dewsbury, D. A., 1982. Ejaculate cost and male choice. *American Naturalist* 119: 601–10.
Dewsbury, D. A., and D. Q. Estep, 1975. Pregnancy in cactus mice: Effects of prolonged copulation. *Science* 187: 552–53.
Diamond, J., 1986. Biology of birds of paradise and bowerbirds. *Annual Review of Ecology and Systematics* 17: 17–37.
——, 1988. Experimental study of bower decoration by the bowerbird *Amblyornis inornatus,* using colored poker chips. *American Naturalist* 131: 631–53.
Dickinson, J. L., 1995. Trade-offs between postcopulatory riding and mate location in the blue milkweed beetle. *Behavorial Ecology* 6: 280–86.
Dickinson, J. L., and R. L. Rutowski, 1989. The function of the mating plug in the chalcedon checkerspot butterfly. *Animal Behaviour* 38: 154–62.
Diesel, R., 1990. Sperm competition and reproductive success in the decapod *Inachus phalangium* (Majidae): A male ghost spider crab that seals off rivals' sperm. *Journal of Zoology* 220: 213–23.
Dixon, A., D. Ross, S. L. C. O'Malley, and T. Burke, 1994. Paternal investment inversely related to degree of extra-pair paternity in the reed bunting. *Nature* 371: 698–700.
Dixson, A. F., 1993. Sexual selection, sperm competition, and the evolution of sperm length. *Folia Primatologica* 61: 221–27.
———, 1998. *Primate Sexuality: Comparative Studies of the Prosimians, Monkeys, Apes, and Human Beings.* Oxford University Press.
Donner, J., 1966. *Rotifers.* Trans. H. G. S. Wright. Frederick Warne.
Downes, J. A., 1978. Feeding and mating in the insectivorous Ceratopogoninae (Diptera). *Memoirs of the Entomological Society of Canada* 104: 1–62.
Drea, C. M., M. L. Weldele, N. G. Forger, E. M. Coscia, L. G. Frank, P. Licht, and S. E. Glickman, 1998. Androgens and masculinization of genitalia in the spotted hyaena (*Crocuta crocuta*). 2. Effects of prenatal anti-androgens. *Journal of Reproduction and Fertility* 113: 117–27.
Duffy, J. E., 1996. Eusociality in a coral-reef shrimp. *Nature* 381: 512–14.
Dunn, D. W., C. S. Crean, and A. S. Gilburn, 2001. Male mating preference for female survivorship in the seaweed fly *Gluma musgravei* (Diptera: Coelopidae). *Proceedings of the Royal Society of London, B* 268: 1255–58.
Dunn, P. O., A. D. Afton, M. L. Gloutney, and R. T. Alisauskas, 1999. Forced copulation results in few extrapair fertilizations in Ross's and lesser snow geese. *Animal Behaviour* 57: 1071–81.

Dusenbery, D. B., 2000. Selection for high gamete encounter rates explains the success of male and female mating types. *Journal of Theoretical Biology* 202: 1–10.
Dybas, L. K., and H. S. Dybas, 1981. Coadaptation and taxonomic differentiation of sperm and spermathecae in featherwing beetles. *Evolution* 35: 168–74.
East, M. L., H. Hofer, and W. Wickler, 1993. The erect "penis" is a flag of submission in a female-dominated society: Greetings in Serengeti spotted hyenas. *Behavioral Ecology and Sociobiology* 33: 355–70.
Eaton, R. L., 1978. Why some felids copulate so much: A model for the evolution of copulation frequency. *Carnivore* 1: 42–51.
Eberhard, W. G., 1980. Evolutionary consequences of intracellular organelle competition. *Quarterly Review of Biology* 55: 231–49.
———, 1985. *Sexual Selection and Animal Genitalia.* Harvard University Press.
———, 1996. *Female Control: Sexual Selection by Cryptic Female Choice.* Princeton University Press.
Edmunds, M., 1988. Sexual cannibalism in mantids. *Trends in Ecology and Evolution* 3: 77.
Edwards, S. V., and P. W. Hedrick, 1998. Evolution and ecology of MHC molecules: From genomics to sexual selection. *Trends in Ecology and Evolution* 13: 305–11.
Eens, M., and R. Pinxten, 1996. Female European starlings increase their copulation solicitation rate when faced with the risk of polygyny. *Animal Behaviour* 51: 1141–47.
Eggert, A.-K., and S. K. Sakaluk, 1994. Sexual cannibalism and its relation to male mating success in sagebrush crickets, *Cyphoderris strepitans* (Haglidae: Orthoptera). *Animal Behaviour* 47: 1171–77.
———, 1995. Female-coerced monogamy in burying beetles. *Behavioral Ecology and Sociobiology* 37: 147–53.
Elder, J. F., Jr., and B. J. Turner, 1995. Concerted evolution of repetitive DNA sequences in eukaryotes. *Quarterly Review of Biology* 70: 297–320.
Elgar, M. A., 1992. Sexual cannibalism in spiders and other invertebrates. In *Cannibalism: Ecology and Evolution among Diverse Taxa*, ed. Elgar and Crespi. Oxford University Press.
Elgar, M. A., and B. J. Crespi, eds., 1992. *Cannibalism: Ecology and Evolution among Diverse Taxa.* Oxford University Press.
Elgar, M. A., and D. R. Nash, 1988. Sexual cannibalism in the garden spider *Araneus diadematus. Animal Behaviour* 36: 1511–17.
Emlen, S. T., and P. H. Wrege, 1986. Forced copulations and intra-specific parasitism: Two costs of social living in the white-fronted bee-eater. *Ethology* 71: 2–29.
———, 1994. Gender, status, and family fortunes in the white-fronted bee-eater. *Nature* 367: 129–32.

Enders, R. K., 1952. Reproduction in the mink (*Mustela vison*). *Proceedings of the American Philosophical Society* 96: 691–755.

Enquist, M., and O. Leimar, 1990. The evolution of fatal fighting. *Animal Behaviour* 39: 1–9.

Erwin, J., and T. Maple, 1976. Ambisexual behavior with male-male anal penetration in male rhesus monkeys. *Archives of Sexual Behavior* 5: 9–14.

Estes, R. D., 1991. *The Behavior Guide to African Mammals.* University of California Press.

Evans, H. E., K. M. O'Neill, and R. P. O'Neill, 1986. Nesting site changes and nocturnal clustering in the sand wasp *Bembecinus quinquespinosus* (Hymenoptera: Sphecidae). *Journal of the Kansas Entomological Society* 59: 280–86.

Everitt, D. A., 1981. An ecological study of an Antarctic freshwater pool with particular reference to Tardigrada and Rotifera. *Hydrobiologia* 83: 225–37.

Farr, J. A., 1980. The effects of sexual experience and female receptivity on courtship-rape decisions in male guppies, *Poecilia reticulata* (Pisces: Poeciliidae). *Animal Behaviour* 28: 1195–201.

Faulkes, C. G., and N. C. Bennett, 2001. Family values: Group dynamics and social control of reproduction in African mole-rats. *Trends in Ecology and Evolution* 16: 184–90.

Fietz, J., 1999. Monogamy as a rule rather than exception in nocturnal lemurs: The case of the fat-tailed dwarf lemur, *Cheirogaleus medius. Ethology* 105: 259–72.

Fietz, J., H. Zischler, C. Schwiegk, J. Tomiuk, K. H. Dausmann, and J. U. Ganzhorn, 2000. High rates of extra-pair young in the pair-living fat-tailed dwarf lemur, *Cheirogaleus medius. Behavioral Ecology and Sociobiology* 49: 8–17.

Fischer, E. A., 1980. The relationship between mating system and simultaneous hermaphroditism in the coral reef fish, *Hypoplectrus nigricans* (Serranidae). *Animal Behaviour* 28: 620–33.

Fisher, R. A., 1999. *The Genetical Theory of Natural Selection: A Complete Variorum Edition.* Oxford University Press.

Flanders, S. E., 1945. The role of spermatophore in the mass propagation of *Macrocentrus ancylivorus. Journal of Economic Entomology* 38: 323–27.

Fleming, T. H., S. Maurice, S. L. Buchmann, and M. D. Tuttle, 1994. Reproductive biology and relative male and female fitness in a trioecious cactus, *Pachycereus pringlei* (Cactaceae). *American Journal of Botany* 81: 858–67.

Folgerø, T., K. Bertheussen, S. Lindal, T. Torbergsen, and P. Øian, 1993. Mitochondrial disease and reduced sperm motility. *Human Reproduction* 8: 1863–68.

Foott, J. O., 1970. Nose scars in female sea otters. *Journal of Mammalogy* 51: 621–22.

Forster, L. M., 1992. The stereotyped behaviour of sexual cannibalism in *Latrodectus hasselti* Thorell (Araneae: Theridiidae), the Australian redback spider. *Australian Journal of Zoology* 40: 1–11.

Forsyth, A., and R. D. Montgomerie, 1987. Alternative reproductive tactics in the territorial damselfly *Calopteryx maculata*: Sneaking by older males. *Behavioral Ecology and Sociobiology* 21: 73–81.

Francis, C. M., E. L. P. Anthony, J. A. Brunton, and T. H. Kunz, 1994. Lactation in male fruit bats. *Nature* 367: 691–92.

Frank, L. G., 1997. Evolution of genital masculinization: Why do female hyaenas have such a large "penis"? *Trends in Ecology and Evolution* 12: 58–62.

Frank, L. G., S. E. Glickman, and P. Licht, 1991. Fatal sibling aggression, precocial development, and androgens in neonatal spotted hyenas. *Science* 252: 702–4.

Frank, L. G., M. L. Weldele, and S. E. Glickman, 1995. Masculinization costs in hyaenas. *Nature* 377: 584–85.

Franzén, A., 1977. Sperm structure with regard to fertilization biology and phylogenetics. *Verhandlungen der Deutschen Zoologischen Gesellschaft* 70: 123–38.

Funk, D. H., and D. W. Tallamy, 2000. Courtship role reversal and deceptive signals in the long-tailed dance fly, *Rhamphomyia longicauda*. *Animal Behaviour* 59: 411–21.

Gangrade, G. A., 1963. A contribution to the biology of *Necroscia sparaxes* Westwood (Phasmidae: Phasmida). *The Entomologist* 96: 83–93.

Gary, N. E., 1963. Observations of mating behaviour in the honeybee. *Journal of Apicultural Research* 2: 3–13.

Geist, V., 1971. *Mountain Sheep: A Study in Behavior and Evolution*. University of Chicago Press.

Gerber, H. S., and E. C. Klostermeyer, 1970. Sex control by bees: A voluntary act of egg fertilization during oviposition. *Science* 167: 82–84.

Gharrett, A. J., W. W. Smoker, R. R. Reisenbichler, and S. G. Taylor, 1999. Outbreeding depression in hybrids between odd- and even-broodyear pink salmon. *Aquaculture* 173: 117–29.

Ghiselin, M. T., 1969. The evolution of hermaphroditism among animals. *Quarterly Review of Biology* 44: 189–208.

———, 1974. *The Economy of Nature and the Evolution of Sex*. University of California Press.

Gil, D., J. Graves, N. Hazon, and A. Wells, 1999. Male attractiveness and differential testosterone investment in zebra finch eggs. *Science* 286: 126–28.

Gilbert, A. N., K. Yamazaki, G. K. Beauchamp, and L. Thomas, 1986. Olfactory discrimination of mouse strains (*Mus musculus*) and major histocompatibility types by humans (*Homo sapiens*). *Journal of Comparative Psychology* 100: 262–65.

Gillham, N. W., 1994. *Organelle Genes and Genomes*. Oxford University Press.

Gladstone, D. E., 1979. Promiscuity in monogamous colonial birds. *American Naturalist* 114: 545–57.
Goicoechea, O., O. Garrido, and B. Jorquera, 1986. Evidence for a trophic paternal-larval relationship in the frog *Rhinoderma darwinii. Journal of Herpetology* 20: 168–78.
Goldfoot, D. A., H. Westerborg-van Loon, W. Groeneveld, and A. K. Slob, 1980. Behavioral and physiological evidence of sexual climax in the female stump-tailed macaque (*Macaca arctoides*). *Science* 208: 1477–79.
Goldstein, I., 2000. Male sexual circuitry. *Scientific American* 283 (August): 56–61.
Gomendio, M., and E. R. S. Roldan, 1991. Sperm competition influences sperm size in mammals. *Proceedings of the Royal Society of London, B* 243: 181–85.
Gonzalez, A., C. Rossini, M. Eisner, and T. Eisner, 1999. Sexually transmitted chemical defense in a moth (*Utetheisa ornatrix*). *Proceedings of the National Academy of Sciences, USA* 96: 5570–74.
Goodall, J., 1986. *The Chimpanzees of Gombe: Patterns of Behavior.* Harvard University Press.
Graffelman, J., and R. F. Hoekstra, 2000. A statistical analysis of the effect of warfare on the human secondary sex ratio. *Human Biology* 72: 433–45.
Gray, D. A., and W. H. Cade, 1999. Sex, death, and genetic variation: Natural and sexual selection on cricket song. *Proceedings of the Royal Society of London, B* 266: 707–09.
Gray, E. M., 1997. Female red-winged blackbirds accrue material benefits from copulating with extra-pair males. *Animal Behaviour* 53: 625–39.
Gross, M. R., and E. L. Charnov, 1980. Alternative male life histories in bluegill sunfish. *Proceedings of the National Academy of Sciences, USA* 77: 6937–40.
Gubernick, D. J., and J. C. Nordby, 1993. Mechanisms of sexual fidelity in the monogamous California mouse, *Peromyscus californicus. Behavioral Ecology and Sociobiology* 32: 211–19.
Gupta, B. L., 1968. Aspects of motility in the non-flagellate spermatozoa of freshwater ostracods. In *Aspects of Cell Motility*, ed. P. L. Miller. Cambridge University Press.
Gust, D. A., and T. P. Gordon, 1991. Male age and reproductive behaviour in sooty mangabeys, *Cercocebus torquatus atys. Animal Behaviour* 41: 277–83.
Gwynne, D. T., 1981. Sexual difference theory: Mormon crickets show role reversal in mate choice. *Science* 213: 779–80.
Gwynne, D. T., and L. W. Simmons, 1990. Experimental reversal of courtship roles in an insect. *Nature* 346: 172–74.
Haddon, M., 1995. Avoidance of post-coital cannibalism in the brachyurid paddle crab *Ovalipes catharus. Oecologia* 104: 256–58.
Hadfield, M. G., 1963. The biology of nudibranch larvae. *Oikos* 14: 85–95.
Haldane, J. B. S., 1949. Disease and evolution. *La Ricerca Scientifica, Supplémento* 19: 68–76.

Hall, J. C., 1994. The mating of a fly. *Science* 264: 1702–14.

Hamer, D. H., S. Hu, V. L. Magnuson, N. Hu, and A. M. L. Pattatucci, 1993. A linkage between DNA markers on the X chromosome and male sexual orientation. *Science* 261: 321–27.

Hamilton, W. D., 1980. Sex versus non-sex versus parasite. *Oikos* 35: 282–90.

———, 1993. Inbreeding in Egypt and in this book: A childish perspective. In *The Natural History of Inbreeding and Outbreeding: Theoretical and Empirical Perspectives*, ed. N. W. Thornhill. University of Chicago Press.

———, 1996. *Narrow Roads of Gene Land.* Vol. 1: *Evolution of Social Behaviour.* W. H. Freeman.

Handford, P., and M. A. Mares, 1985. The mating systems of ratites and tinamous: An evolutionary perspective. *Biological Journal of the Linnean Society* 25: 77–104.

Hanlon, R. T., and J. B. Messenger, 1996. *Cephalopod Behaviour.* Cambridge University Press.

Hansson, B., S. Bensch, and D. Hasselquist, 1997. Infanticide in great reed warblers: Secondary females destroy eggs of primary females. *Animal Behaviour* 54: 297–304.

Harbison, G. R., and R. L. Miller, 1986. Not all ctenophores are hermaphrodites: Studies on the systematics, distribution, sexuality, and development of two species of *Ocyropsis. Marine Biology* 90: 413–24.

Harshman, L. G., and T. Prout, 1994. Sperm displacement without sperm transfer in *Drosophila melanogaster. Evolution* 48: 758–66.

Hartman, D. S., 1979. Ecology and behavior of the manatee (*Trichechus manatus*) in Florida. *Special Publications of the American Society of Mammalogists* 5: 1–153.

Harvey, P. H., and R. M. May, 1989. Out for the sperm count. *Nature* 337: 508–09.

Hastings, I. M., 1992. Population genetic aspects of deleterious cytoplasmic genomes and their effect on the evolution of sexual reproduction. *Genetical Research* 59: 215–25.

Henderson, I. G., P. J. B. Hart, and T. Burke, 2000. Strict monogamy in a semi-colonial passerine: The jackdaw *Corvus monedula. Journal of Avian Biology* 31: 177–82.

Hickey, D. A., and M. R. Rose, 1988. The role of gene transfer in the evolution of eukaryotic sex. In *The Evolution of Sex: An Examination of Current Ideas*, ed. R. E. Michod and B. R. Levin. Sinauer.

Hill, W. C. O., 1953. *Primates: Comparative Anatomy and Taxonomy.* Vol. 1: *Strepsirhini.* University of Edinburgh Press.

Hiruki, L. M., W. G. Gilmartin, B. L. Becker, and I. Stirling, 1993. Wounding in Hawaiian monk seals (*Monachus schauinslandi*). *Canadian Journal of Zoology* 71: 458–68.

Hiruki, L. M., I. Stirling, W. G. Gilmartin, T. C. Johanos, and B. L. Becker, 1993. Significance of wounding to female reproductive success in Hawaiian monk seals (*Monachus schauinslandi*) at Laysan Island. *Canadian Journal of Zoology* 71: 469–74.

Hoagland, K. E., 1978. Protandry and the evolution of environmentally-mediated sex change: A study of the mollusca. *Malacologia* 17: 365–91.

Hodgkin, J., and T. M. Barnes, 1991. More is not better: Brood size and population growth in a self-fertilizing nematode. *Proceedings of the Royal Society of London, B* 246: 19–24.

Hoekstra, R. F., 1987. The evolution of sexes. In *The Evolution of Sex and Its Consequences*, ed. S. C. Stearns. Birkhäuser Verlag.

Höglund, J., and R. V. Alatalo, 1995. *Leks*. Princeton University Press.

Höglund, J., R. V. Alatalo, A. Lundberg, P. T. Rintamäki, and J. Lindell, 1999. Microsatellite markers reveal the potential for kin selection on black grouse leks. *Proceedings of the Royal Society of London, B* 266: 813–16.

Holbrook, M. J. L., and J. P. Grassle, 1984. The effect of low density on the development of simultaneous hermaphroditism in male *Capitella* species I (Polychaeta). *Biological Bulletin* 166: 103–09.

Hoogland, J. L., 1998. Why do female Gunnison's prairie dogs copulate with more than one male? *Animal Behaviour* 55: 351–59.

Hoover, J. P., 1998. *Hawai'i's Sea Creatures: A Guide to Hawai'i's Marine Invertebrates*. Mutual Publishing.

Hosken, D. J., and P. I. Ward, 2001. Experimental evidence for testis size evolution via sperm competition. *Ecology Letters* 4: 10–13.

Houck, L. D., 1980. Courtship behavior in the plethodontid salamander, *Desmognathus wrighti*. *American Zoologist* 20: 825.

Howard, R. D., 1978. The evolution of mating strategies in bullfrogs, *Rana catesbeiana*. *Evolution* 32: 850–71.

———, 1980. Mating behaviour and mating success in woodfrogs, *Rana sylvatica*. *Animal Behaviour* 28: 705–16.

Hrdy, S. B., 1979. Infanticide among animals: A review, classification, and examination of the implications for the reproductive strategies of females. *Ethology and Sociobiology* 1: 13–40.

Hu, S., A. M. L. Pattatucci, C. Patterson, L. Li, D. W. Fulker, S. S. Cherny, L. Kruglyak, and D. H. Hamer, 1995. Linkage between sexual orientation and chromosome Xq28 in males but not in females. *Nature Genetics* 11: 248–56.

Huck, U. W., and R. D. Lisk, 1986. Mating-induced inhibition of receptivity in the female golden hamster. *Behavioral and Neural Biology* 45: 107–19.

Hughes, R. L., 1965. Comparative morphology of spermatozoa from five marsupial families. *Australian Journal of Zoology* 13: 533–43.

Hunt, G. L., Jr., A. L. Newman, M. H. Warner, J. C. Wingfield, and J. Kaiwi, 1984. Comparative behavior of male-female and female-female pairs among western gulls prior to egg-laying. *Condor* 86: 157–62.

Hunt, J., and L. W. Simmons, 1998. Patterns of parental provisioning covary with male morphology in a horned beetle (*Onthophagus taurus*) (Coleoptera: Scarabaeidae). *Behavioral Ecology and Sociobiology* 42: 447–51.

Hurst, L. D., 1996. Why are there only two sexes? *Proceedings of the Royal Society of London, B* 263: 415–22.

Hurst, L. D., and W. D. Hamilton, 1992. Cytoplasmic fusion and the nature of sexes. *Proceedings of the Royal Society of London, B* 247: 189–94.

Hurst, L. D., W. D. Hamilton, and R. J. Ladle, 1992. Covert sex. *Trends in Ecology and Evolution* 7: 144–45.

Hutchinson, G. E., 1959. A speculative consideration of certain possible forms of sexual selection in man. *American Naturalist* 93: 81–91.

Hutson, V., and R. Law, 1993. Four steps to two sexes. *Proceedings of the Royal Society of London, B* 253: 43–51.

Insel, T. R., and L. J. Young, 2001. The neurobiology of attachment. *Nature Reviews Neuroscience* 2: 129–36.

Iwasa, Y., and A. Sasaki, 1987. Evolution of the number of sexes. *Evolution* 41: 49–65.

Jaccarini, V., L. Agius, P. J. Schembri, and M. Rizzo, 1983. Sex determination and larval sexual interaction in *Bonellia viridis* Rolando (Echiura: Bonelliidae). *Journal of Experimental Marine Biology and Ecology* 66: 25–40.

Jackson, R. R., and S. D. Pollard, 1997. Jumping spider mating strategies: Sex among cannibals in and out of webs. In *The Evolution of Mating Systems in Insects and Arachnids*, ed. J. C. Choe and B. J. Crespi. Cambridge University Press.

Jamieson, B. G. M., R. Dallai, and B. A. Afzelius, 1999. *Insects: Their Spermatozoa and Phylogeny*. Science Publishers.

Janzen, D. H., 1979a. How many babies do figs pay for babies? *Biotropica* 11: 48–50.

———, 1979b. How to be a fig. *Annual Review of Ecology and Systematics* 10: 13–51.

Jarne, P., and D. Charlesworth, 1993. The evolution of the selfing rate in functionally hermaphrodite plants and animals. *Annual Review of Ecology and Systematics* 24: 441–66.

Jarne, P., M. Vianey-Liaud, and B. Delay, 1993. Selfing and outcrossing in hermaphrodite freshwater gastropods (Basommatophora): Where, when, and why? *Biological Journal of the Linnean Society* 49: 99–125.

Jiggins, F. M., G. D. D. Hurst, and M. E. N. Majerus, 1999. Sex ratio distorting *Wolbachia* causes sex role reversal in its butterfly host. *Proceedings of the Royal Society of London, B* 266: 1–5.

Jivoff, P., 1997. Sexual competition among male blue crab, *Callinectes sapidus*. *Biological Bulletin* 193: 368–80.

Johnson, V. R., Jr., 1969. Behavior associated with pair formation in the banded shrimp *Stenopus hispidus* (Olivier). *Pacific Science* 23: 40–50.

Johnston, M. O., B. Das, and W. R. Hoeh, 1998. Negative correlation between male allocation and rate of self-fertilization in a hermaphroditic animal. *Proceedings of the National Academy of Sciences, USA* 95: 617–20.

Johnstone, R. A., and L. Keller, 2000. How males can gain by harming their mates: Sexual conflict, seminal toxins, and the cost of mating. *American Naturalist* 156: 368–77.

Jones, A. G., S. Östlund-Nilsson, and J. C. Avise, 1998. A microsatellite assessment of sneaked fertilizations and egg thievery in the fifteenspine stickleback. *Evolution* 52: 848–58.

Jones, J. S., and K. E. Wynne-Edwards, 2000. Paternal hamsters mechanically assist the delivery, consume amniotic fluid and placenta, remove fetal membranes, and provide parental care during the birth process. *Hormones and Behavior* 37:116–25.

Judson, O. P., and B. B. Normark, 1996. Ancient asexual scandals. *Trends in Ecology and Evolution* 11: 41–46.

Justine, J.-L., N. le Brun, and X. Mattei, 1985. The aflagellate spermatozoon of *Diplozoon* (Platyhelminthes: Monogenea: Polyopisthocotylea): A demonstrative case of relationship between sperm ultrastructure and biology of reproduction. *Journal of Ultrastructure Research* 92: 47–54.

Kaitala, A., and C. Wiklund, 1994. Polyandrous female butterflies forage for matings. *Behavioral Ecology and Sociobiology* 35: 385–88.

Karr, T. L., and S. Pitnick, 1996. The ins and outs of fertilization. *Nature* 379: 405–06.

Kawano, S., T. Kuroiwa, and R. W. Anderson, 1987. A third multiallelic mating-type locus in *Physarum polycephalum. Journal of General Microbiology* 133: 2539–46.

Kawano, S., H. Takano, K. Mori, and T. Kuroiwa, 1991. A mitochondrial plasmid that promotes mitochondrial fusion in *Physarum polycephalum. Protoplasma* 160: 167–69.

Keller, L., and H. K. Reeve, 1995. Why do females mate with multiple males? The sexually selected sperm hypothesis. *Advances in the Study of Behavior* 24: 291–315.

Kemp, A., 1995. *The Hornbills.* Oxford University Press.

Kempenaers, B., 1995. Polygyny in the blue tit: Intra- and inter-sexual conflicts. *Animal Behaviour* 49: 1047–64.

Kessel, E. L., 1955. The mating activities of balloon flies. *Systematic Zoology* 4: 97–104.

Kethley, J., 1971. Population regulation in quill mites (Acarina: Syringophilidae). *Ecology* 52: 1113–18.

Kimura, M., 1983. *The Neutral Theory of Molecular Evolution.* Cambridge University Press.

Kjellberg, F., E. Jousselin, J. L. Bronstein, A. Patel, J. Yokoyama, and J.-Y. Rasplus, 2001. Pollination mode in fig wasps: The predictive power of correlated traits. *Proceedings of the Royal Society of London, B* 268: 1113–21.

Kluge, A. G., 1981. The life history, social organization, and parental behavior of *Hyla rosenbergi* Boulenger, a nest-building gladiator frog. *Miscellaneous Publications of the Museum of Zoology, University of Michigan* 160: 1–170.

Koene, J. M., and R. Chase, 1998. Changes in the reproductive system of the snail *Helix aspersa* caused by mucus from the love dart. *Journal of Experimental Biology* 201: 2313–19.

Komers, P. E., and P. N. M. Brotherton, 1997. Female space use is the best predictor of monogamy in mammals. *Proceedings of the Royal Society of London, B* 264: 1261–70.

Kondrashov, A. S., 1984. Deleterious mutations as an evolutionary factor. 1. The advantage of recombination. *Genetical Research* 44: 199–217.

———, 1988. Deleterious mutations and the evolution of sexual reproduction. *Nature* 336: 435–40.

———, 1993. Classification of hypotheses on the advantage of amphimixis. *Journal of Heredity* 84: 372–87.

Koprowski, J. L., 1992. Removal of copulatory plugs by female tree squirrels. *Journal of Mammalogy* 73: 572–76.

Kothe, E., 1996. Tetrapolar fungal mating types: Sexes by the thousands. *FEMS Microbiology Reviews* 18: 65–87.

Kovacs, K. M., and J. P. Ryder, 1983. Reproductive performance of female-female pairs and polygynous trios of ring-billed gulls. *Auk* 100: 658–69.

Krekorian, C., 1976. Field observations in Guyana on the reproductive biology of the spraying characid, *Copeina arnoldi* Regan. *American Midland Naturalist* 96: 88–97.

Kruuk, H., 1972. *The Spotted Hyena: A Study of Predation and Social Behavior.* University of Chicago Press.

Kutschera, U., and P. Wirtz, 1986. Reproductive behaviour and parental care of *Helobdella striata* (Hirudinea, Glossiphoniidae): A leech that feeds its young. *Ethology* 72: 132–42.

Lack, D., 1968. *Ecological Adaptations for Breeding in Birds.* Methuen and Company.

Ladle, R. J., and E. Foster, 1992. Are giant sperm copulatory plugs? *Acta Œcologica* 13: 635–38.

Ladle, R. J., R. A. Johnstone, and O. P. Judson, 1993. Coevolutionary dynamics of sex in a metapopulation: Escaping the Red Queen. *Proceedings of the Royal Society of London, B* 253: 155–60.

Laidlaw, H. H., Jr., and R. E. Page, Jr., 1984. Polyandry in honey bees (*Apis mellifera* L.): Sperm utilization and intracolony genetic relationships. *Genetics* 108: 985–97.

LaMunyon, C. W., and S. Ward, 1998. Larger sperm outcompete smaller sperm in the nematode *Caenorhabditis elegans. Proceedings of the Royal Society of London, B* 265: 1997–2002.

Lang, A., 1996. Silk investment in gifts by males of the nuptial feeding spider *Pisaura mirabilis* (Araneae: Pisauridae). *Behaviour* 133: 697–716.

Langlois, T. H., 1965. The conjugal behavior of the introduced European giant garden slug, *Limax maximus* L., as observed on South Bass Island, Lake Erie. *Ohio Journal of Science* 65: 298–304.

Lanier, D. L., D. Q. Estep, and D. A. Dewsbury, 1975. Copulatory behavior of golden hamsters: Effects on pregnancy. *Physiology and Behavior* 15: 209–12.

———, 1979. Role of prolonged copulatory behavior in facilitating reproductive success in a competitive mating situation in laboratory rats. *Journal of Comparative and Physiological Psychology* 93: 781–92.

Lawrence, S. E., 1992. Sexual cannibalism in the praying mantid, *Mantis religiosa*: A field study. *Animal Behaviour* 43: 569–83.

Le Boeuf, B. J., and S. Mesnick, 1990. Sexual behavior of male northern elephant seals: I. Lethal injuries to adult females. *Behaviour* 116: 143–62.

Legendre, R., and A. Lopez, 1974. Étude histologique de quelques formations glandulaires chez les araignées du genre *Argyrodes* (Theridiidae) et description d'un nouveau type de glande: La glande clypéale des males. *Bulletin de la Société Zoologique de France* 99: 453–60.

Lens, L., S. van Dongen, M. van den Broeck, C. van Broeckhoven, and A. A. Dhondt, 1997. Why female crested tits copulate repeatedly with the same partner: Evidence for the mate assessment hypothesis. *Behavioral Ecology* 8: 87–91.

Leonard, J. L., and K. Lukowiak, 1985. Courtship, copulation, and sperm trading in the sea slug, *Navanax inermis* (Opisthobranchia: Cephalaspidae). *Canadian Journal of Zoology* 63: 2719–29.

LeVay, S., 1996. *Queer Science: The Use and Abuse of Research into Homosexuality.* MIT Press.

Levin, B. R., 1988. The evolution of sex in bacteria. In *The Evolution of Sex: An Examination of Current Ideas*, ed. R. E. Michod and B. R. Levin. Sinauer.

Levitan, D. R., and C. Petersen, 1995. Sperm limitation in the sea. *Trends in Ecology and Evolution* 10: 228–31.

Little, T. J., and P. D. N. Hebert, 1996. Ancient asexuals: Scandal or artifact? *Trends in Ecology and Evolution* 11: 296.

Loher, W., I. Ganjian, I. Kubo, D. Stanley-Samuelson, and S. S. Tobe, 1981. Prostaglandins: Their role in egg-laying of the cricket *Teleogryllus commodus. Proceedings of the National Academy of Sciences, USA* 78: 7835–38.

Lopez, A., and M. Emerit, 1979. Données complémentaires sur la glande clypéale des *Argyrodes* (Araneae, Theridiidae): Utilisation du microscope électronique à balayage. *Revue Arachnologique* 2: 143–53.

Lott, D. F., 1981. Sexual behavior and intersexual strategies in American bison. *Zeitschrift für Tierpsychologie* 56: 97–114.
Loughry, W. J., P. A. Prodöhl, C. M. McDonough, and J. C. Avise, 1998. Polyembryony in armadillos. *American Scientist* 86: 274–79.
Lovell-Mansbridge, C., and T. R. Birkhead, 1998. Do female pigeons trade pair copulations for protection? *Animal Behaviour* 56: 235–41.
Lowndes, A. G., 1935. The sperms of freshwater Ostracods. *Proceedings of the Zoological Society of London*: 35–48.
Lund, R., 1990. Chondrichthyan life history styles as revealed by the 320 million years old Mississippian of Montana. *Environmental Biology of Fishes* 27: 1–19.
Lutz, R. A., and J. R. Voight, 1994. Close encounter in the deep. *Nature* 371: 563.
Mable, B. K., and S. P. Otto, 1998. The evolution of life cycles with haploid and diploid phases. *BioEssays* 20: 453–62.
Macintyre, S., and A. Sooman, 1991. Non-paternity and prenatal genetic screening. *The Lancet* 338: 869–71.
Mackie, J. B., and M. H. Walker, 1974. A study of the conjugate sperm of the dytiscid water beetles *Dytiscus marginalis* and *Colymbetes fuscus*. *Cell and Tissue Research* 148: 505–19.
MacLeod, J., and R. Z. Gold, 1951. The male factor in fertility and infertility. II. Spermatozoön counts in 1000 men of known fertility and in 1000 cases of infertile marriage. *Journal of Urology* 66: 436–49.
Malo, D., 1903. *Hawaiian Antiquities*. Trans. N. B. Emerson. Hawaiian Gazette.
Mandelbaum, S. L., M. P. Diamond, and A. H. DeCherney, 1987. The impact of antisperm antibodies on human infertility. *Journal of Urology* 138: 1–8.
Mane, S. D., L. Tompkins, and R. C. Richmond, 1983. Male esterase 6 catalyzes the synthesis of a sex pheromone in *Drosophila melanogaster* females. *Science* 222: 419–21.
Mann, T., and C. Lutwak-Mann, 1981. *Male Reproductive Function and Semen: Themes and Trends in Physiology, Biochemistry, and Investigative Andrology*. Springer-Verlag.
Mann, T., A. W. Martin, and J. B. Thiersch, 1966. Spermatophores and spermatophoric reaction in the giant octopus of the North Pacific, *Octopus dofleini martini*. *Nature* 211: 1279–82.
Marcus, E., 1959. Eine neue Gattung der Philinoglossacea. *Kieler Meeresforschungen* 15: 117–19.
Margulis, L., and D. Sagan, 1986. *Origins of Sex: Three Billion Years of Genetic Recombination*. Yale University Press.
Margulis, L., and K. V. Schwartz, 1998. *Five Kingdoms: An Illustrated Guide to the Phyla of Life on Earth*. 3rd edition. W. H. Freeman.
Mark Welch, D., and M. Meselson, 2000. Evidence for the evolution of bdelloid rotifers without sexual reproduction or genetic exchange. *Science* 288: 1211–15.

Markow, T. A., 1982. Mating systems of cactophilic *Drosophila*. In *Ecological Genetics and Evolution: the Cactus-Yeast-Drosophila Model System*, ed. J. S. F. Barker and W. T. Starmer. Academic Press.

———, 1985. A comparative investigation of the mating system of *Drosophila hydei*. *Animal Behaviour* 33: 775–81.

Markow, T. A., M. Quaid, and S. Kerr, 1978. Male mating experience and competitive courtship success in *Drosophila melanogaster*. *Nature* 276: 821–22.

Marks, J. S., J. L. Dickinson, and J. Haydock, 1999. Genetic monogamy in long-eared owls. *Condor* 101: 854–59.

Martan, J., and B. A. Shepherd, 1976. The role of the copulatory plug in reproduction of the guinea pig. *Journal of Experimental Zoology* 196: 79–84.

Mason, L. G., 1980. Sexual selection and the evolution of pair-bonding in soldier beetles. *Evolution* 34: 174–80.

Masters, W. H., and V. E. Johnson, 1966. *Human Sexual Response*. Little, Brown.

Matthews, L. H., 1941. Notes on the genitalia and reproduction of some African bats. *Proceedings of the Zoological Society of London, B* 111: 289–346.

Maynard Smith, J., 1978. *The Evolution of Sex*. Cambridge University Press.

———, 1986. Contemplating life without sex. *Nature* 324: 300–301.

Maynard Smith, J., H. N. Smith, M. O'Rourke, and B. G. Spratt, 1993. How clonal are bacteria? *Proceedings of the National Academy of Sciences, USA* 90: 4384–88.

McBride, A. F., and D. O. Hebb, 1948. Behavior of the captive bottle-nose dolphin, *Tursiops truncatus*. *Journal of Comparative and Physiological Psychology* 41: 111–23.

McComb, K., 1987. Roaring by red deer stags advances the date of oestrus in hinds. *Nature* 330: 648–49.

McCracken, G. F., and P. F. Brussard, 1980. Self-fertilization in the white-lipped land snail *Triodopsis albolabris*. *Biological Journal of the Linnean Society* 14: 429–34.

McCracken, K. G., 2000. The 20-cm spiny penis of the Argentine lake duck (*Oxyura vittata*). *Auk* 117: 820–25.

McDaniel, I. N., and W. R. Horsfall, 1957. Induced copulation of aedine mosquitoes. *Science* 125: 745.

McKaye, K. R., 1983. Ecology and breeding behavior of a cichlid fish, *Cyrtocara eucinostomus*, on a large lek in Lake Malawi, Africa. *Environmental Biology of Fishes* 8: 81–96.

McKaye, K. R., S. M. Louda, and J. R. Stauffer, Jr., 1990. Bower size and male reproductive success in a cichlid fish lek. *American Naturalist* 135: 597–613.

McKinney, F., S. R. Derrickson, and P. Mineau, 1983. Forced copulation in waterfowl. *Behaviour* 86: 250–94.

Mead, A. R., 1942. *The taxonomy, biology, and genital physiology of the giant West Coast land slugs of the genus* Ariolimax *Morch (Gastropoda: Pulmonata)*. Ph.D. thesis, Cornell University.

Meland, S., S. Johansen, T. Johansen, K. Haugli, and F. Haugli, 1991. Rapid disappearance of one parental mitochondrial genotype after isogamous mating in the myxomycete *Physarum polycephalum*. *Current Genetics* 19: 55–60.
Mesnick, S. L., and B. J. Le Boeuf, 1991. Sexual behavior of male northern elephant seals: II. Female response to potentially injurious encounters. *Behaviour* 117: 262–80.
Metz, E. C., and S. R. Palumbi, 1996. Positive selection and sequence rearrangements generate extensive polymorphism in the gamete recognition protein bindin. *Molecular Biology and Evolution* 13: 397–406.
Metz, E. C., R. Robles-Sikisaka, and V. D. Vacquier, 1998. Nonsynonymous substitution in abalone sperm fertilization genes exceeds substitution in introns and mitochondrial DNA. *Proceedings of the National Academy of Sciences, USA* 95: 10676–81.
Michiels, N. K., 1998. Mating conflicts and sperm competition in simultaneous hermaphrodites. In *Sperm Competition and Sexual Selection*, ed. T. R. Birkhead and A. P. Møller. Academic Press.
Michiels, N. K., and L. J. Newman, 1998. Sex and violence in hermaphrodites. *Nature* 391: 647.
Milne, L. J., and M. Milne, 1976. The social behavior of burying beetles. *Scientific American* 235 (August): 84–89.
Mineau, P., and F. Cooke, 1979. Rape in the lesser snow goose. *Behaviour* 70: 280–91.
Mitani, J. C., 1985. Mating behaviour of male orangutans in the Kutai Game Reserve, Indonesia. *Animal Behaviour* 33: 392–402.
Mitas, M., 1997. Trinucleotide repeats associated with human disease. *Nucleic Acids Research* 25: 2245–53.
Møller, A. P., 1989. Ejaculate quality, testes size, and sperm production in mammals. *Functional Ecology* 3: 91–96.
Moore, H. D. M., 1992. Reproduction in the gray short-tailed opossum, *Monodelphis domestica*. In *Reproductive Biology of South American Vertebrates*, ed. W. C. Hamlett. Springer-Verlag.
Moreno, J., L. Boto, J. A. Fargallo, A. de León, and J. Potti, 2000. Absence of extra-pair fertilisations in the chinstrap penguin *Pygoscelis antarctica*. *Journal of Avian Biology* 31: 580–83.
Mori, S., 1995. Factors associated with and fitness effects of nest-raiding in the three-spined stickleback, *Gasterosteus aculeatus*, in a natural situation. *Behaviour* 132: 1011–23.
Morin, J. G., 1986. "Firefleas" of the sea: Luminescent signaling in marine ostracode crustaceans. *Florida Entomologist* 69: 105–21.
Morin, J. G., and A. C. Cohen, 1991. Bioluminescent displays, courtship, and reproduction in ostracodes. In *Crustacean Sexual Biology*, ed. R. T. Bauer and J. W. Martin. Columbia University Press.

Morris, G. K., D. T. Gwynne, D. E. Klimas, and S. K. Sakaluk, 1989. Virgin male mating advantage in a primitive acoustic insect (Orthoptera: Haglidae). *Journal of Insect Behavior* 2: 173–85.
Morton, D. B., and T. D. Glover, 1974. Sperm transport in the female rabbit: The effect of inseminate volume and sperm density. *Journal of Reproduction and Fertility* 38: 139–46.
Moses, M. J., 1961. Spermiogenesis in the crayfish (*Procambarus clarkii*). *Journal of Biophysical and Biochemical Cytology* 9: 222–28.
Moss, C. J., 1983. Oestrous behaviour and female choice in the African elephant. *Behaviour* 86: 167–96.
Müller, H., 1853. Über das Männchen von *Argonauta argo* und die Hectocotylen. *Zeitschrift für Wissenschaftliche Zoologie* 4: 1–35.
Muller, H. J., 1964. The relation of recombination to mutational advance. *Mutation Research* 1: 2–9.
Myers, G. S., 1952. Annual fishes. *Aquarium Journal* 23: 125–41.
Nagelkerke, C. J., and M. W. Sabelis, 1998. Precise control of sex allocation in pseudo-arrhenotokous phytoseiid mites. *Journal of Evolutionary Biology* 11: 649–84.
Nakatsuru, K., and D. L. Kramer, 1982. Is sperm cheap? Limited male fertility and female choice in the lemon tetra (Pisces, Characidae). *Science* 216: 753–55.
Nalepa, C. A., 1988. Reproduction in the woodroach *Cryptocercus punctulatus* Scudder (Dictyoptera: Cryptocercidae): Mating, oviposition, and hatch. *Annals of the Entomological Society of America* 81: 637–41.
Newcomer, S. D., J. A. Zeh, and D. W. Zeh, 1999. Genetic benefits enhance the reproductive success of polyandrous females. *Proceedings of the National Academy of Sciences, USA* 96: 10236–41.
Nishida, T., and K. Kawanaka, 1985. Within-group cannibalism by adult male chimpanzees. *Primates* 26: 274–84.
Nordell, S. E., 1994. Observations of the mating behavior and dentition of the round stingray, *Urolophus halleri*. *Environmental Biology of Fishes* 39: 219–29.
Normark, B. B., 1999. Evolution in a putatively ancient asexual aphid lineage: Recombination and rapid karyotype change. *Evolution* 53: 1458–69.
Nowak, R. M., 1999. *Walker's Mammals of the World*. 6th edition. Johns Hopkins University Press.
Nutting, W. B., 1976. Hair follicle mites (Acari: Demodicidae) of man. *International Journal of Dermatology* 15: 79–98.
O'Neill, K. M., and H. E. Evans, 1981. Predation on conspecific males by females of the beewolf *Philanthus basilaris* Cresson (Hymenoptera: Sphecidae). *Journal of the Kansas Entomological Society* 54: 553–56.
Ober, C., T. Hyslop, S. Elias, L. R. Weitkamp, and W. W. Hauck, 1998. Human leukocyte antigen matching and fetal loss: Results of a 10 year prospective study. *Human Reproduction* 13: 33–38.

Okuda, N., and Y. Yanagisawa, 1996. Filial cannibalism in a paternal mouthbrooding fish in relation to mate availability. *Animal Behaviour* 52: 307–14.

Olsson, M., and T. Madsen, 2001. Promiscuity in sand lizards (*Lacerta agilis*) and adder snakes (*Vipera berus*): Causes and consequences. *Journal of Heredity* 92: 190–97.

Olsson, M., T. Madsen, and R. Shine, 1997. Is sperm really so cheap? Costs of reproduction in male adders, *Vipera berus*. *Proceedings of the Royal Society of London, B* 264: 455–59.

Otronen, M., P. Reguera, and P. I. Ward, 1997. Sperm storage in the yellow dung fly *Scathophaga stercoraria:* Identifying the sperm of competing males in separate female spermathecae. *Ethology* 103: 844–54.

Packer, C., D. A. Gilbert, A. E. Pusey, and S. J. O'Brien, 1991. A molecular genetic analysis of kinship and cooperation in African lions. *Nature* 351: 562–65.

Packer, C., and A. E. Pusey, 1983. Adaptations of female lions to infanticide by incoming males. *American Naturalist* 121: 716–28.

———, 1987. Intrasexual cooperation and the sex ratio in African lions. *American Naturalist* 130: 636–42.

Page, R. E., Jr., 1980. The evolution of multiple mating behavior by honey bee queens (*Apis mellifera* L.). *Genetics* 96: 263–73.

———, 1986. Sperm utilization in social insects. *Annual Review of Entomology* 31: 297–320.

Palumbi, S. R., 1999. All males are not created equal: Fertility differences depend on gamete recognition polymorphisms in sea urchins. *Proceedings of the National Academy of Sciences, USA* 96: 12632–37.

Palumbi, S. R., and E. C. Metz, 1991. Strong reproductive isolation between closely related tropical sea urchins (genus *Echinometra*). *Molecular Biology and Evolution* 8: 227–39.

Pandya, I. J., and J. Cohen, 1985. The leukocytic reaction of the human uterine cervix to spermatozoa. *Fertility and Sterility* 43: 417–21.

Parker, G. A., 1970. Sperm competition and its evolutionary consequences in the insects. *Biological Reviews* 45: 525–67.

———, 1979. Sexual selection and sexual conflict. In *Sexual Selection and Reproductive Competition in Insects*, ed. M. S. Blum and N. A. Blum. Academic Press.

———, 1990a. Sperm competition games: Raffles and roles. *Proceedings of the Royal Society of London, B* 242: 120–26.

———, 1990b. Sperm competition games: Sneaks and extra-pair copulations. *Proceedings of the Royal Society of London, B* 242: 127–33.

Parker, G. A., R. R. Baker, and V. G. F. Smith, 1972. The origin and evolution of gamete dimorphism and the male-female phenomenon. *Journal of Theoretical Biology* 36: 529–53.

Parker, G. A., and L. W. Simmons, 1994. Evolution of phenotypic optima and copula duration in dungflies. *Nature* 370: 53–56.
Partridge, L., 1980. Mate choice increases a component of offspring fitness in fruit flies. *Nature* 283: 290–91.
Pearson, O. P., M. R. Koford, and A. K. Pearson, 1952. Reproduction of the lump-nosed bat (*Corynorhinus rafinesquei*) in California. *Journal of Mammalogy* 33: 273–320.
Pechenik, J. A., and S. Lewis, 2000. Avoidance of drilled gastropod shells by the hermit crab *Pagurus longicarpus* at Nahant, Massachusetts. *Journal of Experimental Marine Biology and Ecology* 253: 17–32.
Peckham, D. J., and A. W. Hook, 1980. Behavioral observations on *Oxybelus* in southeastern North America. *Annals of the Entomological Society of America* 73: 557–67.
Pennings, S. C., 1991. Reproductive behavior of *Aplysia californica* Cooper: Diel patterns, sexual roles and mating aggregations. *Journal of Experimental Marine Biology and Ecology* 149: 249–66.
Petersen, C. W., 1991. Variation in fertilization rate in the tropical reef fish, *Halichoeres bivattatus*: Correlates and implications. *Biological Bulletin* 181: 232–37.
Petrie, M., 1983. Female moorhens compete for small fat males. *Science* 220: 413–15.
———, 1994. Improved growth and survival of offspring of peacocks with more elaborate trains. *Nature* 371: 598–99.
Petrie, M., A. Krupa, and T. Burke, 1999. Peacocks lek with relatives even in the absence of social and environmental cues. *Nature* 401: 155–57.
Phelan, M. C., J. M. Pellock, and W. E. Nance, 1982. Discordant expression of fetal hydantoin syndrome in heteropaternal dizygotic twins. *New England Journal of Medicine* 307: 99–101.
Phillips, D. M., and S. Mahler, 1977. Leukocyte emigration and migration in the vagina following mating in the rabbit. *Anatomical Record* 189: 45–60.
Pilleri, G., M. Gihr, and C. Kraus, 1980. Play behaviour in the Indus and Orinoco dolphin (*Platanista indi* and *Inia geoffrensis*). *Investigations on Cetacea* 11: 57–108.
Pinxten, R., and M. Eens, 1990. Polygyny in the European starling: Effect on female reproductive success. *Animal Behaviour* 40: 1035–47.
Pitnick, S., 1996. Investment in testes and the cost of making long sperm in *Drosophila*. *American Naturalist* 148: 57–80.
Pitnick, S., W. D. Brown, and G. T. Miller, 2001. Evolution of female remating behaviour following experimental removal of sexual selection. *Proceedings of the Royal Society of London, B* 268: 557–63.
Pitnick, S., T. A. Markow, and G. S. Spicer, 1995. Delayed male maturity is a cost of producing large sperm in *Drosophila*. *Proceedings of the National Academy of Sciences, USA* 92: 10614–18.

Pitnick, S., G. S. Spicer, and T. A. Markow, 1995. How long is a giant sperm? *Nature* 375: 109.

Pizzari, T., and T. R. Birkhead, 2000. Female feral fowl eject sperm of subdominant males. *Nature* 405: 787–89.

Plutarch, (n.d.). *The Lives of the Noble Grecians and Romans.* Trans. J. Dryden. Random House.

Polak, M., W. T. Starmer, and J. S. F. Barker, 1998. A mating plug and male mate choice in *Drosophila hibisci* Bock. *Animal Behaviour* 56: 919–26.

Polis, G. A., and R. D. Farley, 1979. Behavior and ecology of mating in the cannibalistic scorpion, *Paruroctonus mesaensis* Stahnke (Scorpionida: Vaejovidae). *Journal of Arachnology* 7: 33–46.

Poole, J. H., 1987. Rutting behavior in African elephants: The phenomenon of musth. *Behaviour* 102: 283–316.

———, 1989a. Announcing intent: The aggressive state of musth in African elephants. *Animal Behaviour* 37: 140–52.

———, 1989b. Mate guarding, reproductive success and female choice in African elephants. *Animal Behaviour* 37: 842–49.

———, 1994. Sex differences in the behaviour of African elephants. In *The Differences between the Sexes*, ed. R. V. Short and E. Balaban. Cambridge University Press.

Poole, J. H., and C. J. Moss, 1981. Musth in the African elephant, *Loxodonta africana. Nature* 292: 830–31.

Potter, D. A., D. L. Wrensch, and D. E. Johnston, 1976. Aggression and mating success in male spider mites. *Science* 193: 160–61.

Pratt, H. L., Jr., 1979. Reproduction in the blue shark, *Prionace glauca. Fishery Bulletin* 77: 445–70.

Proctor, H. C., 1998. Indirect sperm transfer in arthropods: Behavioral and evolutionary trends. *Annual Review of Entomology* 43: 153–74.

Promislow, D. E. L., 1987. Courtship behavior of a plethodontid salamander, *Desmognathus aeneus. Journal of Herpetology* 21: 298–306.

Prowse, N., and L. Partridge, 1997. The effects of reproduction on longevity and fertility in male *Drosophila melanogaster. Journal of Insect Physiology* 43: 501–12.

Pyle, D. W., and M. H. Gromko, 1978. Repeated mating by female *Drosophila melanogaster*: The adaptive importance. *Experientia* 34: 449–50.

———, 1981. Genetic basis for repeated mating in *Drosophila melanogaster. American Naturalist* 117: 133–46.

Radwan, J., 1996. Intraspecific variation in sperm competition success in the bulb mite: A role for sperm size. *Proceedings of the Royal Society of London, B* 263: 855–59.

Randerson, J. P., and L. D. Hurst, 2001. The uncertain evolution of the sexes. *Trends in Ecology and Evolution* 16: 571–79.

Raper, J. R., 1966. *Genetics of Sexuality in Higher Fungi*. Ronald Press.

Réale, D., P. Boussès, and J.-L. Chapuis, 1996. Female-biased mortality induced by male sexual harassment in a feral sheep population. *Canadian Journal of Zoology* 74: 1812–18.

Rees, E. C., P. Lievesley, R. A. Pettifor, and C. Perrins, 1996. Mate fidelity in swans: An interspecific comparison. In *Partnerships in Birds: The Study of Monogamy*, ed. J. M. Black. Oxford University Press.

Reish, D. J., 1957. The life history of the polychaetous annelid *Neanthes caudata* (delle Chiaje), including a summary of development in the family Nereidae. *Pacific Science* 11: 216–28.

Reiswig, H. M., 1970. Porifera: Sudden sperm release by tropical demospongiae. *Science* 170: 538–39.

Renner, S. S., and R. E. Ricklefs, 1995. Dioecy and its correlates in the flowering plants. *American Journal of Botany* 82: 596–606.

Ribble, D. O., 1991. The monogamous mating system of *Peromyscus californicus* as revealed by DNA fingerprinting. *Behavioral Ecology and Sociobiology* 29: 161–66.

Ricci, C., 1992. Rotifera: Parthenogenesis and heterogony. In *Sex Origin and Evolution*, ed. R. Dallai. Mucchi.

———, 1987. Ecology of bdelloids: How to be successful. *Hydrobiologia* 147: 117–27.

Rice, G., C. Anderson, N. Risch, and G. Ebers, 1999. Male homosexuality: Absence of linkage to microsatellite markers at Xq28. *Science* 284: 665–67.

Rice, W. R., 1984. Sex chromosomes and the evolution of sexual dimorphism. *Evolution* 38: 735–42.

———, 1996. Sexually antagonistic male adaptation triggered by experimental arrest of female evolution. *Nature* 381: 232–34.

Rice, W. R., and E. E. Hostert, 1993. Laboratory experiments on speciation: What have we learned in 40 years? *Evolution* 47: 1637–53.

Ridley, M., 1988. Mating frequency and fecundity in insects. *Biological Reviews* 63: 509–49.

Ridley, M., and C. Rechten, 1981. Female sticklebacks prefer to spawn with males whose nests contain eggs. *Behaviour* 76: 152–61.

Ridley, M. W., and D. A. Hill, 1987. Social organization in the pheasant (*Phasianus colchicus*): Harem formation, mate selection, and the role of mate guarding. *Journal of Zoology* 211: 619–30.

Riedman, M. L., and J. A. Estes, 1990. The sea otter (*Enhydra lutris*): Behavior, ecology, and natural history. *Biological Report of the U.S. Fish and Wildlife Service* 90: 1–126.

Riemann, J. G., D. J. Moen, and B. J. Thorson, 1967. Female monogamy and its control in houseflies. *Journal of Insect Physiology* 13: 407–18.

Rijksen, H. D., 1978. *A Field Study on Sumatran Orang Utans* (Pongo pygmaeus abelii *Lesson 1827*): *Ecology, Behaviour, and Conservation*. H. Veenman and Zonen B. V.

Rissing, S. W., and G. B. Pollock, 1987. Queen aggression, pleometrotic advantage, and brood raiding in the ant *Veromessor pergandei* (Hymenoptera: Formicidae). *Animal Behaviour* 35: 975–81.

Robbins, M. M., 1999. Male mating patterns in wild multimale mountain gorilla groups. *Animal Behaviour* 57: 1013–20.

Robinson, M. H., 1982. Courtship and mating behavior in spiders. *Annual Review of Entomology* 27: 1–20.

Robinson, M. H., and B. Robinson, 1980. Comparative studies of the courtship and mating behavior of tropical araneid spiders. *Pacific Insects Monograph* 36: 1–218.

Roeder, K. D., 1935. An experimental analysis of the sexual behavior of the praying mantis (*Mantis religiosa* L.). *Biological Bulletin* 69: 203–20.

Rogers, D. W., and R. Chase, 2001. Dart receipt promotes sperm storage in the garden snail *Helix aspersa. Behavioral Ecology and Sociobiology* 50: 122–27.

Rohwer, S., 1978. Parent cannibalism of offspring and egg raiding as a courtship strategy. *American Naturalist* 112: 429–40.

Roldan, E. R. S., M. Gomendio, and A. D. Vitullo, 1992. The evolution of eutherian spermatozoa and underlying selective forces: Female selection and sperm competition. *Biological Reviews* 67: 551–93.

Romero, G. A., and C. E. Nelson, 1986. Sexual dimorphism in *Catasetum* orchids: Forcible pollen emplacement and male flower competition. *Science* 232: 1538–40.

Ross, P., Jr., and D. Crews, 1977. Influence of the seminal plug on mating behaviour in the garter snake. *Nature* 267: 344–45.

Rothschild, Lord, 1961. Structure and movements of tick spermatozoa (Arachnida, Acari). *Quarterly Journal of Microscopical Science* 102: 239–47.

Rovner, J. S., 1972. Copulation in the lycosid spider (*Lycosa rabida* Walckenaer): A quantitive study. *Animal Behaviour* 20: 133–38.

Rowley, I., and E. Russell, 1990. "Philandering"—A mixed mating strategy in the splendid fairy-wren *Malurus splendens. Behavioral Ecology and Sociobiology* 27: 431–37.

Russell, E., and I. Rowley, 1996. Partnerships in promiscuous splendid fairy-wrens. In *Partnerships in Birds: The Study of Monogamy*, ed. J. M. Black. Oxford University Press.

Rutowski, R. L., 1983. Mating and egg mass production in the aeolid nudibranch *Hermissenda crassicornis* (Gastropoda: Opisthobranchia). *Biological Bulletin* 165: 276–85.

Ryner, L. C., S. F. Goodwin, D. H. Castrillon, A. Anand, A. Villella, B. S. Baker, J. C. Hall, B. J. Taylor, and S. A. Wasserman, 1996. Control of male sexual behavior and sexual orientation in *Drosophila* by the *fruitless* gene. *Cell* 87: 1079–89.

Saito, T., and K. Konishi, 1999. Direct development in the sponge-associated deep-sea shrimp *Spongicola japonica* (Decapoda: Spongicolidae). *Journal of Crustacean Biology* 19: 46–52.

Sakaluk, S. K., P. J. Bangert, A.-K. Eggert, C. Gack, and L. V. Swanson, 1995. The gin trap as a device facilitating coercive mating in sagebrush crickets. *Proceedings of the Royal Society of London, B* 261: 65–71.
Sakaluk, S. K., and J. J. Belwood, 1984. Gecko phonotaxis to cricket calling song: A case of satellite predation. *Animal Behaviour* 32: 659–62.
Sandell, M. I., and H. G. Smith, 1997. Female aggression in the European starling during the breeding season. *Animal Behaviour* 53: 13–23.
Sasaki, T., and O. Iwahashi, 1995. Sexual cannibalism in an orb-weaving spider *Argiope aemula. Animal Behaviour* 49: 1119–21.
Sasse, G., H. Müller, R. Chakraborty, and J. Ott, 1994. Estimating the frequency of nonpaternity in Switzerland. *Human Heredity* 44: 337–43.
Sato, T., 1994. Active accumulation of spawning substrate: A determinant of extreme polygyny in a shell-brooding cichlid fish. *Animal Behaviour* 48: 669–78.
Schal, C., and W. J. Bell, 1982. Ecological correlates of paternal investment of urates in a tropical cockroach. *Science* 218: 170–73.
Schmidt, A. M., L. A. Nadal, M. J. Schmidt, and N. B. Beamer, 1979. Serum concentrations of oestradiol and progesterone during the normal oestrous cycle and early pregnancy in the lion (*Panthera leo*). *Journal of Reproduction and Fertility* 57: 267–72.
Seemanová, E., 1971. A study of children of incestuous matings. *Human Heredity* 21: 108–28.
Sever, Z., and H. Mendelssohn, 1988. Copulation as a possible mechanism to maintain monogamy in porcupines, *Hystrix indica. Animal Behaviour* 36: 1541–42.
Shapiro, D. Y., A. Marconato, and T. Yoshikawa, 1994. Sperm economy in a coral reef fish, *Thalassoma bifasciatum. Ecology* 75: 1334–44.
Shapiro, L. E., and D. A. Dewbury, 1990. Differences in affiliative behavior, pair bonding, and vaginal cytology in two species of vole (*Microtus ochrogaster* and *M. montanus*). *Journal of Comparative Psychology* 104: 268–74.
Sharma, R. P., 1977. Light-dependent homosexual activity in males of a mutant of *Drosophila melanogaster. Experientia* 33: 171–73.
Shaw, E., and J. Allen, 1977. Reproductive behavior in the female shiner perch *Cymatogaster aggregata. Marine Biology* 40: 81–86.
Shellman-Reeve, J. S., 1999. Courting strategies and conflicts in a monogamous, biparental termite. *Proceedings of the Royal Society of London, B* 266: 137–44.
Shepher, J., 1971. Mate selection among second-generation kibbutz adolescents and adults: Incest avoidance and negative imprinting. *Archives of Sexual Behavior* 1: 293–307.
Sherman, P. W., 1989. Mate guarding as paternity insurance in Idaho ground squirrels. *Nature* 338: 418–20.
Short, R. V., 1979. Sexual selection and its component parts, somatic and genital selection, as illustrated by man and the great apes. *Advances in the Study of Behavior* 9: 131–58.

Shuster, S. M., 1989. Male alternative reproductive strategies in a marine isopod crustacean (*Paracerceis sculpta*): The use of genetic markers to measure differences in fertilization success among α-, β-, and γ-males. *Evolution* 43: 1683–98.
———, 1990. Courtship and female mate selection in a marine isopod crustacean, *Paracerceis sculpta*. *Animal Behaviour* 40: 390–99.
———, 1991. The ecology of breeding females and the evolution of polygyny in *Paracerceis sculpta*, a marine isopod crustacean. In *Crustacean Sexual Biology*, ed. R. T. Bauer and J. W. Martin. Columbia University Press.
Shuster, S. M., and M. J. Wade, 1991. Equal mating success among male reproductive strategies in a marine isopod. *Nature* 350: 608–10.
Simmons, L. W., 1987. Female choice contributes to offspring fitness in the field cricket, *Gryllus bimaculatus* (De Geer). *Behavioral Ecology and Sociobiology* 21: 313–21.
Simmons, L. W., and M. T. Siva-Jothy, 1998. Sperm competition in insects: Mechanisms and the potential for selection. In *Sperm Competition and Sexual Selection*, ed. T. R. Birkhead and A. P. Møller. Academic Press.
Simmons, L. W., P. Stockley, R. L. Jackson, and G. A. Parker, 1996. Sperm competition or sperm selection: No evidence for female influence over paternity in yellow dung flies *Scatophaga stercoraria*. *Behavioral Ecology and Sociobiology* 38: 199–206.
Simmons, L. W., J. L. Tomkins, and J. Hunt, 1999. Sperm competition games played by dimorphic male beetles. *Proceedings of the Royal Society of London, B* 266: 145–50.
Simmons, R. E., 1988. Food and the deceptive acquisition of mates by polygynous male harriers. *Behavorial Ecology and Sociobiology* 23: 83–92.
Sinervo, B., and C. M. Lively, 1996. The rock-paper-scissors game and the evolution of alternative male strategies. *Nature* 380: 240–43.
Siniff, D. B., I. Stirling, J. L. Bengston, and R. A. Reichle, 1979. Social and reproductive behavior of crabeater seals (*Lobodon carcinophagus*) during the austral spring. *Canadian Journal of Zoology* 57: 2243–55.
Slagsvold, T., T. Amundsen, S. Dale, and H. Lampe, 1992. Female-female aggression explains polyterritoriality in male pied flycatchers. *Animal Behaviour* 43: 397–407.
Slagsvold, T., and J. T. Lifjeld, 1994. Polygyny in birds: The role of competition between females for male parental care. *American Naturalist* 143: 59–94.
Slob, A. K., W. H. Groeneveld, and J. J. van der Werff Ten Bosch, 1986. Physiological changes during copulation in male and female stumptail macaques (*Macaca arctoides*). *Physiology and Behavior* 38: 891–95.
Smith, R. L., 1979. Repeated copulation and sperm precedence: Paternity assurance for a male brooding water bug. *Science* 205: 1029–31.
Smuts, B. B., and R. W. Smuts, 1993. Male aggression and sexual coercion of females in nonhuman primates and other mammals: Evidence and theoretical implications. *Advances in the Study of Behavior* 22: 1–63.

Smuts, B. B., and J. M. Watanabe, 1990. Social relationships and ritualized greetings in adult male baboons (*Papio cynocephalus anubis*). *International Journal of Primatology* 11: 147–72.
Solymar, B. D., and W. H. Cade, 1990. Heritable variation for female mating frequency in field crickets, *Gryllus integer. Behavioral Ecology and Sociobiology* 26: 73–76.
Sommer, V., and U. Reichard, 2000. Rethinking monogamy: The gibbon case. In *Primate Males: Causes and Consequences of Variation in Group Composition*, ed. P. M. Kappeler. Cambridge University Press.
Spinka, M., 1988. Different outcomes of sperm competition in right and left sides of the female reproductive tract revealed by thymidine-^{3}H-labeled spermatozoa in the rat. *Gamete Research* 21: 313–21.
Springer, S., 1948. Oviphagous embryos of the sand shark, *Carcharias taurus. Copeia*: 153–56.
Staedler, M., and M. Riedman, 1993. Fatal mating injuries in female sea otters (*Enhydra lutris nereis*). *Mammalia* 57: 135–39.
Starks, P. T., and E. S. Poe, 1997. "Male-stuffing" in wasp societies. *Nature* 389: 450.
Steinkraus, D. C., and E. A. Cross, 1993. Description and life history of *Acarophenax mahunkai*, n. sp. (Acari, Tarsonemina: Acarophenacidae), an egg parasite of the lesser mealworm (Coleoptera: Tenebrionidae). *Annals of the Entomological Society of America* 86: 239–49.
Stevens, J. D., 1974. The occurrence and significance of tooth cuts on the blue shark (*Prionace glauca* L.) from British waters. *Journal of the Marine Biological Association of the United Kingdom* 54: 373–78.
Stockley, P., M. J. G. Gage, G. A. Parker, and A. P Møller, 1996. Female reproductive biology and the coevolution of ejaculate characteristics in fish. *Proceedings of the Royal Society of London, B* 263: 451–58.
Stone, G. N., 1995. Female foraging responses to sexual harassment in the solitary bee *Anthophora plumipes. Animal Behaviour* 50: 405–12.
Stone, G. N., P. M. Loder, and T. M. Blackburn, 1995. Foraging and courtship behaviour in males of the solitary bee *Anthophora plumipes* (Hymenoptera: Anthophoridae): Thermal physiology and the roles of body size. *Ecological Entomology* 20: 169–83.
Stoner, D. S., and I. L. Weissman, 1996. Somatic and germ cell parasitism in a colonial ascidian: Possible role for a highly polymorphic allorecognition system. *Proceedings of the National Academy of Sciences, USA* 93: 15254–59.
Suetonius, 1957. *The Twelve Caesars*. Trans. R. Graves. Penguin Books.
Summers, K., 1989. Sexual selection and intra-female competition in the green poison-dart frog, *Dendrobates auratus. Animal Behaviour* 37: 797–805.
Svensson, B. G., E. Petersson, and M. Frisk, 1990. Nuptial gift size prolongs copulation duration in the dance fly *Empis borealis. Ecological Entomology* 15: 225–29.

Swanson, W. J., C. F. Aquadro, and V. D. Vacquier, 2001. Polymorphism in abalone fertilization proteins is consistent with the neutral evolution of the egg's receptor for lysin (VERL) and positive Darwinian selection of sperm lysin. *Molecular Biology and Evolution* 18: 376–83.

Swanson, W. J., and V. D. Vacquier, 1997. The abalone egg vitelline envelope receptor for sperm lysin is a giant multivalent molecule. *Proceedings of the National Academy of Sciences, USA* 94: 6724–29.

———, 1998. Concerted evolution in an egg receptor for a rapidly evolving abalone sperm protein. *Science* 281: 710–12.

———, 2002. The rapid evolution of reproductive proteins. *Nature Reviews Genetics* 3: 137–44.

Swanson, W. J., Z. Yang, M. F. Wolfner, and C. F. Aquadro, 2001. Positive Darwinian selection drives the evolution of several female reproductive proteins in mammals. *Proceedings of the National Academy of Sciences, USA* 98: 2509–14.

Sykes, B., and C. Irven, 2000. Surnames and the Y chromosome. *American Journal of Human Genetics* 66: 1417–19.

Sylvestre, J.-P., 1985. Some observations on behaviour of two Orinoco dolphins (*Inia geoffrensis humboldtiana*, Pilleri and Gihr 1977), in captivity, at Duisburg Zoo. *Aquatic Mammals* 11: 58–65.

Synnott, A. L., W. J. Fulkerson, D. R. Lindsay, 1981. Sperm output by rams and distribution amongst ewes under conditions of continual mating. *Journal of Reproduction and Fertility* 61: 355–61.

Taborsky, M., 1994. Sneakers, satellites, and helpers: Parasitic and cooperative behavior in fish reproduction. *Advances in the Study of Behavior* 23: 1–100.

Tarpy, D. R., and R. E. Page, Jr., 2001. The curious promiscuity of queen honey bees (*Apis mellifera*): Evolutionary and behavioral mechanisms. *Annales Zoologici Fennici* 38: 255–65.

Tavolga, M. C., 1966. Behavior of the bottlenose dolphin (*Tursiops truncatus*): Social interactions in a captive colony. In *Whales, Dolphins, and Porpoises*, ed. K. S. Norris. University of California Press.

Taylor, D. S., 1990. Adaptive specializations of the cyprinodont fish *Rivulus marmoratus*. *Florida Scientist* 53: 239–48.

———, 2001. Physical variability and fluctuating asymmetry in heterozygous and homozygous populations of *Rivulus marmoratus*. *Canadian Journal of Zoology* 79: 766–78.

Taylor, D. S., M. T. Fisher, and B. J. Turner, 2001. Homozygosity and heterozygosity in three populations of *Rivulus marmoratus*. *Environmental Biology of Fishes* 61: 455–59.

Taylor, O. R., Jr., 1967. Relationship of multiple mating to fertility in *Atteva punctella* (Lepidoptera: Yponomeutidae). *Annals of the Entomological Society of America* 60: 583–90.

Taylor, V. A., B. M. Luke, and M. B. Lomas, 1982. The giant sperm of a minute beetle. *Tissue and Cell* 14: 113–23.
Temerlin, M. K., 1976. *Lucy: Growing Up Human.* Souvenir Press.
Thomas, D. W., M. B. Fenton, and R. M. R. Barclay, 1979. Social behavior of the little brown bat, *Myotis lucifugus* I. Mating behavior. *Behavioral Ecology and Sociobiology* 6: 129–36.
Thompson, T. E., 1973. Euthyneuran and other molluscan spermatozoa. *Malacologia* 14: 167–206.
Thornhill, R., 1975. Scorpionflies as kleptoparasites of web-building spiders. *Nature* 258: 709–11.
———, 1976. Sexual selection and nuptial feeding behavior in *Bittacus apicalis* (Insecta: Mecoptera). *American Naturalist* 110: 529–48.
———, 1980. Rape in *Panorpa* scorpionflies and a general rape hypothesis. *Animal Behaviour* 28: 52–59.
———, 1988. The jungle fowl hen's cackle incites male competition. *Verhandlungen der Deutschen Zoologischen Gesellschaft* 81: 145–54.
Tinklepaugh, O. L., 1930. Occurrence of vaginal plug in a chimpanzee. *Anatomical Record* 46: 329–32.
Tolson, P. J., 1992. The reproductive biology of the neotropical boid genus *Epicrates* (Serpentes: Boidae). In *Reproductive Biology of South American Vertebrates*, ed. W. C. Hamlett. Springer-Verlag.
Tompa, A. S., 1984. Land snails (Stylommatophora). In *The Mollusca.* Vol. 7: *Reproduction*, ed. A. S. Tompa, N. H. Verdonk, and J. A. M. van den Biggelaar. Academic Press.
Tooby, J., 1982. Pathogens, polymorphism, and the evolution of sex. *Journal of Theoretical Biology* 97: 557–76.
Treat, A. E., 1965. Sex-distinctive chromatin and the frequency of males in the moth ear mite. *New York Entomological Society* 73: 12–18.
———, 1975. *Mites of Moths and Butterflies.* Cornell University Press.
Trivers, R. L., 1972. Parental investment and sexual selection. In *Sexual Selection and the Descent of Man, 1871–1971*, ed. B. Campbell. Heinemann.
Trumbo, S. T., and A. J. Fiore, 1994. Interspecific competition and the evolution of communal breeding in burying beetles. *American Midland Naturalist* 131: 169–74.
Tuttle, E. M., S. Pruett-Jones, and M. S. Webster, 1996. Cloacal protuberances and extreme sperm production in Australian fairy-wrens. *Proceedings of the Royal Society of London, B* 263: 1359–64.
Tuttle, M. D., and M. J. Ryan, 1981. Bat predation and the evolution of frog vocalizations in the Neotropics. *Science* 214: 677–78.
Tyldesley, J., 1994. *Daughters of Isis: Women of Ancient Egypt.* Viking.
Tyndale-Biscoe, M., 1996. Australia's introduced dung beetles: Original releases and redistributions. *CSIRO Divison of Entomology Technical Report* 62: 1–149.

Vahed, K., 1998. The function of nuptial feeding in insects: A review of empirical studies. *Biological Reviews* 73: 43–78.
van den Berghe, P. L., and G. M. Mesher, 1980. Royal incest and inclusive fitness. *American Ethnologist* 7: 300–17.
van der Lande, V. M., and R. C. Tinsley, 1976. Studies on the anatomy, life history, and behaviour of *Marsupiobdella africana* (Hirudinea: Glossiphoniidae). *Journal of Zoology* 180: 537–63.
Vasey, P. L., 1998. Female choice and inter-sexual competition for female sexual partners in Japanese macaques. *Behaviour* 135: 579–97.
Veiga, J. P., 1990. Sexual conflict in the house sparrow: Interference between polygynously mated females versus asymmetric male investment. *Behavioral Ecology and Sociobiology* 27: 345–50.
Verrell, P. A., 1986. Limited male mating capacity in the smooth newt, *Triturus vulgaris vulgaris* (Amphibia). *Journal of Comparative Psychology* 100: 291–95.
Verrell, P. A., T. R. Halliday, and M. L. Griffiths, 1986. The annual reproductive cycle of the smooth newt (*Triturus vulgaris*) in England. *Journal of Zoology, A* 210: 101–19.
vom Saal, F. S., 1989. Sexual differentiation in litter-bearing mammals: Influence of sex of adjacent fetuses *in utero*. *Journal of Animal Science* 67: 1824–40.
Voss, R., 1979. Male accessory glands and the evolution of copulatory plugs in rodents. *Occasional Papers of the Museum of Zoology, University of Michigan* 689: 1–27.
Vreys, C., and N. K Michiels, 1998. Sperm trading by volume in a hermaphroditic flatworm with mutual penis intromission. *Animal Behaviour* 56: 777–85.
Waage, J. K., 1979. Dual function of the damselfly penis: Sperm removal and transfer. *Science* 203: 916–18.
Waddell, D. R., 1992. Cannibalism in lower eukaryotes. In *Cannibalism: Ecology and Evolution among Diverse Taxa*, ed. M. A. Elgar and B. J. Crespi. Oxford University Press.
Waddy, S. L., and D. E. Aiken, 1991. Mating and insemination in the American lobster, *Homarus americanus*. In *Crustacean Sexual Biology*, ed. R. T. Bauer and J. W. Martin. Columbia University Press.
Wagner, R. H., 1996. Male-male mountings by a sexually monomorphic bird: Mistaken identity or fighting tactic? *Journal of Avian Biology* 27: 209–14.
Waights, V., 1996. Female sexual interference in the smooth newt, *Triturus vulgaris vulgaris*. *Ethology* 102: 736–47.
Walker, W. F., 1980. Sperm utilization strategies in nonsocial insects. *American Naturalist* 115: 780–99.
Wallach, S. J. R., and B. L. Hart, 1983. The role of the striated penile muscles of the male rat in seminal plug dislodgement and deposition. *Physiology and Behavior* 31: 815–21.

Walter, B., and F. Trillmich, 1994. Female aggression and male peace-keeping in a cichlid fish harem: Conflict between and within the sexes in *Lamprologus ocellatus*. *Behavioral Ecology and Sociobiology* 34: 105–12.
Walter, D. E., and H. C. Proctor, 1999. *Mites: Ecology, Evolution, and Behaviour.* CABI Publishing.
Ward, P. I., 1998. A possible explanation for cryptic female choice in the yellow dung fly, *Scathophaga stercoraria* (L.). *Ethology* 104: 97–110.
Ward, S., and J. S. Carrel, 1979. Fertilization and sperm competition in the nematode *Caenorhabditis elegans*. *Developmental Biology* 73: 304–21.
Warner, R. R., and E. T. Schultz, 1992. Sexual selection and male characteristics in the bluehead wrasse, *Thalassoma bifasciatum:* Mating site acquisition, mating site defense, and female choice. *Evolution* 46: 1421–42.
Warner, R. R., D. Y. Shapiro, A. Marcanato, and C. W. Petersen, 1995. Sexual conflict: Males with highest mating success convey the lowest fertilization benefits to females. *Proceedings of the Royal Society of London, B* 262: 135–39.
Wassersug, R., 1997. Wrapping the armadillo's penis. *Nature* 388: 826–27.
Watanabe, S., M. Hara, and Y. Watanabe, 2000. Male internal fertilization and introsperm-like sperm of the seaweed pipefish (*Syngnathus schlegeli*). *Zoological Science* 17: 759–67.
Webster, M. S., 1991. Male parental care and polygyny in birds. *American Naturalist* 137: 274–80.
Wedekind, C., and S. Füri, 1997. Body odour preferences in men and women: Do they aim for specific MHC combinations or simply heterozygosity? *Proceedings of the Royal Society of London, B* 264: 1471–79.
Wedekind, C., T. Seebeck, F. Bettens, and A. J. Paepke, 1995. MHC-dependent mate preferences in humans. *Proceedings of the Royal Society of London, B* 260: 245–49.
Wei, Y.-H., and S.-H. Kao, 2000. Mitochondrial DNA mutation and depletion are associated with decline of fertility and motility of human sperm. *Zoological Studies* 39: 1–12.
Weiss, M. J., and D. P. Levy, 1979. Sperm in "parthenogenetic" freshwater gastrotrichs. *Science* 205: 302–03.
Wells, K. D., 1978. Courtship and parental behavior in a Panamanian poison-arrow frog (*Dendrobates auratus*). *Herpetologica* 34: 148–55.
Werren, J. H., 1980. Sex ratio adaptations to local mate competition in a parasitic wasp. *Science* 208: 1157–59.
———, 1993. The evolution of inbreeding in haplodiploid organisms. In *The Natural History of Inbreeding and Outbreeding: Theoretical and Empirical Perspectives*, ed. N. W. Thornhill. University of Chicago Press.
West, S. A., E. A. Herre, D. M. Windsor, and P. R. S. Green, 1996. The ecology and evolution of the New World non-pollinating fig wasp communities. *Journal of Biogeography* 23: 447–58.

West, S. A., M. G. Murray, C. A. Machado, A. S. Griffin, and E. A. Herre, 2001. Testing Hamilton's rule with competition between relatives. *Nature* 409: 510–13.

Wheeler, W. M., 1928. *The Social Insects: Their Origin and Evolution.* Harcourt Brace.

White, M. J. D., 1973. *Animal Cytology and Evolution.* 3rd edition. Cambridge University Press.

Wiebes, J. T., 1979. Co-evolution of figs and their insect pollinators. *Annual Review of Ecology and Systematics* 10: 1–12.

Wiese, L., W. Wiese, and D. A. Edwards, 1979. Inducible anisogamy and the evolution of oogamy from isogamy. *Annals of Botany* 44: 131–39.

Wikelski, M., and S. Bäurle, 1996. Pre-copulatory ejaculation solves time constraints during copulations in marine iguanas. *Proceedings of the Royal Society of London, B* 263: 439–44.

Wilkinson, G. S., and P. R. Reillo, 1994. Female choice response to artificial selection on an exaggerated male trait in a stalk-eyed fly. *Proceedings of the Royal Society of London, B* 255: 1–6.

Williams, G. C., 1966. *Adaptation and Natural Selection: A Critique of Some Current Evolutionary Thought.* Princeton University Press.

——, 1975. *Sex and Evolution.* Princeton University Press.

Wilson, E. O., 1971. *The Insect Societies.* Harvard University Press.

———, 1975. *Sociobiology: The New Synthesis.* Harvard University Press.

Wilson, J. R., N. Adler, and B. Le Boeuf, 1965. The effects of intromission frequency on successful pregnancy in the female rat. *Proceedings of the National Academy of Sciences, USA* 53: 1392–95.

Wilson, N., S. C. Tubman, P. E. Eady, and G. W. Robertson, 1997. Female genotype affects male success in sperm competition. *Proceedings of the Royal Society of London, B* 264: 1491–95.

Winslow, J. T., N. Hastings, C. S. Carter, C. R. Harbaugh, and T. R. Insel, 1993. A role for central vasopressin in pair bonding in monogamous prairie voles. *Nature* 365: 545–48.

Winterbottom, M., T. Burke, and T. R. Birkhead, 1999. A stimulatory phalloid organ in a weaver bird. *Nature* 399: 28.

———, 2001. The phalloid organ, orgasm, and sperm competition in a polygynandrous bird: The red-billed buffalo weaver (*Bubalornis niger*). *Behavioral Ecology and Sociobiology* 50: 474–82.

Wolfner, M. F., 1997. Tokens of love: Function and regulation of *Drosophila* male accessory gland products. *Insect Biochemistry and Molecular Biology* 27: 179–92.

Wootton, R. J., 1971. A note on the nest-raiding behavior of male sticklebacks. *Canadian Journal of Zoology* 49: 960–62.

Wourms, J. P., 1977. Reproduction and development in chondrichthyan fishes. *American Zoologist* 17: 379–410.

Woyke, J., 1963. What happens to diploid drone larvae in a honeybee colony. *Journal of Apicultural Research* 2: 73–75.
Wrege, P. H., and S. T. Emlen, 1987. Biochemical determination of parental uncertainty in white-fronted bee-eaters. *Behavioral Ecology and Sociobiology* 20: 153–60.
Wrensch, D. L., and M. A. Ebbert, eds., 1993. *Evolution and Diversity of Sex Ratio in Insects and Mites.* Chapman and Hall.
Wynne-Edwards, K. E., 1995. Biparental care in Djungarian but not Siberian dwarf hamsters (*Phodopus*). *Animal Behaviour* 50: 1571–85.
Yamamoto, D., J.-M. Jallon, and A. Komatsu, 1997. Genetic dissection of sexual behavior in *Drosophila melanogaster. Annual Review of Entomology* 42: 551–85.
Yang, Z., W. J. Swanson, and V. D. Vacquier, 2000. Maximum-likelihood analysis of molecular adaptation in abalone sperm lysin reveals variable selective pressures among lineages and sites. *Molecular Biology and Evolution* 17: 1446–55.
Yeargan, K. V., 1994. Biology of bolas spiders. *Annual Review of Entomology* 39: 81–99.
Yeargan, K. V., and L. W. Quate, 1996. Juvenile bolas spiders attract psychodid flies. *Oecologia* 106: 266–71.
———, 1997. Adult male bolas spiders retain juvenile hunting tactics. *Oecologia* 112: 572–76.
Young, J. Z., 1959. Observations on *Argonauta* and especially its method of feeding. *Proceedings of the Zoological Society of London* 133: 471–79.
Young, L. J., R. Nilsen, K. G. Waymire, G. R. MacGregor, and T. R. Insel, 1999. Increased affiliative response to vasopressin in mice expressing the V_{1a} receptor from a monogamous vole. *Nature* 400: 766–68.
Young, L. J., Z. Wang, and T. R. Insel, 1998. Neuroendocrine bases of monogamy. *Trends in Neuroscience* 21: 71–75.
Yund, P. O., 2000. How severe is sperm limitation in natural populations of marine free-spawners? *Trends in Ecology and Evolution* 15: 10–13.
Yusa, Y., 1996. Utilization and degree of depletion of exogenous sperm in three hermaphroditic sea hares of the genus *Aplysia* (Gastropoda: Opisthobranchia). *Journal of Molluscan Studies* 62: 113–20.
Zamudio, K. R., and B. Sinervo, 2000. Polygyny, mate-guarding, and posthumous fertilization as alternative male mating strategies. *Proceedings of the National Academy of Sciences, USA* 97: 14427–32.
Zann, R., 1994. Effects of band color on survivorship, body condition, and reproductive effort of free-living Australian zebra finches. *Auk* 111: 131–42.
Zeh, D. W., and J. A. Zeh, 1992. Dispersal-generated sexual selection in a beetle-riding pseudoscorpion. *Behavioral Ecology and Sociobiology* 30: 135–42.

Zeh, D. W., J. A. Zeh, and E. Bermingham, 1997. Polyandrous, sperm-storing females: Carriers of male genotypes through episodes of adverse selection. *Proceedings of the Royal Society of London, B* 264: 119–25.

Zeh, J. A., 1997. Polyandry and enhanced reproductive success in the harlequin-beetle-riding pseudoscorpion. *Behavioral Ecology and Sociobiology* 40: 111–18.

Zeh, J. A., and D. W. Zeh, 1996. The evolution of polyandry I: Intragenomic conflict and genetic incompatibility. *Proceedings of the Royal Society of London, B* 263: 1711–17.

———, 1997. The evolution of polyandry II: Post-copulatory defences against genetic incompatibility. *Proceedings of the Royal Society of London, B* 264: 69–75.

Zeh, J. A., S. D. Newcomer, and D. W. Zeh, 1998. Polyandrous females discriminate against previous mates. *Proceedings of the National Academy of Sciences, USA* 95: 13732–36.

國家圖書館出版品預行編目資料

Dr. Tatiana 給全球生物的性忠告／奧莉薇雅・賈德森（Olivia Judson）著. 潘勛譯. -- 二版. -- 臺北市：麥田出版：家庭傳媒城邦分公司發行, 2011.01
面； 公分
譯自：Dr. Tatiana's sex advice to all creation
ISBN 978-986-120-560-1（平裝）

1. 性

544.7　　99026687

Dr.Tatiana給全球生物的性忠告

作　　者　奧莉薇雅・賈德森
譯　　者　潘勛
封面設計　聶永真
責任編輯　簡敏麗（二版）
編輯總監　劉麗真
總 經 理　陳逸瑛
發 行 人　凃玉雲

出　　版　麥田出版
104台北市中山區民生東路二段141號5樓
電話：(02)2500-7696　傳真：(02)2500-1966
發　　行　英屬蓋曼群島商家庭傳媒股份有限公司城邦分公司
104台北市中山區民生東路二段141號2樓
客服服務專線：(886)2-2500-7718；2500-7719
24小時傳真專線：(886)2-2500-1990；2500-1991
服務時間：週一至週五上午09:00~12:00；下午13:00~17:00
劃撥帳號：19863813；戶名：書虫股份有限公司
讀者服務信箱：service@readingclub.com.tw
網　　站　城邦讀書花園www.cite.com.tw
麥田部落格　blog.pixnet.net/ryefield
香港發行所　城邦（香港）出版集團有限公司
香港灣仔駱克道193號東超商業中心1樓
電話：(852)2508-6231　傳真：(852)2578-9337
E-mail：hkcite@biznetvigator.com
馬新發行所　城邦（馬新）出版集團【Cite (M) Sdn. Bhd. (458372U)】
11, Jalan 30D/146, Desa Tasik, Sungai Besi,
57000 Kuala Lumpur, Malaysia
電話：(603)9056-3833　傳真：(603)9056-2833

排　　版　浩瀚電腦排版股份有限公司
製版印刷　中原造像股份有限公司
初版一刷　2003年7月
二版一刷　2011年1月

城邦讀書花園
www.cite.com.tw

ISBN 978-986-120-560-1
定價：NT$320元　HK$107